Edgar Traugott

Auf der Adamsbrücke

Erlebnisse und Begegnungen zwischen Ost und West

Eugen Diederichs Verlag

Erste Auflage

Umschlaggestaltung: Eberhart May
Gesamtherstellung: Verlagsdruckerei Rieder, Schrobenhausen

ISBN 3-424-00532-0

AHL AL KITAB –
DIE DREI MIT DEM BUCH

Die griechische Umarmung

Aus der Luft gehört ja der Blick auf Gibraltar zu den reizvollsten in Europa: Wie sich Europa und Afrika hier mit zierlichen Vorgebirgen zu einem Beinahe-Kuß begegnen und mit der Meeresenge der maritimen Freiheit noch ihren Lauf lassen; hier wie an Dardanellen und Bosporus, wo die menschenfreundliche Flut auch gerade noch zwischen den Landmassen ihren Weg findet. Nur bei Suez mußte ihr dann vom Menschen nachgeholfen werden – vielleicht, um die Fülle des Mittelmeers nicht allzusehr ins große Asien abzuziehen. Aber nirgends trennen die Meeresengen die Erdteile, die sich an ihnen begegnen. Von Thrakien bis zur Troas und nach Anatolien, von der Sierra de los Gazules zum Rif-Atlas, das ist immer derselbe Boden.

Wie afrikanisch doch dieses Spanien, wie europäisch doch dieses Marokko trotz aller historischen Klüfte oft wirkt, wenn man vom einen ins andere kommt! Der Atlas ist grün und wald- und wasserreich gegenüber der Sierra, semitisch sauber wie eine arabische Schweiz. Um die alten wie submarinen Zusammenhänge zu sehen, ist ja auch das historische Klima hier günstig. Trotz aller alten Spannungen und neuen Eingriffe ist eben doch eine Art halkyonischer Windstille die beherrschende Wetterlage. Marokko und Spanien, die beiden christlich-muselmanischen Nachbarn im Norden und Süden der Meerenge sind bei aller eigenen Blüte und Kraft doch immer ein wenig entfernt und glücklich verschont von den großen Zentren der historischen Beben geblieben. Dafür sind dann auch die bewahrenden Autoritäten hier noch besser erhalten als anderswo: der zum König säkularisierte Sultan und der Caudillo. Und nicht nur die Autoritäten, sondern auch die Gesellschaft und ihre Ordnung.

Marokko – das war einst bereits der Triumph des Islam, der wie ein Blitz in der arabischen Wüste gezündet hatte und im selben Jahrhundert noch die atlantische Küste erreichte, im darauffolgenden Spanien ansteckte und über die Pyrenäen in das Herz Frankreichs drang. Aber das ändert nichts daran, daß dieser nordafrikanische Maghreb, daß vor allem dieses Marokko kaum zwei Geschlechter lang wirklich im festen Verband des arabischen Weltreichs verblieb und dann sein eigenes Weltreich im Norden des Mittelmeers zu begründen versuchte, seine Verbindung zum eigenen Ursprung im Osten schon lockernd. Fürderhin stand diese maurische Welt zu den großen arabischen Zentren so ähnlich wie das gallikanische Frankreich zum päpstlichen Rom und entwickelte auch seine eigene geistige Strahlungskraft, die der zweiten, osmanischen Reichsbildung des Islam dann auch ihre Selbständigkeit nicht mehr abtrat. Ein wenig platonisch und doch höchst bedeutsam bekommt man heute noch einen Begriff von dieser geistigen Strahlungsmacht Rabats, wenn man erfährt, daß der König in die neuen Staaten des schwarzen Islam nach Dakar etwa gerufen wird, um dort eine Moschee einzuweihen, wozu der katholische Staatspräsident des Senegal doch nicht der rechte Mann schiene.
Freilich vermochte dieser maurische Islam, auf sich allein gestellt, Spanien gegen die christliche Rückkehr nicht auf die Dauer zu halten. Und in dem Augenblick, da der osmanische Islam mit dem Fall von Konstantinopel seinen höchsten Triumph feierte, mußte eben der separierte maurische Islam Granada räumen. Bei allen äußeren und inneren Kämpfen trat dann aber auch die Verdichtung und Introversion ein, die heute noch aus Marokko das besterhaltene westliche, alt-muselmanische Land macht. Zwischen Meer und Wüste im Norden und Süden, Osten und Westen, auf sich gestellt, mit maghrebinischer Nachbarschaft zu Algerien, Wüstenwegen in den Sudan und Seewegen in das stürmisch um sich greifende Europa lebte es seinen Tag. Der Sultan zog nach Art der frühmittelalterlichen Römischen Kaiser zwischen seinen vier Pfalzen, den Königstädten Rabat, Fez, Marrakesch und Meknes umher, einmal glücklich regierend und ausgreifend, einmal in innere Kämpfe verwickelt, bei blühendem Handel und Wandel, bei sinkendem Wohlstand und steigendem Elend – wie Allah es will.
Erst allmählich zeigte sich, daß die kostbare maurische Arche doch

recht weit hinter dem kriegerischen und in sich selbst zerissenen christlichen Flottenverband zurückgeblieben war. Das benachbarte, aber nach seinen großen Angriffen selbst erlahmende spanische Reichsschiff verstellte ihm nämlich den Blick für das, was nördlich der Pyrenäen geschah. Als am Anfang unseres Jahrhunderts Afrika längst schon unter den europäischen Mächten aufgeteilt war und diese europäischen Mächte sich ihrerseits nun zu den Weltkriegen rüsteten, mit denen sie ihre Herrschaft zerstören sollten, hatte noch immer niemand gewagt, die Würde der alten maurischen Sultansmacht hinter den Säulen des Herkules anzutasten. Und auch der französische Marschall Lyautey wußte, daß man das Reich des Sultans nicht einfach zu einer Kolonie machen konnte. Er betrachtete wohl selbst noch den Schutzvertrag, den er mit dem Sultan für Frankreich schloß, ganz ehrlich. Erst seine Nachfolger zwischen den Kriegen ließen der allgemeinen und allerorten geübten kolonialen Verwaltungsträgheit nach dem Kabylenaufstand dann ihren Lauf. Und wenn das manchmal auch nicht ohne Härten abging, so war es doch für Marokko zugleich die Eröffnung der neuen Welt, die mit Casablanca dem Land ihr Siegel aufdrückte. Im Grunde bewährte sich auch in Marokko Frankreichs koloniales Genie. Mauren und Franken, die sich seit zwölfhundert Jahren in Kriegs- und Friedenswerken begegnet waren, befruchteten sich auch jetzt. Nicht allein Gide und Montherlant zogen aus der Begegnung mit dem islamischen Boden »irdische Nahrung«.

Rabat selbst ist ein gutes Beispiel dafür, wie sich die alte Stadt hinter ihren Mauern so lebenskräftig und unverletzt halten konnte, während an ihrer Seite eine neue Stadt mit modernen Fassaden und breiten Avenuen entstand. Die eine wurde nicht stumpf und die andere wurde nicht seelenlos. Weder das konservative noch das zivilisatorische Ghetto war je vollkommen.

Und der Sultan selbst, aus eigenen Kräften, brachte dem Land schließlich seine Freiheit zurück; mehr mit moralischen als mit revolutionären Mitteln, beinahe ein konservativer, muselmanischer Gandhi, dessen Macht am größten in der Verbannung war. Niemand sonst in Afrika vermöchte wohl auch unter den unausweichlichen Krisen der Zeit alle Last auf sich zu nehmen, wie es sein Sohn dann mit großen Härten und Risiken unternahm. Zu-

nächst wohl in der Hoffnung, daß die stärkste bewahrende Kraft zugleich die stärkste verwandelnde sei.
Der europäische Reisende, der im neuen Morgenland heute oft so vergeblich das alte Morgenland, seine Träume aus Tausend und einer Nacht, sucht, wird ja nun in Marokko nicht ganz enttäuscht. Man sieht diese alte Welt noch wie die versunkene Stadt bei beruhigter See. Am meisten zieht den Touristen, wie überall so auch hier, der Bazar in der Medina an, der ewige Wettkampf von Kauf und Verkauf. Doch dieser Bazar ist rund um das ganze Mittelmeer anzutreffen. An ihm kann man wohl nicht nur am besten bedenken, wie arabisch alles Türkische eingefärbt ist, sondern auch alles Griechische, Spanische, Sizilianische. Man trifft da einen gemeinsamen Ton in Kairo und Beirut und Istanbul, in Saloniki und in Athen, in Palermo und in Sevilla, in Marrakesch und in Tunis. Aber – wer weiß – vielleicht ist dabei die arabische Strahlung und Ausbreitung gar nicht das letzte Wort. Vielleicht waren es diese selben Märkte, auf denen schon zwölfhundert Jahre vor der arabischen Reichsgründung einst die Griechen vom ganzen nördlichen und südöstlichen Mittelmeer Besitz ergriffen, an denen ihnen nur hier im punischen Südwesten die Römer gewaltsam Bahn brechen mußten. Dafür holten die Byzantiner dann nach. Wer möchte in der Jahrtausende alten Vermischung und Lebensgemeinschaft noch so genau unterscheiden?
Etwas besser bekommt man dies in den Griff, wenn einem im marokkanischen Straßenbild auffällt, wie ganz außerordentlich häufig hier noch die alte arabische Tracht ist. Nicht allein, daß die Frau hier in der Großstadt, selbst in den elegantesten Vierteln, noch meist verschleiert geht – unter französischem Einfluß vielleicht nicht ganz ohne Koketterie, mit bunten, gestickten, bordierten Schleiern. Viele von ihnen tragen das Kopftuch über den lang fallenden Bahnen des Kleides zu Hauben aufgewölbt oder gekantet. Doch auch die Männer, die sich mit Ernst und Bedacht marokkanisch geben, tragen den langen fallenden Dscheballa, in dem die Welt König Mohammed kannte, keineswegs bloß zum festlichen oder folkloristischen Anlaß. Die alte Welt ist also noch da.
Erstaunlich war mir bei diesem Anblick vor allem, wie ähnlich er doch dem vorreformerischen Auftritt der katholischen Ordensleute

im europäischen Straßenbild ist – oder wenigstens vor den neuen Reformen noch war. Also nicht so sehr in den Kutten der Bettelorden vielleicht, als vielmehr in den fallenden Bahnen der Benediktiner und Dominikaner. Erst recht in dem früheren Habit der Nonnen mit ihren Hauben und Flügeln und Schleiern.

Aber ist es wirklich erstaunlich? Was hier im Norden und Süden des Mittelmeers noch aus der alten Welt überliefert wird, als lebendiger Alltag getragen wird, das ist in Wahrheit nichts als die antike Koiné, das alte gemeinsame Griechische, das einst so selbstverständlich war wie Ärmeljacket und Hose bei uns.

Doch die Gemeinsamkeit zwischen dem christlichen Norden und dem islamischen Süden, die alte griechische »Umarmung des Mittelmeers«, beschränkt sich nicht darauf, daß in den bestverschonten Bereichen der alten Kirche und des maurischen Maghreb gemeinsam-antike Reste verblieben sind. Das Erbe der alten Welt wurde ja auch nicht nur im lateinischen, sondern auch im arabischen Westen weitergereicht. Man müßte blind sein, wenn man nicht alles das, was wir im Abendland drüben Romanik nennen, ohne dabei das Durchgehend-Griechische recht zu gewahren, auch hier im Morgenland wiedererkennen wollte. Und wenn das gotische Chartres etwas mit der gotischen Santa Maria dei Fiorio in Florenz gemein hat, dann hat es auch etwas mit der Alhambra gemeinsam. Die alte Medina und Kasbah von Rabat haben mit ihren Mauern, Türmen und Zinnen nicht nur in der islamischen Welt, sondern auch in der Christenheit ihre Entsprechungen, – leicht zu erkennen, wo immer sie so gut erhalten wie hier sind: in Avila, an der Loire und in Nürnberg, in Krakau und Saloniki. Die Eroberungsstürme des Islam, die Kreuzzüge und die Türkenkriege, haben uns nur so fixiert, daß uns Halbmond und Kreuz als äußerste Gegensätze wie Schwarz und Weiß oder Himmel und Hölle erscheinen – haben uns so auf uns selbst beschränkt, daß wir gar keinen Blick dafür haben, wie eins diese Welt auch geistig mit ihrem gemeinsamen Alten Testament, dem einen einzigen Gott, seinem Propheten und seiner heiligen Schrift – auf ihrem griechischen Grund ist.

Am schlagendsten wurde mir das ja klar, als ich unter der alten Rabater Kasbah die schöne kleine Koran-Ausstellung besuchte. Was sich hier an den alten Bänden der christlichen Welt gegenüber als so ganz anders darstellt, nicht nur als frohe Botschaft des Herrn der Botschaft Mohammeds gegenüber, sondern auch als das bildlose Ornament der Inbild-Welt heiliger Initialien und Miniaturen gegenüber – das ist ihr zugleich fast zum Verwechseln ähnlich. Und ist denn dieser Gegensatz der Doktrin, der Bilder und Ornamente, nur ein Gegensatz der beiden Welten? In Wahrheit haben sie nur auch ihrerseits die Parteien des blutigen Kampfes übernommen, den sie einst im Herzen der griechischen Welt, im christlichen Byzanz, mit Nestorianern und Monophysiten und folgenden Ikonoklasten noch gemeinsam führten. Und der Islam, der eben damals entsprang, hat in dem ewig-griechischen Antagonismus, der Platons Idee in Bild und Begriff auseinanderriß, eben die Partei der pythagoreisch-platonisch-strengen Abstraktion und Entmythologisierung übernommen, während sich das Christentum der homerischen Fülle der Bilder und Mythen, Heroen und Heiligen, hingab. Konnte eines von ihnen deswegen den dialektischen Widerspruch in der eigenen Brust überwinden, indem sich der Islam seinen Sekten und Heiligen, die Christenheit ihrer Reformation und Aufklärung überließ? Das sind Gegensätze, die tiefer verbinden als trennen. Marokko in seiner historischen Meeresstille ist nur ein Land, in dem man die submarinen Zusammenhänge zwischen den großen Massiven der Weltgeschichte noch etwas besser erkennen kann als in den Sturmzonen, wo der Aufruhr die Tiefe verdeckt.

Sahara-Rhapsodie

Der gewaltigste Eintritt ins schwarze Afrika ist für uns, die wir fliegen, doch wohl die große Wüste. In die ältesten, tiefsten, dunkelsten Gründe der Stämme kommen wir über jene unendliche Fläche, in der die Erde sich als das ganz reine, empedokleische Element präsentiert, ein rosengoldenes Meer unterm stahlblauen Himmel; ein Stern mit den Meteoriten-Einschlägen, den Felsgraten, Flußläufen, Sand- und Salz- und Salpeterseen und Steinbrocken, die uns gerade in unseren Tagen von der Nahaufnahme des Mondes so vertraut sind; ein süßer, schmelzender, aber auch unerbittlicher Anblick des Todes, der uns hier so gewiß wie über dem Ozean wäre, wenn wir die Welt unter uns etwa mit einer unerwarteten Landung zu berühren uns einfallen ließen; ein Vorhang auch über der Unterwelt, deren Einwohner diese Wüste vor vielen Jahrtausenden einst bewohnten und ihre Beute, ihr Leben, mit über zehntausend Zeichnungen in die Höhlen und Felswände eingruben.

Oh, die Sahara ist trotz ihrer Pisten und Fluglinien immer noch unerschöpflich; der strahlendjunge Tuareg bei der Landung in Tamanrasset ist wie ein Hermes, ein Seelenführer, der uns in einer Art Jenseits erwartete und nun empfängt; der Niger bei Niamey, auf dessen schon ziemlich komfortablem Flugplatz wir dann noch einmal landen, ist wie der Strom, der die Lebenden auf der anderen Seite wieder vom Reich der Toten trennt. Bedenke ich dann hinterdrein einen solchen, nun schon ein paar Male wiederholten Sahara-Flug, möchte ich doch der Frage einmal auf den Grund kommen, warum mir hinter dem hohen Glanz des Mittelmeers Afrika immer noch als das tiefere Geheimnis erscheint, das mir am Mittelmeer selbst mit dunklen Flügeln in die klassischen Bereiche hereinwinkt. Und zwar nicht nur das tiefer-südliche Afrika mit seiner ohnedies schwindenden Fülle von Urwald und Großwild, sondern erst recht das golden-dürre, sterngleiche Afrika – die große Wüste. Ob dann eben heimlich vor mir die Löwen und Panther, die Büffelherden und Gazellenfluchten aufsteigen, die sie vor zwanzig-, dreißigtausend Jahren einst ja auch wirklich bevölkerten, ehe sie in die Höhlen und Wadis, unter die Erde gleichsam, verschwanden – so wie Vineta unter den Meeresspiegel versank? Wir treffen sie schemenhaft dort ja auch eben noch in den Fels- und Höhlenzeichnungen über Tausende von Kilometern hin ausgestreut, als ein Denkmal des großen Jägers, der einst der Mensch war, bevor er zum Hirten und Bauern wurde. Im Westen hat er wohl hier zum erstenmal ganz seinen Kains-Charakter enthüllt, indem er die anderen großen Jäger, Löwen und Panther, niederrang und bewies, daß er etwas mehr als die anderen war – und ihre symbiotische Ordnung zerstören konnte. Was er später rund um das Mittelmeer im ganz wörtlichen Sinn mit dem Schlagen der Wälder verwüstete, das hat er ja direkt durch Feld- und

Schiff- und Berg- und Städtebau getan. Die große Wüste, die Sahara aber, bewirkte er indirekt noch, indem er die unendlichen Buschwälder und Savannen mit der Austilgung des Raubwilds der Geburtenlawine des Weidewilds überließ.

Heute wirkt die große Sahara für den banalen Blick ja als der Inbegriff aller Öde. Flach und nackt und geheimnisvoll nur für die Dichter, die das Feuer der Sterne, die Sonnen-Auf- und -Untergänge, die Schauspiele der Atmosphäre, hier so viel eindrucksvoller als anderswo finden. Erst recht im Flugzeug. Die große Erdscheibe – golden mit rosen- und malven- und purpurfarbenen Schatten – ein Element eben so wie Himmel und Meer. Das alles hat Exupéry schon empfunden.

Irdischer haben die Pioniere in dieser Tiefe der Wüste das Öl entdeckt, das auch hier seine industriellen Schatzgräberzentren nun auszubreiten begann. Zugleich entdeckten sie auch den gesunkenen Spiegel des Grundwassers, das, einst noch höher, aus ihr ein blühendes Land gemacht hatte – und wohl auch wieder zu machen vermöchte. Tief wie das Grundwasser liegt aber auch die Erinnerung an all die Fruchtbarkeit, ferne die Hoffnung auf eine neue. Vielleicht bricht sich eben der ferne Nachklang der Lebensfülle von einst jetzt an dem nahen und nackten und tödlichen Element so geheimnisvoll. In seiner Fremdheit suchen wir nach Vertrautem. Seine Unzugänglichkeit zieht uns an. Und eben in diesem Sinne ist unser altes, ureuropäisches Spanien auch schon ein wenig Afrika, auch schon ein wenig Sahara. Da laufen nicht erst seit den Mauren tausend Fäden hin und her. Die laufen schon seit Jahrtausenden.

Nun ist es ja etwas rührend, wenn wir Touristen an den tapferen blonden Berbern, die doch von allen am meisten auf Du und Du mit der Wüste stehen, hier die Spuren der alten gotischen und vandalischen Eroberer zu finden glauben. Sie hören es dabei selber oft gerne. Doch Frobenius wies uns bereits darauf hin, daß in ägyptischen Texten des dritten Jahrtausends vor Christus von blonden Numidiern die Rede ist. Und ihm war dabei in den Dreißigerjahren, als seine »Kulturgeschichte Afrikas« erschien, erst ein Teil der Zeugnisse bekannt, die uns seither in die historische Tiefe der Wüste blicken lassen. Ihnen folgten die großen Arbeiten Abbé Breuils und der französischen Expeditionen, mit denen

Lothe dann so viele Tausende Fels- und Höhlenzeichnungen aufnahm. Aber sie alle bestätigten nur mit einer unerschöpflichen Fülle von Büffeln, Gazellen, Antilopen, Flußpferden, Straußen, Elefanten und Raubkatzen, was Frobenius selbst schon als die Mahalbi-Kultur der nordafrikanischen Jäger bekannt war. Auf dem Hintergrund einer Sahara freilich, die ganz anders war als die Wüste von heute, welche weder den zeichnenden Jägern noch dem gezeichneten Wild die Nahrung geboten hätte, die solche Lebensfülle voraussetzt.

Aber war diese Wandlung seither in der Tat nur eine der »oscillations climatiques«, der Klimaschwankungen, die H. Alimen in seiner »Préhistoire de l'Afrique« als Ursache einer schon mehrfach blühenden und wieder wüst gewordenen Sahara annimmt? Diese Schwankungen mögen mit unseren europäischen Eiszeiten, die in Afrika eine viel kleinere Rolle spielten, wirklich vergleichbar sein. Aber das schließt ja doch keineswegs aus, daß der Verwüstung der Sahara von heute, für die es auf unserer Erde in ihrem Umfang nur wenige Beispiele gibt, auch noch etwas anderes nachgeholfen hat. Die Fauna nämlich, die in den Felszeichnungen erscheint, entspricht ja ziemlich genau der Tierwelt, die wir auch heute noch in den ostafrikanischen Savannen mit weiten Gras-Steppen und lockerem Baumbestand antreffen. Und wir werden kaum sehr weit fehl gehen, wenn wir sie uns in der Sahara von einst auch so ähnlich vorstellen.

An der Tierwelt, die uns aus den Wänden und in den Höhlen entgegentritt, fiel allerdings Frobenius schon auf, daß es unter den natürlich-bewegten und sprühend-lebendigen Gestalten auch andere gibt, die so seltsam fixiert und hieratisch erstarrt scheinen, nämlich die Raubkatzen; Löwen und Panther, die auch in Kampf und Sprung stets die gleiche Haltung bewahren – den Leib von der Seite, den Kopf von vorne uns zugewandt. Es wirkt fast wie eine frühe Entsprechung des ägyptischen Menschenbildes, dessen Würde einst dargestellt wurde, indem es uns eben umgekehrt die Brust von vorne und das Gesicht von der Seite weist.

Man muß aber deshalb noch keinen Zusammenhang damit herstellen, um zu vermuten, daß in dieser hieratischen Erstarrung eine große Stammeserfahrung, ein tiefes, vorgeschichtliches Trauma bewahrt wird. Frobenius verfolgt die Zusammenhänge nicht nur bis an das mykenische Löwentor und zu den sibirischen Bären, sondern auch bis in die kultischen Reste und Bräuche, die er selbst noch in Nordafrika vorfand. Für unseren Zusammenhang hier ist es nur von Bedeutung, daß diese Besonderheit in der menschlichen Darstellung der großen Katzen doch wohl auch etwas Besonderes im menschlichen Verhältnis zu ihnen bedeutet. Es kann gar kein anderes gewesen sein, als ein Verhältnis auf Leben und Tod: die Entscheidung darüber, wer von den beiden den anderen jagt. Und das wird die Jahrtausende durch wohl ein tödliches Hin und Her gewesen sein, in dem sich das Raubtier seiner ganz natürlichen Überlegenheit sicher sein konnte, die sich auch heute noch in dem Schrecken verrät, den der nackte, wehrlose Mensch empfindet, wo der Löwe die Bühne betritt. Das »Gesicht« des Löwen, sein Blick, der uns auf den Bildern stets unverwandt zugekehrt ist, mußte gorgonenhaft wirken. Keine Waffe, kein Panzer und keine Schnelligkeit, ja, nicht einmal der kläglichste Schutz der Gejagten, der schlechte Geruch, kam dem Menschen zu Hilfe. Was immer ihn sonst an Geschöpfen umgab, schien besser als er ausgestattet – und wurde dennoch zur Beute des großen Räubers.

Der Kampf war für den Menschen wohl überhaupt dann erst recht aufzunehmen, als er lernte, Waffen und Werkzeuge in die Hand zu nehmen. Und als dieses Ringen einmal entbrannt war, gab es freilich kein Halten mehr. Es erhob sich ein Kampf, der um die Beherrschung des Landes ging. Die großen Räuber wurden nun nicht gejagt wie anderes auch gejagt wurde, nämlich zur Nahrung; sondern um auszumachen, wer denn nun hier der Herr sei. Es wurde zu einer Frage des Entweder–Oder. Damit veränderte sich aber etwas im großen Gleichgewicht der Natur. Es konnte gar nicht nur darum gehen, ob der Herrschaft der großen Räuber ein größerer oder kleinerer Respektsraum abgetrotzt wurde, in dem sich der Mensch nun sicher fühlen konnte. Er konnte es auch nicht damit bewenden lassen, das Überhandnehmen seiner Feinde einzuschränken. Solange ein einziger von ihnen im Revier war, blieb nicht allein die Herrschaft des Menschen, sondern auch seine Sicherheit vom Grund auf bedroht.

Aber was dieser Mensch in jener Zeit auch an materieller Werkzeugkultur entwickelte, das entsprach bereits einem vorausgegangenen Schritt seiner Geistesgeschichte. Herbert Kühn erkennt einen solchen entscheidenden Schritt in dem Augenblick, da der Mensch auch als Bildender aus der Unschuld des bloßen technischen Könnens heraus den geistigen Raum betritt, in dem mit dem Bild eben nicht mehr bloß nachgeahmt und nachgebildet wird, sondern beschworen, gebannt und vergegenwärtigt. Erst dem vorausgegangenen Naturalismus folgt nun die Welt der Symbole und Zeichen, der »heiligen Zeichen«. Das Schematische bedeutet nicht nur am Ursprung des griechischen Wortes, sondern auch in der Tat ein »Echein«, ein Haben und Besitzergreifen.

Und auf solche Art sind wohl auch in der naturalistischen Welt der Sahara-Zeichnungen mit diesen Löwen und Panthern erste Zeichen, Sieges- und Kult- und Beschwörungszeichen, dafür erkennbar, daß sich die weltgeschichtliche Schlacht zwischen Menschen und Raubkatzen nun zugunsten der Menschen neigte. Oder ahnten die Menschen auch schon, daß sie hier etwas mehr angerichtet hatten als die bloße Eroberung neuen Lebensraums? Daß hier ein Gleichgewicht ins Schwanken kam, das man vergeblich wiederherzustellen versuchte? Dieser Mensch war zwar, wie wir schon sagten, noch weit entfernt davon, daß er auf direktem Wege durch Ackerbau, Schiffbau und Bergbau das Antlitz der Erde verändern und damit oft auch verwüsten konnte, wie seine Nachkommen in den letzten fünftausend Jahren dann den ganzen Mittelmeerraum veränderten und verwüsteten. Damals war jedoch schon ein ganz anderer indirekter Prozeß im Gang, der ja auch seinerseits seither nicht mehr zu Stillstand gekommen ist.

Die Minderung des Raubwilds bewirkte nämlich zunächst einmal ein Überhandnehmen des Weidewilds, dessen Vermehrung nun ohne Feinde viel schneller ging als die des Menschen, der in seiner Jagd ja nur mäßige Fortschritte machte. Er konnte nicht ohne weiteres als biologischer Moderator in die Rolle der von ihm reduzierten Raubtiere treten. In diesem wörtlichen Sinn war er viel weniger Raubtier als Nietzsche und Spengler es meinten.

Die so ausgelöste Geburtenlawine des Weidewilds multiplizierte sich aber nicht allein selbst. Sie griff auch die Grasnarbe ihres Weidelands immer mehr und mehr an und setzte schließlich den entblößten Boden der Verwitterung aus. Das bewog aber das sich weitervermehrende Wild nur dazu, sich um so gieriger auf die verbleibende Nahrung zu stürzen. Und die ersten freigesetzten

Sanddünen gingen ja wohl auch bereits dem höheren Wuchs zu Leibe – das alles sind auch nur Vorgänge, die wir heute noch überall an den Wüstensäumen beobachten können, wo sich das Wild indes freilich längst schon die eigene Lebensgrundlage entzogen hat.

Der Vorgang ist uns nur deshalb nicht so vertraut, weil wir ihn aus der amerikanischen Agrarsteppe und dem sibirischen Neuland etwas anders kennen. Dort wurde die Erosionsverwüstung durch den menschlichen Ackerbau ausgelöst und ist schon seit Jahrtausenden mit dem direkten Verzehr des Waldes durch die menschliche Zivilisation verbunden.

Gewiß, diese Zivilisation hat im Verlauf der historischen fünftausend Jahre erst die mittelmeerische Süd- und Ostküste ergriffen, in griechischen Zeiten die Inseln, in punischen Zeiten Spanien. Die Römer leiteten dann nur ein, was Byzantiner und Venezianer an den nördlichen Mittelmeerküsten vollendeten. Wenn man so will, kann man heute sagen, daß am Gardasee die Sahara auch schon an die Alpen drängt. Der Grünwuchs ist überall nur mehr vom Menschen als Feld- und Wein- und Obst- und Ölbau erhalten, der Wildwuchs fast überall von ihm zerstört.

Dieser direkte Vorgang liegt so sichtbar vor Augen, daß der indirekte davon beinahe verdeckt wird. In den Mittelmeerländern und auf den Mittelmeerinseln sind es zwar keine wildäsenden Antilopen- und Gazellenherden mehr, die das Grüne verzehren, wo es sich zeigt. Es ist vielmehr die domestizierte Ziege und auch der Esel, die sich selbst mit der bescheidensten Weide begnügen, doch eben damit auch den bescheidensten Ansatz zerstören.

Das ist aber auch nur ein Nachspiel dessen, was schon seit über einem Jahrzehntausend und noch länger in der Sahara vor sich ging. Der Mensch zerstörte den natürlichen Bewuchs als Wiese und Wald eben nicht nur direkt durch Schlägerungen, sondern auch indirekt durch die Jagd als eine Veränderung in der Tierwelt, die er ursprünglich auslöste und seither systematisch betreibt. Ob er nun solche Veränderungen, die er in langen Fristen und gleichsam wider Willen unter dem Druck von naheliegenden, kurzfristigen Lebensinteressen bewirkte, eines Tages wohl auch bewußt und auf lange Sicht hin betreiben kann? Und zwar, ohne in der Sahara auf eine neue Klimaschwankung, eine neue Pluvialperiode zu

warten? Das würde aus der Flucht versunkener und verdämmernder Erinnerungen einen Aspekt in die Zukunft eröffnen, für die die heutigen neuen Pflanzungen nur ein bescheidener Anfang wären. Doch für sie gibt es wohl nur Hoffnung, wenn sie auch ihrerseits an Interessen zu knüpfen sind, die den einzelnen Menschen bewegen. Der größere Mensch, der Makranthropos, kurz, die Menschheit, braucht ihre eigene List, um die kleineren einzelnen Menschen zu bewegen, die nur an sich denken. Aber ist das in der Zeit der Raumfahrt, die ihren ungeheuren Aufwand unter höchst militanten Aspekten betreibt und den technischen Fortschritt als Verteidigung ansieht, ganz undenkbar?
Der Anblick der Sahara aus mehreren tausend Metern Höhe des Flugzeugs hat ja deswegen etwas so Faszinierendes, weil in ihm die Erde dem Bild am ähnlichsten wird, das uns jetzt schon künstliche Augen von fremden Gestirnen vermitteln und das der neue Kolumbus mit seinen Gefährten und Nachfolgern ja auch schon erblickt. Das Macht- und Freiheitsgefühl, die Unabsehbarkeit dessen, was wir mit unseren menschlichen Kräften nicht alles noch zu bewegen vermögen, schwillt dann lawinengleich an. Und die Weltuntergangsfurcht vor dem Schaden, den wir selber verbreiten, ist nur die Kehrseite davon. Dazwischen wird wirkliche Größe als Grenze sichtbar.
Der Himmel, das Meer und die Wüste, die reinen alten Elemente der Luft, des Wassers, der Erde eben – natürlich trifft auch auf sie zu, daß das Schöne der Anfang des Schrecklichen sei. Aber hinter dem tödlichen Eintritt befindet sich dann wieder Reichtum. Und schon der Traum davon, eine ferne Erinnerung daran, eine noch fernere Ahnung von ihm, gibt uns auch Hoffnung, daß der Blick dort, wo er am weitesten rückwärts schweift, auch am weitesten vorwärts dringt. Es ist schließlich derselbe Horizont, und dieselbe Mitte – für uns hier dasselbe Mittelmeer.

Der schwarze Philosophenkönig

Als der deutsche Lagerkommandant den gefangenen schwarzen Professor beim Lesen antraf, fragte er ihn, ob das Buch mit den fremden Zeichen arabisch sei. »Nein!« erwiderte dieser darauf »Es ist griechisch – ein Platontext.« Darauf wurde der Professor in die Kartei versetzt und »Herr Doktor« genannt. Und er selbst meint heute, er habe zwar niemals Sympathien für den Faschismus empfunden, sondern selbst dem französischen Widerstand angehört, niemals habe er aber auch Haß gegen Deutschland verspürt. Der erste Monat seiner Gefangenschaft sei zwar hart gewesen, dann aber seien ihre Bewacher deswegen alle zwei Wochen abgelöst worden, weil sie sich mit ihren Gefangenen allzurasch anfreundeten. Und schließlich kam er auch wieder auf das zu sprechen, was er schon oft und vielen erzählt hatte, daß er selbst nämlich Deutschland sehr viel verdanke; seiner großen Philosophie und Ethnologie, Heidegger und Frobenius. Deutschland sei in seinen jungen französischen Jahren eben das Land gewesen, in dem er auch zu spüren vermeinte, daß es dort Wälder gab wie in seinem eigenen: »Mythen, verstehen Sie!« Damals hätten sie ja auch nicht geahnt, was sich in diesen Wäldern schon vorbereitete.

Und auch wenn mir der Staatspräsident des Senegal das alles nicht so erzählt hätte, wäre mir im Gespräch mit ihm wahrscheinlich doch auch ein wenig das platonische Ideal des Philosophenkönigs aufgestiegen, der hier in seinem dunklen, leichten und eleganten, doch ganz dezenten Anzug so unauffällig erschienen war, daß ich ihn unter seinen Begleitern erst kaum unterschied, der im Gespräch aber dann um so stärker glänzte. Freilich war er auch dunkler, schmächtiger und beweglicher, jedenfalls nicht so gewaltsam wie man sich die Philosophenkönige aus der »Politeia« wohl vorstellen muß.

Ein wenig Gründer-Luft, Romulus- und Remus-Atmosphäre. Glaubte ich ja auch schon bei der Landung in Dakar zu spüren, auf jenem Sporn, den das alte und heiße Afrika in die atlantische Frische hinausstreckte. Ein noch so rührend junger Staat auf dem dunklen Urgrund, auf dem noch vor wenigen Jahrhunderten in weiten Bereichen Steinzeit war; der aber heute sehr dicht aus dem

Familien- und Stammesgeflecht des schwarzen Islam gewoben ist, den die Marabus noch beherrschen. Die Stadt selbst aber ganz geprägt von der viel jüngeren Kolonialzeit, in der Frankreich gerade hier das Tor nach Afrika mit einem Schaustück seiner Zivilisation öffnen wollte. Nein, dieser Senegal ist keine Tabula rasa, auch keine verbrannte Erde, auf der nun etwa die Wellblechbaracken des industriellen Zeitalters errichtet würden. Freiheit scheint schon in dem Wind zu liegen, der auf den Gebäuden des Flughafens die jungen Fahnen bläht und die brisengewiegten Milane trägt. Auch im Willkommen der jungen Herren, die teils in eleganten französischen Tropenanzügen, teils auch im pittoresken Grand Bou-Bou, der königlich-faltenreichen über die Schultern gerafften Pracht des schwarzen Afrika erschienen, Freiheit und Unbefangenheit bewiesen sie auch auf der Fahrt in die Stadt, die zwischen Mauern und Zäunen hindurchführte, hinter denen man deutlich genug noch die riesigen Bidonvilles erkannte, die freilich hier nicht aus Wellblech, sondern aus Rohr und Steppengras, fast wie Krale, gebaut sind. In ihnen hausen die Massen, welche die Hauptstadt mit ihrem Glanz aus dem Lande angesaugt hat, ohne ihnen schon Arbeit und Unterhalt bieten zu können. Die Freiheit zeigt sich oft genug auch in der Freiheit zum Straßenhandel und Bettel, der in den prestige- und ressentimentgeladenen Systemen so geflissentlich unterdrückt wird.

Wir Mitteleuropäer sehen Frankreich ja immer ein wenig allzusehr europäisch in seiner englischen, spanischen, deutschen Nachbarschaft. Vielleicht aber kann man erst nach der Auflösung seines Kolonialreiches das ganze Ausmaß seiner kolonialen Leistung im französischsprechenden Afrika recht ermessen. Das Widersprüchliche an dem ganzen, neuen, afrikanischen Nationalismus reizt ja bis heute zur Ironie. Erst ließen die neuen Freiheitskämpfer keinen Zweifel daran, daß ihre Freiheit geschlossen von Kairo bis Kapstadt reichen würde. Nun aber zeigt sich bereits im zweiten Jahrzehnt, daß sich der Erdteil noch immer nichts Besseres weiß, als die ganz zufällig geschneiderten, bunten und winzigen Duodez-Flicken der alten Kolonialgrenzen. Auch hier in Westafrika sind bisher alle Versuche gescheitert, mit noch so bescheidenen Unionen darüber hinauszugelangen. Und die ohnedies mangelnde staatsbildende Potenz wird mit der UNO-Aufnahme gänzlich sterilisiert. Dabei sind diese Gebilde alles andere als Nationalstaaten. Fast jedes von ihnen setzt sich aus einer Mehrzahl von eingeborenen Stämmen und Sprachen zusammen, die eben nur die französische Sprache und die französisch überlieferte Grenze verbindet. Der Staat ist hier wahrhaft in platonisch-hegelscher Abstraktheit als Eigenwesen über den völkischen Elementen errichtet.

Dakar selbst ist mit seinen modernen Avenuen und Boulevards ein Musterbild französischen Städtebaus. Wenn es nicht allzu lästerlich klingen würde, könnte man sagen, daß der ein wenig chaotische Charme unter der südlichen Sonnenflut, der durch die flirrenden Schatten der Eukalyptusalleen hindurchfiltert, manchmal auch etwas an die jüngste, wenn auch zugleich älteste Hauptstadt Europas erinnert – nämlich an Athen.

Der Senegal hat ja im schwarzen Afrika wohl auch die stattlichste Mitgift bekommen. Zu ihr gehört die glückliche Mischung von französischem Raffinement und ursprünglicher Negritude, die sich in der Anmut verrät, mit der Männer und Frauen, aufrecht und schlank, mit wenigen Mitteln in reichen Falten und starken Farben wie Fürsten einherschreiten. Harmonie und Grazie dieses Menschentums sind außerordentlich. Hat man den sich immer wiederholenden kleinen Europäer-Schock, der einen meist beim Anblick eines ganz allgemein schwarzen Straßenbildes ergreift, überwunden, so könnte man ja auch auf den Gedanken verfallen, man würde einen außerirdischen Besucher mit Sinn für Schönheit in unserer Raumfahrerzeit zunächst einmal mit diesen Gestalten hier bekannt machen. Sie gehören ihrem Wuchs nach wohl zu den schönsten Menschen der Erde. Gar hier, wo sie ohne volle Versklavung und ohne totalen Aufstand auch noch im alten Boden wurzeln. Vielleicht ist der Senegal dabei auch selbst eine Art schwarzes Gallien. So wie das alte Gallien einst nämlich in der antiken Welt romanisiert und christianisiert wurde, ohne daß ihm dabei der sugambrische Nacken gebrochen wurde, ja, indem es sich nun erst nach einer solchen Befruchtung gänzlich entfaltete, so scheint auch hier die gallisch-französisch-moderne Befruchtung auf der dunklen Erde zu gedeihen.

Und Senghor, unser Präsident, ist dabei eine der großen Modellgestalten. Er, der die »Negritude« verkündet, ist doch zugleich

Franzose von großer Geschmacks- und Geisteskultur, vor dem seine europäischen Besucher oft genug linkisch und grob wirken. Aber der schmale und beinahe demütig scheinende Mann, dem niemand seine Sechziger ansehen würde, der als Student und Gelehrter, Professor, Senator, Deputierter und Staatssekretär jahrzehntelang im französischen Leben stand, ist nicht mit Frankreich allein, sondern mit ganz Europa verbunden. Er lebte gerade in jenen Jahren in Frankreich, als – für Böoter fast unfaßbar – unter allen politischen und militärischen Stürmen von Besatzung und Widerstand die innigste deutsch-französische Begegnung stattfand. In Paris eröffnete sich für Senghor das ganze Europa – von Platon bis Sartre, von Kant bis Toynbee.

Und das gibt ihm Freiheit. Gewiß lebt heute der Senegal mit seiner alten französischen Kolonialmacht in engen Geistes- und Wirtschaftskontakten. Aber gerade deshalb bedarf Senghor auf seinem unruhigen Kontinent auch der Freiheit, um nicht in den Geruch des Neokolonialismus zu geraten. Wie gerne versuchen ihn seine Gegner doch als Franzosen, wenn nicht gar als Dichter abzutun. Nur daß er bei und seit seiner Staatsgründung auch bereits seine Staatskrallen zeigte.

Wer aber Senghors Gedichte kennt, der weiß auch, daß es gerade die Tiefe Afrikas ist, die hier im Licht des Französischen sichtbar wird. Auch die historische und nationale Tiefe, die sich im Zorn des farbigen Aufstandes andernorts oft so bitter verschließt, hier aber dafür im Sproß der alten Malinkefürsten noch da ist. Sie haben eben das Christentum angenommen wie einst Keita, der alte Herrscher von Mali, vor 900 Jahren den Islam, wie Gallien einst die romanische Sprache und das Christentum – als freien Eröffnungsakt auf eine echte, geistige Herausforderung hin.

Senghor hat auch in seinen französischen Jahren aus seinem Sozialismus niemals ein Hehl gemacht. Er ist hier in Afrika mit dem Verlangen nach einer neuen Gemeinschaft vermengt. So hat Senghor auch bereits in den frühen Sechzigerjahren Grund und Boden verstaatlicht; nicht um die Bauern zu manipulieren, erklärt man; sie sollen fest und unveräußerlich samt ihren Kindern im Besitz ihres Bodens bleiben, solange sie ihn bebauen. Mit der Verstaatlichung will man vor allem die Verpachtung von ausländischem, vor allem syrischen Großgrundbesitz steuern.

Und als ich im Landesinneren dann, in einem der »Centres d'animation rurale«, eine Gruppe von Landwirten frage, wie sie mit dieser Verstaatlichung denn nun führen, erwidert der eine fast rührend: »Aber wie sollen wir denn nicht dafür sein? Er tut doch nichts, als was wir alle wollen.« Auf diesen Zentren herrscht auch ein wenig die Atmosphäre jener Agrarreform, die durch alle Entwicklungskontinente und ihre Revolutionen geht, um die Geburtenlawinen mit höheren Bodenerträgen zu ernähren. Die neue, mechanisierte Landgemeinde, die drüben in Asien und im Sowjetreich, auch in Afrika, oft so massiv und totalitär wirkt, ist hier von einem viel milderen, beinahe benediktinischen Geist erfüllt. Was anderswo eben »Maschinen- und Traktorenstation« heißt, das nennt sich hier einen »Mittelpunkt ländlicher Belebung.« Und als wir die Sitzungen, Schulen und Läden besuchen, finden wir die Bewohner auch noch vom Feuer einer Mission ergriffen, das in der trockenen Steppe, in der unzugänglichen Dornheide, angezündet wurde, um der wachsenden Generation fruchtbaren Boden zu schaffen.

Man muß wohl auch mehrere dieser neuen afrikanischen Staatsgründungen hintereinander gesehen haben, um zu verstehen, wie eifersüchtig und aufmerksam sich dieses Afrika selbst beobachtet; wie jeder eigene Ansatz also gleich ein Modell-Anspruch für die anderen wird, eine Frage, ob man mit ihm vielleicht schneller als mit den anderen auf der Bahn der vielberufenen »Entwicklung« vorankommt. Das gibt einen unausgesprochenen, aber erbitterten Wettlauf, der am Ende auch etwas an der Kleinstaaterei als Probiermethode rechtfertigen könnte.

Der Senegal Senghors hat in Guineas Sekou Touré auch einen Nachbar-Rivalen, der einen anderen Mythos und vielleicht auch einen anderen Prototyp darstellt. Freilich ist auch die Mitgift und Ausstattung, die Guinea von seiner französischen Kolonialmacht mitbekam, nicht mit der Senegals zu vergleichen. Der alte Beute-Charakter des Erdteils ist hier noch deutlich. Vor Conakry liegen die Loos-Inseln und auf der einen von ihnen, auf Run, stießen wir auch noch auf die Ruinen der alten Seeräuber- und Sklavenhändlerburg.

Das wurde im industriellen Zeitalter dann nur etwas weniger monumental und romantisch. Conakry selbst blieb aber der Ha-

fen, in dem man ohne viel Federlesens im Goldgräberstil die Schätze des Landes davonführte. Wer wollte in dieser feuchten Hitze auch nach etwas anderem suchen als etwa nach Bauxit?
Und Sekou Touré hat mit seiner Freiheit die Ausbeutung dann nur umgedreht. Daß sich nämlich aus der kolonialen Abhängigkeit eine immer freier werdende Kooperation entwickeln könnte, wie de Gaulle ihm das zunächst mit seiner Communeauté vorschlug, das konnte er von den bisherigen Aufkäufern nicht so leicht glauben wie Senghor, der ja auf diesem Weg schon ein Stück voran war. Dagegen fühlte sich Sekou Touré dann nur bestätigt, als ihn der General in einem berühmten Rencontre vor die Alternative stellte, sich mit Frankreich entweder zu arrangieren oder auf alle Pariser Hilfen ganz zu verzichten. Hier gab es für den schwarzen Spartakus nur das Nein und die Zuflucht zum Referendum der mobilisierten Massen, die ihm genau so folgten wie in Frankreich drüben de Gaulle.
Dieses Votum befreite Sekou Touré aber nicht von seiner eigenen, tribunalen Führungsverantwortung. Er mußte das Äußerste wagen, um nicht – bisher schon benachteiligt – nun gänzlich in der Misere zu versinken – ein warnendes Beispiel für alle jene, die sich den Winken der früheren Herren widersetzen. Und er wagte wirklich das Äußerste. Mit einer Rücksichtslosigkeit, vor der die Nassers verblaßte, bot er sein Land aller Welt und vor allem Chinesen und Sowjets als Brückenkopf am Atlantik an und erzwang eben damit auch wieder ein Engagement des Westens, wenn dieser kein afrikanisches Kuba zulassen wollte. Indem er mit dieser Drohung unter eigenem Risiko die Weltmächte unter Zugzwang setzte, brachte er für sein Land nun ebenso Beute ein, wie es selbst bisher Beute gewesen war. Conakry wirkte darum geraume Zeit wie eine moderne technische Entwicklungs-Ausstellung im verwüsteten Busch, in der die Hilfeleistungen der Mächte gesammelt wurden, wie einst der Sultan in Istanbul die Ehrengaben der Mächte als eine Art von Tributleistungen sammelte, mit denen man seine Gunst- und seinen Frieden erkaufte. Das reichte hier nun vom Flugplatz, den die Sowjets bauten und nicht allein mit einigen »Iljuschin« bestückten, die dort lange Zeit unbeweglich wie Denkmäler standen, sondern in einem berühmten Triumph der Bürokratie auch mit Schneepflügen in einem Land, das wohl seit

der Erschaffung der Welt noch keine Schneeflocke gesehen hatte. Dagegen bauten an den Kinkon-Fällen im Inneren des Landes die Chinesen ein riesiges Kraftwerk, an dessen Aufschriften und Gebrauchsanweisungen zunächst kein lateinischer oder kyrillischer Buchstabe, sondern nur die chinesischen Zeichen zu sehen waren. Im Hafen traf man unter den Schiffen aus Ost und West dafür das große US-Lazarettschiff, die »Hope«, das die Landesbewohner freilich mehr als ein Wunder denn als Hilfe empfanden, der sie sich wirklich anvertraut hätten. Es litt bei aller medizinischen Bedürftigkeit rundum Mangel an Zuspruch. Jede Stadtführung ging von Stück zu Stück, wie zwischen erratischen Blöcken der technischen Zivilisation, die ziemlich unverbunden nebeneinander lagen. Darunter natürlich auch: »Das hier haben die Ostdeutschen, das hier die Westdeutschen gebaut.« Die Ostdeutschen einen Sportplatz zum Beispiel, dessen Flutlichtanlage freilich zunächst die übrige Stadt solange des Stroms beraubte, als sie eingeschaltet war. Dagegen lag die Bundesrepublik gar nicht übel im Rennen, weil sie den Königsgedanken gehabt hatte, die Pisten, die in der Trockenzeit im Staub und in der Regenzeit im Schlamm versanken, wenigstens in der Hauptsache mit einer festen Decke zu belegen. Das leistete ein deutscher Bundeswehrhauptmann mit einem halben Dutzend von Pionieren, der in Conakry lange ein wohlgelittener Mann und eine Säule der Botschaft war, bis auch ihn der Sturz ereilte.

Die allgemeine Situation bringt es ja auch mit sich, daß der autokratische Präsident immer Neigung hat, das diplomatische Corps in eine Art Hofstaat zu verwandeln, dessen Mitglieder sich sehr beflissen um den Stand der eigenen Gunst bemühen und mißtrauisch den der anderen verfolgen. Am liebsten hätte man sie auch für die Berichte der Gäste verantwortlich gemacht und diesen auch schon den Leittext geliefert. Nur daß eine solche Art von Gewaltsamkeit selten gut ausgeht, wenn man sich ihr unterwirft. Dazu kommt im frankophonen Afrika immer auch noch die höchst undiplomatische Versuchung der deutschen Diplomatie zu einer traditionsbelasteten Konfrontation mit dem französischen Einfluß.

Die innere Stärke Sekou Tourés war aber wahrscheinlich nie ganz so groß wie die äußere. Seine Mitarbeiter versichern mir

zwar, daß weder die Marabus noch die Häupter der Stämme hier etwa noch eine ernstliche Rolle spielten. Diese tun es aber vielleicht auch nur im Kostüm neuer Partei- und Gewerkschaftsfunktionäre. Manches erinnert ja auch in Guinea an eine schwarze Ukraine. Unter der sozialen, in Wahrheit technischen Revolution, die das totalitäre System gewaltsam vorantreibt, lebt ein fast unerschöpflich gesundes, kräftiges Bauerntum. Fliegt man von Conakry dann ins Innere des Landes nach Labê, so erblickt man unendlichen Bauernboden, reichlich von sauberen Kralen durchsetzt, in denen – so wie im Senegal – wohl auch hier die wirkliche Revolution erst beginnen wird, wenn die Gußformen endlich entfernt werden.
Ein wenig ukrainisch muteten mich auch die großen Schaustellungen an, die uns der Landesherr bot. Die Kundgebung und der Empfang auf seiner Sommerresidenz im Hochland droben waren ein Musterbeispiel der Mischung von ursprünglich herzhaftem Volksfest und autoritärer Regie. Als wir in der flirrenden Vormittagshitze auf dem großen, von Bäumen umstandenen Platz erschienen, war er bereits von einer bunten Menge besetzt, die Pracht der festlichen Grand Bou-Bous noch um zahlreiche andere Trachten und Uniformen erhöht. Was Wunder auch, daß die Neger die Negermusik immer noch etwas besser beherrschen als man das in den übrigen vier Erdteilen findet! Im Mittelpunkt unterhalten Springer und Tänzer die Menge. Die Hauptattraktion ist jedoch der Aufzug der Gäste, der fürstengleich schreitenden Funktionäre auf der Tribüne, auf der auch wir Platz zu nehmen gewürdigt werden. Als Höhepunkt wirkt dann die westliche Eleganz der gut geschnittenen kreppapierdünnen Tropenanzüge des Präsidenten und seiner Minister bei ihrem Auftritt. Die wohlgeschulten und rhythmischen Zurufe erwidert er mit einer höchst zivilen und preziösen Geste, indem er ein weißes Batisttaschentuch schwenkt. Sein Informationsminister erweist seine ganze Courtoisie und vielleicht auch Vorsicht, indem er uns nach dem rühmlichen Aufzug wieder wegführt, um uns nicht einer unendlichen und unverständlichen Rede in Malinke auszusetzen. Er selbst bezeichnet sich als »ein Stück Bonn«, das wir hier in Afrika fänden, da er früher sein Land in der Bundesrepublik vertreten habe. Wir fuhren indessen zu den Kinkon-Fällen, an denen wir die un-

verwüstliche Josephine Baker trafen, die eben Staatsgast Sekou Tourés war und ihn mit anderen afrikanischen Staatschefs zu einem gemeinsamen Sozial- und Bildungswerk zu gewinnen hoffte. Doch kehrten wir bald in die stattliche Datscha des Präsidenten zurück, wo er uns im Kreis stolzer Paladine und üppiger Frauen empfing. Das Gespräch drehte sich freilich vorzüglich nur um die Hitze, die jetzt zu Ende der Trockenzeit am empfindlichsten sei; und um die Bereitschaft des Präsidenten zur guten Zusammenarbeit, wenn sie nur »aufrichtig und vertrauensvoll« sei. Wir hatten auch vorher bereits von deutscher Seite den Wink erhalten, daß der Staatschef allzu konkrete Fragen nicht schätze. Dann wurde ein riesiges Laken – wie bei einer Denkmalenthüllung – von der festlich gerichteten Tafel entfernt.

Wir konnten sie freilich nicht allzulange genießen, um mit einem ziemlich halsbrecherischen Gewitterflug noch bis abends in die Hauptstadt zurückzugelangen, wo uns der Kriegsminister jene Truppe vorführen wollte, von der man behauptet, daß sie die meisten Eroberungen seines Landes gemacht habe und auch die Stärke seiner eigenen Stellung im Staat begründe. Das war nämlich das guinesische Ballett, das hier eben dem Kriegsminister untersteht und Eroberungen auf seine Art macht. Tiefe und Kraft und Frische und Charme und Ritterlichkeit des alten Stammes werden auch hier – gerade wie in der Ukraine – nirgends so gut wie im Tanze aufbewahrt. Nicht nur der ekstatische Urlaut des Tam-Tam, sondern auch die höfische, spöttische Feinheit des Dyali, des dunklen Troubadour. Hier herrscht noch kreatürliche Freiheit, tief in den alten Volksgeist gebunden. Und das geht durch alle Gewalt hindurch – auch hier wie das Licht durch den Wind. Die beschwingten, stürmischen, rasenden Leiber sind ihre eigenste Dokumentation. Ein wenig erheitert erfahren wir hinterdrein, daß die Truppe zwar auswärts – wie ursprünglich – auch noch mit nacktem Oberkörper auftrete, hier aber in der eigenen Hauptstadt nicht. Dergleichen tut man zwar bei der Feldarbeit auf dem Lande noch, in der Stadt aber gilt es einerseits jetzt als bäurisch, andererseits aber auch schon als dekadent und verworfen. Diese – sehr östlich wirkende – Sittenstrenge haben wir vortags bereits auf einem westlich-weltlichen Fest bei einer Miß-Wahl beobachtet, deren Sterne sich den ganzen Abend über so rührend gehemmt mit ihren Verbeugungen präsentierten, bis sie der pariserisch-raffinierte Conferencier schließlich doch bei der dritten Runde dann »en bikini« in voller Schönheit, »mit nacktem Fleisch« ankündigte, worauf sie denn in Trikots erschienen, die vom Halsansatz bis zum halben Schenkel reichten. Dergleichen kann man sonst nur im Kulturpark von Kiew oder Odessa erleben. Ist es nicht immer ermutigend, wo man im großen Ausverkauf noch Reserven bewahrt? Der schwarze Islam ist wohl auch immer noch stärker als dem System hier lieb ist. Eben hier auch von keinen türkischen Traditionen gelockert.

Trotz aller totalen und industriellen Mobilmachung ist der Erdteil eben in Wahrheit noch voll von solchen Reserven. Ein Land voller Quellen und Tiefen. In diesen Jahren reagiert es zunächst nur auf das, was unmittelbar vorausging, und zeigt dabei, wie entscheidend es für die Zukunft war, in welcher Verfassung die alten Kolonien in die Freiheit entlassen wurden. Guinea, nicht ganz so abrupt wie der belgische Kongo in seinem Süden, nicht ganz so harmonisch wie der Senegal in seinem Norden, wo die französische Kolonialverwaltung in ihrem letzten Stadium schon mehr Entwicklungshilfe als Fremdherrschaft war. Nicht zufällig herrscht hier der Volkstribun und dort der Philosophenkönig. Etwas später als in das atlantisch vorgeschobene Westafrika kam Europa dann auf seinen weltumspannenden Seefahrten freilich erst tiefer in den Golf von Guinea und so auch wir! Dahomeys Hauptstadt Cotonou ist eine junge und freundliche Gründung – doch mehr als Sitz von Verwaltung und entwicklungsgesteuerter Diplomatie. Historisch wirkt draußen in den Lagunen nur das Pfahldorf, das aber auch keinen Urzustand darstellt, wie ein Europäer wohl meinen könnte, sondern die Fluchtstation jener Landesbewohner, die in neueren Jahrhunderten vor den Sklavenjägern dorthin geflohen und dann geblieben waren. Heute steht die pittoreske Siedlung im Konflikt der touristischen und hygienischen Interessen: für die einen ist sie ein Anziehungspunkt, für die anderen ein Stein des Anstoßes.

Das ursprünglich-einfache Fischerleben trifft man freilich nicht nur in diesem Dorf, zu dem man auf schwankenden Kähnen gelangt, sondern auch in der ganzen Sumpf- und Schilf- und Lagunenwelt. Hier begegnet uns am Morgen nach unserer Ankunft gleichsam im

Alltag, was uns am Vorabend mit Tanz und Tamtam so stürmisch empfangen hatte, als wir mit unserer Geschenkladung von Pflege- und Heilmitteln eben in Cotonou gelandet waren. Keine weltläufig-wirkungsvolle Folklore, wie das Guinea-Ballett in Conakry drüben, sondern wohl nur für solche festlichen Zwecke ein wenig flüchtig hervorgeholt und neu eingekleidet, was in den Wäldern draußen zwar noch lebendig ist, in den Städten aber bereits verschwindet, doch der Erinnerung auch noch so nahe ist, daß man es ohne viel Umstände einmal erneuert.

Der Unterschied zwischen jenen Malinkes und Wolofs, die draußen an der Atlantikküste in fast allerorts ähnlichen Mischungen die kleinen Staaten wie Senegal, Mali, Guinea, bilden, zu dem noch weitaus bunteren Gemisch von mehreren Dutzend verschiedener Stämme und Sprachgruppen hier am Golf von Guinea ist freilich ganz beträchtlich. Dort auch die hohen, schlanken, mit ihren überlangen Beinen sich so rhythmisch-bewegenden Gestalten, nebst den Singhalesen auf Ceylon wohl der schönste menschliche Wuchs auf der Erde. Hier schon viel breitere und auch gelegentlich untersetzte Gestalten, die Köpfe robuster und die Gesichter flacher. Sie bestimmten vom benachbarten ehemals deutschen Togo her wohl auch das aus unserer eigenen Kolonialzeit stammende deutsche Negerbild stark: lustige, gutmütig-harmlose Geschöpfe, leicht zu dressieren und leicht zu begeistern, gern salutierend und hakenschlagend, sich auch heute noch ohne Bitterkeit jener älteren Zeiten so ähnlich erinnernd, wie Titos alte Kroaten sich noch der k. u. k. Monarchie erinnern.

Doch hat sich mit diesem Negerbild unter den Deutschen vielleicht nur die neudeutsche Neigung verlängert, mit den fremden auch die stammhaften eigenen Ursprünge zu verdrängen, indem man sie fremd und das Fremde dann lächerlich oder gefährlich findet.

Alles sieht sich an Ort und Stelle am nächsten Tag freilich auch wieder anders an, als wir nach drei Stunden Fahrt durch den Busch nach Savalou kamen. Niemand von uns hatte hier erwartet, was wir nun auf dem weitläufig-baumbestandenen Platz zwischen dem neueren, ziegelgebauten Verwaltungsviertel und dem älteren, lehmgebauten Königsviertel am Abhang trafen. Da drängte sich eine riesige dunkle Menge in Kreisen um tanzende, tamtam-tobende, kultische Gruppen und sammelte sich schließlich vor der

Präfektur, wo die Stämme und ihr gemeinsames Oberhaupt unsere Gabe an das Hospital, die hier runde zwanzig Millionen Francs ausmachte, im höchsten Sinn als ihr eigen annahmen und nicht nur mit einem Volksfest, sondern mit einer Art Reichstag des Königs und seines Rats feierten, an dem auch die geistlichen Oberhäupter der Stämme teilnahmen.

Das Bedeutsamste, was uns König und Magier bieten konnten, war wohl der Tanz der Geister, der wiederkehrenden Toten, die unter einer mächtigen Baumgruppe sitzen und dann einzeln hervortreten, um unter bunten, wallenden Masken und Überwürfen eine gravitätische Runde zu ziehen. Aus der Zuschauermenge traten dann junge Männer mit langen Ruten hervor, in deren Rinde Zeichen geschnitten sind, um die Geister, sie wachsam parierend, so abzuwehren. Doch achten sie dabei auch selbst noch sehr sorgfältig darauf, daß sie über die Rute hinaus von ihnen nicht direkt berührt werden.

Gewiß spielt das alles heute auch hier schon in jenem Zwischengürtel des Brauchs, der zwar noch heilig gehalten, aber auch nicht mehr ganz ernst und wörtlich genommen wird und dessen Übung man auf besondere, festliche oder touristische Anlässe einschränkt. Vielleicht aber bin ich unter den weißen Zuschauern auch der einzige, den dieser Anblick hier an ein Eigenes erinnert, nämlich an unsere Pongauer Perchten im Salzburger Land. Und auch wenn diese wohl mehr elementaren Ursprungs sind und die tanzenden Schemen hier aus dem Totenkult stammen, bleibt doch gemeinsam ein Anwehen aus alten Tiefen, wie es in der deutschen Literatur das letzte Mal noch Richard Billinger zu vergegenwärtigen suchte.

So also waren wir vorbereitet, um dann der Einladung des Königs in seine Residenz zu folgen. Für westlich-zivilisatorische Augen nicht eben ansehnlich, auf grob in den Rasen gedrückten Radspuren nur etwas mühselig zu erreichen, fanden wir sie schließlich unter den in größerem Abstand verstreuten Lehmhütten, die hier so ähnlich wie in der Ukraine aus mit eigener Hand gebildeten und an der Sonne getrockneten Ziegeln gebaut, mit einem Gerüst von unregelmäßig gebrochenen Ästen versehen und dann mit Stroh gedeckt werden – als eine etwas größere und sich nur durch einen Hof distanzierende Hütte. Doch für jeden, der für die vielen Jahrtausende bäuerlichen Lebens und seine Wirklichkeit noch ein Organ hat, war es nicht ohne Würde und Ernst. Der achtzigjährige König war dann in seinem Staatsraum, zu dem man über einige Stufen gelangte, von seinen wesentlich jüngeren Frauen umgeben, von denen die erste sogar in Goldlamée erschien. Er selbst, der ja nicht französisch sprach, hat – wenn dergleichen zu sagen erlaubt ist – in seinem ordensgeschmückten weißen Hemd auch etwas von der aufgeklärten Milde und Würde an sich, welche die praktisch entmachteten konstitutionellen Monarchen um die Jahrhundertwende auch in Europa gern an den Tag legten. Nur daß hinter ihm noch die Wirklichkeit der Stämme in den Wäldern steht, auf deren Duldung, Eintracht und Mitwirkung das ganze Staatswesen eben doch immer noch angewiesen ist.

Da liegen unabsehbare Felder des jungen Staates. Als wir am späten Abend in Cotonou wieder von Präsident Ahomadegbe in seinem stattlich-modernen Palais, einem großzügig-zierlichen Bau der neuen französischen Architekur, empfangen werden, meint er beim Austausch der offiziellen Erklärungen, daß die Beziehungen seines Landes zu Frankreich zwar die allerbesten seien, ihn aber nicht davon abhalten könnten, auch die zu anderen Freunden nach Kräften zu pflegen. Das hatte noch seine Bedeutung. Die Verfassung des Landes sah nämlich bis in die ersten Siebzigerjahre einen Präsidialrat von drei Mitgliedern aus verschiedenen Stämmen vor, die sich untereinander alle zwei Jahre an der Spitze des Staates ablösten. Nur daß sich dabei bereits die erste Stauung ergab, als sein Vorgänger, so ist zu hören, diesen Turnus zu überschreiten gedachte, um sich selbst an der Macht zu halten, indem er das Land noch etwas direkter an Paris zu binden versuchte. Und eben dies war zunächst durch eine lautlose Operation verhindert worden, von der kaum mehr an die Oberfläche drang, als daß der französische Botschafter etwas plötzlich – und ohne Orden – Abschied nahm. So sollte der stammhafte Herrschaftswechsel auf kurze Zeit noch erhalten bleiben, dessen Ziel es war, die Tyrannei eines einzelnen Stammes über die anderen Stämme und die in anderen afrikanischen Staaten immer wieder ausbrechenden Stammesmorde zu verhüten. Nur daß eine solche Verfassung des Staates der Realität der Gesellschaft wohl allzuweit vorauseilte und jener Macht,

die er so sorgfältig zu kanalisieren suchte, dann selbst entbehrte, als eine handvoll energischer junger Offiziere nach ihr griff.
Doch blieb es zunächst ein interessantes Experiment unter den winzigen afrikanischen Vielvölkerstaaten von doch nur zwei oder vier oder sechs Millionen Einwohnern, die sich so starr auf den zufälligen Schnitzeln der alten Kolonialverwaltung bildeten. Die Rechtfertigung dieser Kleinstaaterei ließe sich höchstens als eine Art von Spielwiese, eine politische Schule der Staatsbildung versuchen, in der man erst einmal lernt, das feste Gerüst des Staates, der ja desselben sprachlichen Ursprungs wie das Statische ist, über der immer noch herrschenden, wilden und stürmischen Wirklichkeit der Stämme zu errichten. Eben diese Stämme schließen in ihrer Gemengelage, die noch viel bunter als die osteuropäische ist, ja auch die blutige Simplizität eines Nationalstaats von vornherein aus, wenn man nicht zu den schrecklichsten Tyranneien und Genociden kommen will.
Vor solchen Unabsehbarkeiten hält sich dann doch noch ein jeder an die probaten Formen französischer Lebensart und Verwaltung. Doch gilt das doch meist eben nur bis auf weiteres. Und für die europäische Diplomatie ist es in diesen Bereichen keine kleine Probe ihrer eigenen Diplomatie, bei diesem stürmischen Treiben in keine Konfrontation gelockt zu werden.

Von einem Flamingo empfangen

Als wir über der Lagune auf den Flugplatz von La Goulette zusanken, strebte uns in geringer Höhe ein Flamingo entgegen – ein rosenroter Flaum über der bläulich-bräunlichen Fläche. Von Sidi Bou Said bis Kap Bone, die Kalkklippen des Bou Korinne, das alles wirkt am Golf von Tunis ja noch ganz klassisch-griechisch und odysseisch. Die unendlichen Dattelpalmen auf Djerba, an der Küste und in den Oasen seien ja, sagt man, das Land der Lotophagen gewesen, die zwar nicht Lotos, doch Datteln aßen. Der Tunis-See bildet eine der vier exotischen Schwemm- und Schlammecken dieses zentralen Mittelmeer-Vierecks: Alexandrien, Venedig, Marseille und eben Tunis.

Vertraut und heimatlich ist das Meer und die Küste, fremd und gefährlich aber das Landesinnere. Darin empfanden die Punier wahrscheinlich ganz wie die Griechen – eben als Seevölker. Und für ihre Vorväter, die Phönizier, war Karthago wohl etwas ähnliches wie Sizilien für die alten Griechen. Nur daß diese Phönizier noch etwas weiter als die Griechen ausschweiften und auch noch das Kap Horn umschifften. Das Weltmeer – darauf weist mich der grundgelehrte Othman Kaak hin – habe für die zwei Buchten gehabt: das Mittelmeer und den Golf von Guinea.
Das macht es uns beim ersten Anblick auch noch so unverständlich, wenn wir im Bardo-Museum in Tunis, in den Sammlungen von Karthago und Sousse, überall diese kleine Schachtel-Sarkophage und Grabstellen finden, mit denen dieses weltläufige, allen Winden und Einflüssen offene Seefahrervolk noch im vierten Jahrhundert vor Christus, zur Zeit Alexanders des Großen, seine Erstgeborenen blutig und leibhaftig den Göttern opferte, während dergleichen archaische Menschenopfer bei Juden und Griechen, Abraham und Isaak, Agammemnon und Iphigenie, schon ein halbes Jahrtausend vorher durch göttlich-gnädige Intervention unterdrückt worden waren. Kaak führt als Erklärung dafür den Glauben an, daß die Seelen der geopferten Kinder unverzüglich zu Engeln würden und daß diese Engel – vor allem zum Schutz ihrer Eltern – je eine Pforte der Hölle verschlössen; auch daß die gnädige Göttin eben das Kinderopfer als einen ganz unvergleichlichen Beweis der Ergebenheit ansah. Graf Rothkirch, der am Ali Bach-Hamba-Institut arbeitet, fügte für unser säkulares Verständnis plausibler auch noch hinzu, daß es vielleicht gerade die ungeheure Ausbreitung, die Beeinflussung von allen Seiten für die Punier so unerläßlich machte, ihren innersten Kern in den zahllosen Kolonien und Faktoreien fest und eifersüchtig zu wahren, um ihre eigene Identität festzuhalten. Das hätten die Juden ein halbes Jahrtausend später nach der Zerstreuung mit Beschneidung und Thora so ähnlich gehalten.
Den griechischen Einfluß haben die Punier aber wohl nicht erst seit Alexander dem Großen erfahren, als auch Tyrus in ihrem phönizischen Stammland in seine Hände fiel. Die nicht allzu zahlreichen archaischen Funde im Bardo wirken wie ein Katalog hethitischer und pelasgischer, helladischer und ägäischer, kretischer

und etruskischer Einflüsse. Und der griechische war zu den Zeiten Hannibals, der damit achilleisch-alexandrinische Neigung zeigte, schon so stark, daß von den drei Geschichtsschreibern, die er auf seinem Feldzug gegen Rom mit sich führte, zwei bereits griechisch schrieben.

Und dieser Einfluß war geistig vielleicht noch stärker als der lateinische nach der Zerstörung und Neugründung von Karthago. Kaak weist mich auf eine Stelle in den »Bekenntnissen« des Heiligen Augustin hin, in denen der Kirchenlehrer schreibt, daß er als Bischof von Hippo seine Kirche leer habe, wenn er lateinisch, doch voll, wenn er punisch predige. Und dabei war Augustinus mit seinem »Gottesstaat« doch wohl ein Homo latinissimus, ja, eine unübertreffliche Verkörperung der Latinität seiner Zeit. Doch eben auch ein Platoniker und damit eo ipso ein Grieche. Und wieviel von dem ganzen Römerreich war ja auch selbst griechisch – eben vom Alpha und Urbild des großen Alexander bis zum Omega des Kaisers Konstantin, unter dem 1453 Konstantinopel fiel.

Das Lateinische in Nordafrika wird man sich also nicht sehr viel anders als das Französische im Tunesien unseres Jahrhunderts vorstellen müssen. Unbezweifelte Bildungs-, Verwaltungs- und Zweitsprache, aber nicht Volkssprache. Das verhinderte allerdings nicht, daß sich dann doch nach dem Ende der punischen Ambitionen mit dem römischen Pflug über Karthagos Ruinen ein bukolisch-kräftiges Lebensbehagen zwischen den berberischen Kolonen und den lateinischen Kolonisatoren herstellte. Vergleichbar auch seinerseits mit dem Gallien auf der anderen Seite des Mittelmeers, vergleichbar weiterhin mit den Franzosen selbst, wie sie noch bis in unsere Generation in Algerien saßen. Der Gallier Longus war auch der Dichter des idyllisch-idealischen Lesbos, auf dem Daphnis und Chloë in Unschuld und Liebeslust lebten. Und ein wenig äolisch, ein wenig gallisch, ein wenig bayerisch, wenn man so will, war wohl auch das lateinische Africa in seinen glücklichsten Zeiten. Die Mosaiken-Sammlungen von Bardo und Sousse sprechen deutlich genug: Diese Welt ist unersättlich an reifen Früchten, brechenden Tafeln, üppigen Gärten, lustigen Jagden und reichen Fischfängen, mit-geschmeckt und -gesegnet von barocken Göttern, Heroen und Heiligen.

Und allmählich gewann man wohl nicht nur den Geschmack daran, sondern auch Selbstbewußtsein daraus. Je brüchiger und problematischer alles andere im großen Römerreich wurde, um so lieber trumpfte man mit dem Eigenen auf. Demonstrierte wohl auch ganz gerne mit dem, was man hatte. Das massivste Zeugnis dafür steht ja wohlbehalten noch bei El Djem, ein Kollosseum, das fast so groß wie das römische und erheblich größer als das von Verona ist, heute beinahe überwältigend über dem lehmigen, neueren Steppen-Flecken, der vor ihm fast verschwindet. Das ist eine Mischung von Masse, Wohlstand, Sportleidenschaft und Unternehmungsgeist in der Ungewißheit, die eben auch wieder etwas bayerisch, wenn nicht überhaupt bundesdeutsch wirkt. Und wenn man damit dem übrigen Reich dann einmal imponiert hatte, fühlte man sich auch ein wenig verantwortlich dafür. Dann ist man in Africa auch einmal noch ein wenig lateinischer als in Latium. Wie man in kritischen Zeiten ja auch in Bayern schon etwas deutscher ist als im übrigen Deutschland und um 1960 in Algerien etwas französischer war als in Frankreich. Und diese Art von massiver Gründlichkeit bewährte man dann erst recht, als das Christentum kam. Es mußte sich hier in Tunesien auch wieder viel massiver geben als anderswo: donatistisch und augustinisch. Hier mußte nicht nur das Kollosseum von El Djem, sondern noch viel kolossaler der Babylonische Turm des »Gottesstaates« gebaut werden.

Allerdings wurde darauf dann auch eine aufschlußreiche Probe gemacht. Die Eroberung durch die Vandalen mochte mit den europäischen Vorgängen noch vergleichbar sein. Sie waren immerhin christlich und hätten im Laufe der Zeiten gerade so schnell lateinisch gelernt, wie die Westgoten drüben in Spanien oder die Langobarden in Oberitalien und die Normannen in Frankreich. Man hat sich in Africa dann ja auch keineswegs selber, sondern wurde vielmehr von den Byzantinern befreit.

Das alles war aber nur ein Vorspiel, eine Art Einübung in die große Revolutions- und Umschwungs-Kunst, die diese latinisierten Punier dann den Arabern gegenüber bewiesen.

Die alte, aber erschütterte und bereits reduzierte lateinische Oberschicht über den länglichen, punisch-durchschossenen Berbermassen gab ja auch wirklich die Möglichkeit, so und ganz anders zu sein. Und wenn man robust, radikal, ja, fanatisch auf seine Latinität gesetzt hatte, solange man sich an sie halten konnte, dann schrieb man sie nun auch ebenso radikal und robust wieder ab, als man mit ihr wie auf einer mürbe gewordenen Eisdecke einbrach. Das Volk Augustins wußte den schweifenden, stürmenden Araberhorden nichts mehr Rechtes entgegenzusetzen und marschierte in Allahs Umma gerade so ein, wie vorher ins Imperium Romanum und in den Gottesstaat. Der ritterliche Drang auf die Seite der Schwächeren, ja, selbst auf den verlorenen Posten, war nicht gerade seine Sache. Ihn überzeugte immer der Stärkere. Und man arrangierte sich mit ihm auch erstaunlich gut. Kairouan wurde als eine der großen islamischen Pflanzstätten gegründet und blühte auf wie nur irgend eine der großen Benediktiner Abteien drüben im Norden des Mittelmeeres. Und mehr als das! Hier suchte man auch erst recht zu vertiefen, was man politisch ein wenig rasch akzeptiert hatte. Ja, am wahrscheinlichsten empfand man das ferne Byzanz mit seinen Hierarchien und Kämpfen und Heiligenkulten so ähnlich, wie man später das Rom der westlichen Renaissance in großen Teilen von Deutschland als Pfuhl von Intrigen, Machtkämpfen, Superstition und Ablaßhandel empfand, den man selbst in vorausgegangenen Glaubenskämpfen der Nestorianer, Monophysiten und später schließlich der Ikonoklasten vergeblich mitauszuräumen versucht hatte. Am Ende stand man Mekka dann näher als Konstantinopel. Der Islam hatte den reinsten Begriff des einen und alleinigen Gottes und das ganze alte Testament bewahrt, auch wenn er Jesus, den man den Arianern gegenüber noch als wahren Gott verteidigt hatte, wieder nur mehr als Propheten und nicht einmal mehr als den höchsten gelten ließ, sondern samt seinen Evangelien nun von Mohammed und dem Koran ins zweite Glied gedrängt sah. Doch brachten die Zeugen Allahs dann einen Todesmut und eine Unwiderstehlichkeit mit, die jedem Glauben nachhelfen können.

Sicherheit und Selbstbewußtsein, mit denen man sich auf dem neuen Boden der Tatsachen bewegte, erwiesen sich aber dann doch als trügerisch. Ein Umschwung in Kairo genügte, um aus den räuberischen Berberhorden des Ben Hillal – »im höheren Auftrag« – Weltgeschichte zu machen. Das wirkliche Ende, der Greuel der Verwüstung, der dunkle Durchgang durch Barbarei und Zerstörung, kam für Tunesien erst jetzt. Doch wenn die Zeitläufe, die darauf folgten, auch mit normannischen Einfällen, Seeräuberkriegen und spanischen Eroberungen unruhig blieben, so ermöglichte die allgemeine politische Zerrissenheit doch im arabischen Süden des Mittelmeers bald wieder eine Ost-West-Vermittlung, wie sie im christlichen Norden später Italien und Deutschland leisteten. Andalusien strahlte zurück. Der Geist kehrte sich nach innen, Kairouan blickte nicht nur aufs Meer, sondern über Steppen und Salzseen in die große Wüste hinaus.

Freilich blieb diese Existenz relativ bescheiden und gerade zum Leben genug. Mit der Verdrängung der Byzantiner hatte das Mittelmeer ja im großen Sinne zu mitteln, zu vermitteln, aufgehört. Was nun arabisierte Ägypter, Phönizier, Anatolier auch auf der einen Seite, Genueser, Pisaner, Venezianer und Spanier auf der anderen Seite später auch leisteten – das Meer war kein Medium mehr, das alles verband, sondern ein Graben, der die Christen an seiner Nordseite und die Muselmanen an seiner Südseite in einer Front von Byzanz bis Cordoba trennte. Und es gehörte zum höheren Provinzialismus dieser dunklen Jahrhunderte, daß der herodotische Sinn der griechischen wie der lateinischen Christen für das Erkennen und das Umfassen des Anderen, Fremden, oft wie erloschen schien; daß sich Kreuz und Halbmond, Morgenland-Abendland, Christenheit-Umma, wie Schwarz und Weiß, wie Tag und Nacht, wie Feuer und Wasser, entgegenstanden.

Das gilt es nämlich auch hier zu bedenken, um die wahre geistige Vermittlungsleistung zu ermessen, die eben zwischen Cordoba und Kairouan, Andalusien und Tunesien, Ibn Arabî und El Haziz, trotz allem erbracht wurde. Nach den Jahrhunderten, da die Christen in Spanien von den Arabern wieder griechisch lernten und nun selbst wieder mitreden konnten, wurde hier nämlich von der arabischen Mystik jener Begriff der Ahl al kitab entwickelt, auf den wir ja immer wieder stoßen und von dem man heute noch sagen kann, daß seine Ernte nicht eingebracht ist. Die Gemeinschaft derjenigen, die die Bibel gemeinsam haben, hat ihre Mitte, ihr Medium, eben im Mittelmeer. Die Ritter und Zinnenmauern, die in Monastir so ur-arabisch wirken, sind auf Sizilien drüben eben bereits normannisch; erst recht in Apulien, Spanien, der Normandie und England. Die Normannen waren als kontinentumspannende Eroberer aus dem hohen Norden ja in manchem mit den Arabern aus der östlichen Wüste vergleichbar. Was Handel und Bildung nicht mehr erreichte, brachte das Schwert in Kontakt. Nur daß sich die einen dabei als stürmische Missionare erwiesen, die mit der Botschaft auch ihre Sprache durchsetzten, während die anderen sich selbst der Mission und mit ihr auch deren Sprache darboten. Raketen mit und ohne Sprengkopf gleichsam, wie sich dann zeigte, als man im ganzen Abendland – spiegelsymmetrisch zum Islam – auf dessen Sturm mit den Kreuzzügen zu ripostieren gedachte.

Ohne rechten geistigen Sprengkopf blieben allerdings dann auch später die Türken, die so wie die Araber, nicht über See, sondern über Land, nämlich über Ägypten kamen und das Land nur noch tiefer feudalisierten. Sicherlich taten sie mit der erneuerten Barbier-Moschee in Kairouan ihr eigenes Bestes. Aber das Beste Tunesiens ist eben doch seine Offenheit, seine Verbindung und Strahlung nach allen Seiten – ein an die afrikanische Küste geschwemmtes Sizilien als arabisches Gegenstück zum griechisch-lateinischen.

Dieses Tunesien konnte es daher wohl auch gebrauchen, als die historische Großwetterlage dann später umschlug und das neue Europa wieder ins Mittelmeer stieß: die Engländer in Gibraltar und auf den Inseln, Napoleon in Ägypten; und noch mehr dann die Franzosen in Algerien. Wenn man sich schon mit so vielen Eroberern arrangiert hatte, dann ging es mit diesen Westmächten doch erst recht, als sie die Türken ablösten. Und man nahm die neuen Gemeinsprachen dieses Mittelmeers, das Französische und das Englische, als Verkehrssprachen ebenso gerne an, wie das Lateinische einst – während man sich die Annahme des Arabischen mit dem Islam ja wohl auch als die einer eigenen Hochsprache auf dem semitisch-punischen Sprachgrund vorstellen kann, der auf dem benachbarten christlichen Malta auch noch erhalten blieb. So

ähnlich lernten vielleicht die Friesen in Deutschland mit der Bibel Luthers ohne viel Aufhebens hochdeutsch.
Und heute gibt es ja auch wieder eine neue, maghrebinisch-afrikanische Zweisprachigkeit. Einerseits kommt das Arabische nun als die Sprache der nationalen Freiheit einher und in Tunis entschuldigte sich eine sonst höchst lebendige und moderne Parlamentsabgeordnete für die Schwächen ihres Französisch damit, daß sie in ihren Kreisen während der Kampfzeit aus Prinzip nur arabisch gesprochen hätten. Andererseits aber ist dieser neue arabische Nationalismus auch der Motor im Kampf gegen alles Historisch-Arabische, sei es im Städtebau, in der Lebensart, der Tradition. Er kann und mag aber auch das Französische keineswegs missen. Ja, in Tunesien ist es erst nach der Befreiung des Landes von der französischen Herrschaft auf seinem größten Siegeszug. Nichts rührender, als in der Salzsteppe draußen, wo vor zehn Jahren noch nur Nomaden mit ihren Zelten einherzogen, heute Volksschulen anzutreffen, in denen die kleinen großäugigen Beduinenkinder mit größter Hingabe die Fabeln La Fontaines rezitieren.
Aber das ändert und mildert an den Konflikten nichts. Als sich Bourguiba im zweiten Israelkrieg auch zu einer kleinen pro-arabischen Demonstration verpflichtet fühlte, löste er damit im Untergrund eine anti-israelische und anti-westliche Kristallnacht mit einem Sturm auf das Judenviertel und die angelsächsischen Botschaften aus. Und das in Tunis! Zunächst richtet diese ganz koloniale Emanzipation mit ihrer sozialrevolutionären Leidenschaft freilich erst recht wieder eine Mauer zwischen Europa und Afrika durch das Mittelmeer auf. Und viel mehr noch die neue, staatliche Anwesenheit des Dritten von denen, »die das Buch haben«, nämlich Israels. Die Sperre des Suezkanals war schon ein schlechtes Zeichen. Aber trotzdem verbindet diese Staaten auch eine neue Hilfsbedürftigkeit unter ihrer Geburtenlawine. Auch scheinen sich trotz allem Trittsteine offener Vernunft von Senegal über Marokko und Tunesien in den wetterempfindlichen Libanon und bis Jordanien zu bilden.
Davon merkte ich freilich nichts, als ich vor gemischt-nationalen arabischen Studenten in Tunis über die Ahl al kitab sprach. Man müßte in unseren Jahren schon glücklich sein, wenn es zum Einzig-Erreichbaren, nämlich zur Koexistenz dieser Drei, vor allem zu

der der arabischen Welt mit der jüdischen, dem aus der Zerstreuung gesammelten Dritten, reichen würde.
Die europäische Welt kann auf der anderen Seite des Mittelmeers ja auch nur allzugut ihre eigenen Einigungskrisen in denen der arabischen Einigung wie im Spiegelbild und sogar noch vergrößert erkennen. Eben das sollte auch einen Dialog erlauben, der die eigene gemeinsame Tiefe erschließt und die uralte Mittelmeerrunde der Drei endlich für die Begegnung mit dem Großen und Fernen Asien, dem Großen und Schwarzen Afrika rüstet. Sicher sind das schon Dinge, die erst im nächsten Jahrtausend verhandelt werden. Aber man blickt ja auch eben deswegen ein wenig tiefer in die Geschichte zurück, um dann seine Entwürfe und Vorstellungen etwas tiefer und weiter in die Zukunft spannen zu können.

Um den klassischen Dreisesselberg

Auch vor den ungeheuren und so wohlerhaltenen Ruinen von Heliopolis droben im Libanon kann man wahrhaftig Reisende treffen, die auch hier ihr Bedauern darüber ausdrücken, daß es ja »eigentlich auch nur Trümmer« seien. Das beweist aber nur den Ruin des historischen Sinns in unserem Massentourismus, der noch viel schlimmer ist als der Ruin an den großen historischen Stätten selbst. Und dabei ist dieses Baalbeck doch für den Massentourimus wahrhaftig ein Trumpf wie das römische Kolosseum oder die Athener Akropolis, an denen man auch noch etwas vorweisen kann. »Das sieht schon besser aus! Man weiß doch wo und wie«, erwidert darauf dann meist doch die Sightseeing Gruppe, wie einst der Schüler auf die Lehren Mephistos, welcherart man sich seiner ärztlichen Kunst bei den Frauen bedienen könne. Das ist hier jedenfalls etwas anderes als ein paar Steine und Gräben drüben in Troja, denkt dann die Gruppe.
Aber der höhere und literarisch gebildete Zeitgeist zeigt sich heutigen Tages vielfach ja umgekehrt eben dadurch ermüdet. Der Hellenismus scheint ihm seit langem schon eine recht späte und abgeleitete Kunst, ohne wirkliche Ursprünglichkeit. Ja, auch die

klassischen Ideale unserer eigenen deutschen Klassik, der Zeus von Otricoli und der Apollon von Belvedere, die Goethe entzückten, machen ihn ein wenig lächeln: Sind sie nicht doch etwas glatt und formal? Da ist uns der herbe und großartig schreitende Apoll vom Westgiebel des Zeustempels in Olympia schon viel näher. Doch Erhart Kästner findet die ganze Klassik überhaupt schon etwas üppig. Nur die früheste Klassik, vor allem das Archaische geht ihm ganz ein. Gerhard Nebel hält selbst Homer schon für dekadent.

Das alles sind aber nur Spielarten und Konsequenzen des Renaissance-Bildes von einem Griechenland, das erst gestorben sein mußte, um dann wiedergeboren zu werden; das nur mehr im großen Sprung über den Abgrund der Barbarei hinweg wie im Traum zu erreichen war; das eine Idee war, die man gar nie mit Händen zu fassen vermochte.

Und dieses Bild fiel mit dem Griechenland jener Polis zusammen, die mit ihren Kolonien vom Schwarzen bis zum Ligurischen Meer stets nur neue, eigenständig werdende Poleis gründete. Hinter diesem polisgründenden Griechenland war uns jedoch das andere, spätere, reichsgründende Griechenland beinahe versunken. Und da Alexander ein Makedone war, schien er uns auch nur mehr halb-griechisch. Daß uns mit ihm aber zugleich der direkte Zutritt zu Hellas, die eigene Herkunft aus ihm und seine weltweite Strahlung verlorengingen, wurde uns kaum bewußt. Wir verloren aus unserem Blick: den zusammenhängenden Weg vom apollinischen Delphi zum christlichen Byzanz, das Urbild des Reiches war und ein Jahrtausend überdauerte; die gemeinsam griechische Umarmung des Mittelmeers, das nur im Norden christlich, im Süden jedoch arabisch war und von beiden Armen gemeinsam an seinen griechischen Ursprung gedrückt wurde; schließlich jedoch auch den eigenen Erbgang, der Hellas nicht nur durch das lateinische Medium hindurch und nicht allein mit dem großen, romantischen Renaissance-Sprung erreichte, sondern schon an den ottonisch-romanischen Ursprüngen unseres Abendlands direkt ansetzte. Dieses Romanische ist nämlich ebenso »römisch« wie das »Rhomäische« an Byzanz, das will sagen, in Wahrheit völlig griechisch, eine Reichsstrahlung von der Wolga bis Irland, die niemals stärker und einheitlicher war als zwischen Karolingern und Ottonen im Westen.

Eine Ahnung dieses für unser Empfinden so ganz anderen reichischen Griechenlands ergreift uns ja heute auch immer noch, wenn wir von Kreta nach Alexandrien steuern. Zwar kennen wir auch Kretas Eigenheit und sein besonderes Verhältnis zu Ägypten, aber Homer nennt es auch noch »die Heimat erlauchter Pelasger«; für uns wie für ihn wirkt es trotz allem noch wie die Südschwelle Griechenlands. Auch in der Landschaft mit ihren Bergen und Buchten ein Urbild der griechischen Inseln.

Wie anders ist alles jedoch, wenn am nächsten Morgen dann die ägyptische Küste am Horizont auftaucht; flach und fremd und unabsehbar; ein Horizont, der noch wirklich und wörtlich ein *Horizon*, ein unübersteiglich Begrenzendes, ist. Wir können uns heute noch denken, daß diese Sandbänke, Dünen und Sümpfe das Pharaonenland einst schon so dicht wie die Wüste im Osten und Westen des Nils zu einer geschlossenen Welt umgaben. Aber jetzt zeichnen sich an diesem Horizont die Silhouetten Alexandriens ab. So griechisch als Schlüssel- und Öffnungskolonie wie Neapel und Syrakus oder Marseille, so ungriechisch in seinen östlich-verschwimmenden Weiten; das größte und strahlendste Zentrum griechischen Lebens trotzdem – Syrakus und Athen überflügelnd.

Oh ja, und dieses Zentrum liegt nun einmal im Süden des Mittelmeers, ist östlich und afrikanisch, ein Stück des anderen, reichischen Griechenlands, das Alexander mit stürmender Hand für die Jahrtausende gründete; das aber auch, als es römisch wurde, eben rhomäisch, will noch einmal sagen, durch und durch griechisch verblieb wie Byzanz selbst. Und keine muselmanische Herrschaft hat diesen griechischen Ursprung im Folgenden ganz zerstört. Er blieb hier im Osten so griechisch-durchtränkt wie die fränkisch-lateinische Welt im Westen. Und erst in unserem Jahrhundert brachte in Byzanz, Smyrna und Alexandrien auch hier der neue Nationalismus den Abbau gerade jener alten Reichspositionen mit sich, die er von Athen aus verteidigen oder gar wiedergewinnen wollte. Aber noch steht auch in diesem Alexandrien die Säule des Pompejus mit ihren Sphinkten zu Füßen; noch sind die Katakomben erhalten, in denen ägyptischer und griechischer Todeskult, den man in Kreta so lange verkannte, innig verschmolzen sind; der dann später noch mit dem eigentlich-christlichen amalgamiert wurde.

Wieviel ist von diesem Ägypten aus einst nach Hellas geströmt! Wieviel Griechisches ist aber auch aus Hellas wieder zurückgekehrt! Die Gründung der Stadt ganz allein ist schon das erste, ganz große Denkmal dieser griechischen Explosion ins Weltweite mit Alexander, der mit einem atemraubenden Mut das Maß ins beinahe Unermeßliche und die feste Form in diese formlosen Marschen verpflanzte.

Das war wohl auch das für unsere Begriffe Amerikanische an Alexander, diese naive Sorglosigkeit, das Maß zu verletzen, weil eben jenes »tragische Zeitalter der Griechen«, das Nietzsche in seinem Schicksalskult so verherrlicht hatte, nun ja vorüber war. Der Kairos war da. Der Krug zum Überlaufen gefüllt. Was bisher fromm zu verehrende, weil unübersteigliche Grenze schien, war nun fast widerstandslos zu überschreiten. Und wie nahe ist nun doch eben heute der alexandrinische Ausgriff, in dem Eroberung und Entdeckung noch kaum zu trennen sind. Dagegen wirkt das Archaische, das wir in unserer eigenen Welt schon bis auf Reste aufgezehrt haben, dann beinahe kokett.

Das wird am allerdeutlichsten dort, wo dieses Griechische nicht allein in die großen Räume, sondern auch in die großen Zeiten verströmt. Und das trifft in Syrien und im Libanon am allermeisten zu, wo unter der phönizischen Welt noch so viel ältere Schichten liegen. Wenn man drüben in Europa von Athen schon sagen kann, daß es die älteste und die jüngste Hauptstadt des Erdteils zugleich sei, dann trifft das hier im Libanon noch in ganz anderen Dimensionen zu. Dieses Beirut mit seiner ganzen Umgebung bis auf die Höhen des Libanon hinauf ist heute von einer Modernität, vor der das meist versinkt, was man in der guten, alten Neuen Welt Amerikas oder im neu-wiederaufgebauten, alten Europa treffen kann. Hat man Stadt und Umgebung einigemale durchquert, so gewinnt man den Eindruck, daß wohl kaum ein Zehntel der Häuser schon älter als ein Menschenalter sei. Ein Tummelfeld der modernen Architektur, eine Schweiz der arabischen Ölscheichs, die hier ihr Geld leichter anlegen, loswerden und ausgeben können als bei sich zu Hause; ein Umschlagplatz, an dem auch die vorhandenen sozialen und nationalen Probleme mit steigenden Handelsgewinnen einfach ausbezahlt werden; in dem die Wunder des Orients zur Vergnügungsindustrie geworden sind.

Ist aber nicht eben das auch heute noch so phönizisch, wie man es in den Museen und an den großen Ausgrabungsstätten schon treffen kann? Libanon, dieser Mischkrug kleiner Völker und großer Traditionen, in dem die Weltmächte und die Weltreligionen durcheinandergequirlt sind, das Urbild von allem, was man levantinisch nennt, ist ja das vollkommenste Amalgam des Griechischen und des Phönizischen. Und was der Punische Krieg zwischen Rom und Karthago war, das war hier wohl schon vorher die erstaunlich blutige und grausame Belagerung von Tyrus durch Alexander, in der erst die Entscheidung über die Märkte und Häfen des östlichen Mittelmeers fiel. Nachdem sie aber getroffen war, arrangierte man sich mit Erfolg. Das ging ähnlich, wie auch 2200 Jahre später, als Syrien unter französisches Protektorat fiel. Es nutzte nämlich gerade das zu seiner größten eigenen Expansion, indem es das französische Kolonialreich dann mit solchem Erfolg durchsetzte, daß manche westafrikanischen Hauptstädte bis in unsere Tage zu einem guten Teil in den Händen von Syrern blieben. Dabei ist der Libanon ja nur zur Hälfte arabisch geworden. Da sind die alten Menoniten, die neuen Katholiken, selbst Fluchtbastionen der Kurden und Reste der Türken. Vielleicht geht die allgemeine Durchdringung dieser alten Völker auch gerade deshalb so ungehemmt vor sich, weil kaum eine Gefahr besteht, daß sie sich selbst und ihren Charakter dabei verlieren. Die versunkene Weltstadt Antiochien, die etwas nördlich davon und heute auf türkischem Boden liegt, war gerade so wie Alexandrien und Seleukia vom makedonischen Impetus aus dem Boden gestampft, eine Säule des östlichen Griechentums, das sein Erbe dann der arabischen Welt gerade so reichlich und noch etwas früher weitergab als dem lateinischen und christlich verbleibenden Norden.

Dieses Rom wurde freilich nicht allein in Athen und auf Rhodos und von seinen eigenen Graeculi hellenisiert, sondern erst recht in Syrien und in Ägypten. Und eines der größten und besterhaltenen Zeugnisse steht eben hier im Libanon: Heliopolis-Baalbeck. Als es erbaut wurde, waren die einst so berühmten Wälder des Libanon auch schon gesunken, aber die riesige Talsenke zwischen Libanon und Anti-Libanon, die heute mit ihren atmosphärischen Spielen und Effekten oft schon ein wenig biblisch-wüstenhaft

wirkt, war noch eine blühende Fläche. Nun erscheinen die ungeheuren Tempelbauten unserem modernen Kulturverdruß freilich oft etwas megaloman. Die turmhohen Säulen stehen auf übermannshohen Sockeln. Seltsamerweise fällt einem jedoch erst auf Lichtbildern auf, daß der Mensch vor diesen Massen beinahe verschwindet. Ähnlich wie in der römischen Peterskirche ist jedoch die Harmonie des Ganzen so groß, daß man das Über-Menschen-Dimensionale beim Eintritt kaum oder nur erhebend, höchstens ein wenig atemberaubend, doch keineswegs etwa als monströs empfindet.
Sicherlich drückten sich hier die neuen Reichsdimensionen und auch der Osten selbst bereits aus, der von den Pyramiden bis Babylon oft die geistige, göttliche und historische Größe durch räumliche zu demonstrieren geneigt war. Aber der griechische Genius triumphierte dann darin, daß diese riesigen Dimensionen auch ihrerseits in ein bewunderungswürdiges Maß und Verhältnis gebracht wurden. Und mußten diese gewaltigen Räume denn nicht auch wirklich sehr vieles aufnehmen? Den alt-hellenischen Zeus, der auf dem kleinen thessalischen Olymp sein homerisch-idyllisches Regiment führte und der dann stoisch-abstrakt zum Jupiter optimus maximus wurde, um Kaiser und Reich zwischen und Parthien und Britannien in seinen Händen zu halten; dazu auch noch vor den gewaltigen ägyptischen, babylonischen, persischen Himmels- und Sonnengottheiten in Ehren bestehen sollte und schließlich hier in Phönizien auch noch dazu ein größerer Baal sein mußte.
Ähnlich an dem noch besser erhaltenen Dionysostempel, der die griechische Süße des Gottes ahnen läßt, wie sie Miron in Olympia darstellte, doch auch die thrakische und damit wohl auch makedonische Wildheit seines Ursprungs, von der er dann in den Kult der östlichen Ausschüttung übersprang. Das war eine Ordnung, in der auch die Auflösung noch ihren Raum hatte, um sie in größeren Rahmen aufzufangen.
Die räumlichen Dimensionen, auch die Bewältigung der sich begegnenden Götter und Kulte kann man vielleicht kaum eindrucksvoller als eben hier in Heliopolis verfolgen.
Um die Durchdringungskraft dieses Griechischen durch die Jahrhunderte und ihre Herrschaften zu ermessen, muß man jedoch

noch über den Anti-Libanon weiter und nach Damaskus hinunter, das sich halb-mythisch und dennoch nicht ganz ohne Grund nun gar die älteste Stadt der Erde nennt. Es ist freilich nicht als Oase der Weltgeschichte im sonst verfallenen oder doch rustikalgewordenen Land geblieben, sondern war durch die Jahrtausende stets ein Zentrum. Am schönsten stellt sich das heute noch in der Omajaden-Moschee dar. Auf der uralten Kult-Stätte der syrischen Muttergottheit der griechische Aphroditetempel und auf ihm dann die heute noch wohlerhaltene griechische Kirche, eine Basilika von so gewaltigen Ausmaßen, daß man sie eine Entsprechung zu dem großen Zentral- und Kuppelbau der Hagia Sophia in Konstantinopel nennen mag. Die rechtwinkelig apollinische Seite war ja im Griechischen immer schon das Gegenüber der mystischen Kuppel. Oswald Spengler hat seinerzeit tausendmal recht gehabt, als er die Identität des selben »magischen« Lebensgefühls in der byzantinischen und der arabischen Welt erkannte. Er hätte jedoch kein Kind seiner Zeit sein müssen, wenn er dabei nicht an die Stelle des neuerblickten Zusammenhangs gleich einen neuen Gegensatz aufgetan hätte, der in unserem Bild der griechischen Klassik freilich lange schon vorgebildet war: den nämlich zwischen dem appollinisch-perikleischen und dem christlich-byzantinischen Griechentum, mit dem sich unser Abendland seinerseits für den Lateinerhaß rächte, mit dem es Ostrom so lange verfolgt hatte. Wieviel auch in diesem Gegensatz urgriechisch, nämlich der zwischen Homer und Pythagoras war – das ging ihm dabei nicht auf. Dieser Gegensatz führt freilich in seiner eigenen Logik auf Alexander zurück, der die griechischen Poleis, welche ihrer Natur nach in der Pluralität lebten, nun zum ersten Mal durch ein griechisches Reich überwölbte, das seiner universalen Idee nach natürlich eins sein mußte; es aber seiner Realität nach nie sein konnte. Und eben diese Spannung symbolisierte sich dann im Doppeladler als die gespaltene Einheit von Ost und West im gemeinsamen Reich. Doch das ist heute im Nahen Osten hier kein letztes Wort mehr, wenn hinter diesem Osten und Westen ein so viel größerer Osten auftaucht, vor dem der bipolare Zusammenhang des bisherigen Morgen- und Abendlands sichtbar und selbstverständlich wird. Das ist der wahre neue Aspekt an unserer eigenen Jahrtausendschwelle.

Der Nahe Osten stellt für uns damit eine Art von Herausforderung zur Revision unseres ganzen historischen Weltbilds dar. Und vielleicht sind sogar seine heutigen Kriege nur Geburtswehen. Hinter den Sensationen der strahlen-bewehrten Archäologie und hinter der ständigen neu-arabischen Unruhe zeichnet sich eben gerade hier am deutlichsten ein Zusammenhang, die neue Einheit, ab: die historische eben zwischen dem pindarisch-perikleischen und dem patristisch-byzantinischen Griechenland; zwischen diesem und dem lateinisch-romanisch-ottonischen Westen; diesem und dem Anstoß der Renaissance, mit der sich die neue Zeit für ihre Ausfahrt ins ganz Unabsehbare an den klassischen griechischen Sternen zu orientieren gedachte, doch auch das gemeinsame griechische Erbe, dessen man sich in Bagdad, Damaskus und Cordoba um so viel früher und inniger bemächtigte, als in Aachen, Florenz und Wien. Die Art, in der wir »das Orientalische« mit Moschee und Bazar als dem Prototyp des Exotischen ansehen, ist am Ende nichts anderes als ein Rest unseres ritterlich-fränkischen Provinzialismus. Ihn zu überwinden, sind die alten Kreuzfahrerbastionen auf all diesen Inseln von Zypern bis Malta heute wohl angetan. Und am besten vielleicht die östlichste, vorgeschobenste, eben Zypern. Wo der Gegensatz am aggressivsten schien, in den Kreuzzügen nämlich, in denen sich Kreuz und Halbmond, Morgen- und Abendland, wie Tag und Nacht gegenüberstanden und wo dieser Gegensatz keineswegs etwa zum natürlichen Bündnis des inner-christlichen Ostens und Westens, von Byzanz und Rom nämlich, führte, sondern auch zwischen ihnen zum größten und bittersten Zusammenstoß mit dem östlichen Sacco di Roma durch ein Kreuzheer – eben dort wurde mit der Gemeinschaft des Ringens auch das Gemeinsame am eklatantesten. Kolossi, die Feste des westlichsten christlichen Königs, des Richard Löwenherz, bei Limassol auf Zypern könnte ebensogut auch an der libanesischen Küste drüben einem muselmanischen Großen gehört haben. Das ist hier am östlichen Ende des Mittelmeers, wo das Christentum mit seinen Kreuzzügen wieder in den muselmanischen Osten zurückkehrte, gerade so, wie es ein halbes Jahrtausend früher im Westen des Mittelmeers war, als der Islam so stürmisch nach Westen drang und die spanische Erde im Norden Gibraltars so eng mit der afrikanischen Erde im Süden davon verband.

Nur daß auf der Insel der Kypris mit ihren Theatern und Tempeln, die man in Kurion nebenan wieder ausgrub, auch der gemeinsame klassisch-griechische Untergrund wieder ans Licht kommt. Die neue griechisch-orthodoxe Kirche in Limassol ist nicht bedeutender als die neuen französisch-katholischen Kirchen drüben im Libanon; doch vielleicht ist es eben deswegen, weil die alten Kräfte zunächst erschöpft scheinen, nun leichter möglich als früher, im seichteren Wasser der großen Zusammenhänge des historischen Archipels zu erkennen. An der südlichsten Spitze der südöstlichsten Insel des Mittelmeers steht vielleicht auch der geheime Dreisesselberg, von dem aus man das klassische und das christliche, das christliche und das muselmanische, das rhomäische und das romanische Griechenland in einem Horizont sieht – zum großen Commercium und Connubium mit dem viel größeren Osten bereit.

ROMA MAIOR

Das anatolische Vineta

Nach einem trüben und blinden Flug über Europa reißt über dem Epirus die wolkenverhüllte Erde auf. Die schneebedeckten Gipfel treten hervor. Dann mit wachsendem Glanz die Küsten Attikas, Aeginas und der Peloponnes. In der Lichtflut des Sonnenuntergangs setzen wir zu einer Zwischenlandung auf dem Athener Flughafen mit seinem starken Lande- und Startverkehr an. Das wird mir seit den unvergeßlichen Saharaflügen zu einem der nicht minder unvergeßlichen Bilder unserer alten Erde. Und dabei ein Bild Griechenlands!

Aus dem Aether
in die sinkende Sonne stürzen
überm saronischen Golf.
Ein Falke schießt auf uns zu.
Gewiß ist es Pallas Athene.
Doch ein Erzengel steigt –
gerade wie eine Rakete
auf dem rosig-blühenden Strahl
des Kondensstreifens stehend –
empor.
Wer Augen hat, sieht,
daß noch alles da ist.

Nach einer Nacht in »Omar« am Marmarameer dann neuer morgendlich-heiterer Start von Istanbul aus. Vom Flugplatz, der für den Fußgänger fast eine Tagesreise von der Stadt am Goldenen Horn entfernt liegt, zieht die Maschine bei wechselnden Wolken- und irdischen Landschaften langsam über die sich gerade begrünenden pontischen Fluren und Küsten. Was mich im März an den feuchten Wiesen ums römische Fiumicino schon so ergriff, dieses unerschöpfliche, quellende Grün, das Lebens-Gras rund um die steinerne Ewigkeit großer Geschichte, dessen wurde ich plötzlich auch hier wieder ansichtig – deutlicher als es mir je in den Mauern, Palästen, Museen Istanbuls aufging. Das zweite, griechische Rom, das den slawischen und islamischen Osten genau so erleuchtete und befruchtete wie das erste, lateinisches Rom unser Abendland.

Athen und das alte Byzanz – das sind am Ende auch die rechten historischen Trittsteine in die Türkei, die durch den Wechsel von Ganz-Vertrautem und auch wieder Ganz-Fremdem sonst ja so viel Sich-selbst-Überdeckendes, Irreführendes, an sich hat.

Da ist zuerst die Verkapselung und Isolierung, in die sie die Überanstrengung der jahrhundertelangen Säbel- und Peitschenbeherrschung der griechischen und arabischen Welt brachte. Das war fast so, als ob die Ungarn auch Österreich, Böhmen und Süddeutschland, das sie ja auch im 10. Jahrhundert einmal erobert hatten, dann auch auf die Dauer von Jahrhunderten behalten hätten. Selbst wenn die Türken in ihrem Osmanischen Reich dann eine Menge Verwaltung und Toleranz und seit je schon Arabisch dazu lernten, brachten sie es doch nirgends recht über den Erobererstatus hinaus. Und dann der bittere Abschied von dieser Osmanischen Reichstradition. Die Bedrohung des letzten, eigenen anatolischen Bodens durch die Griechen, die historische und politische Spannung über das Schwarze Meer hinweg gegenüber Rußland, in das ja doch nur die romantische Sackgasse der gemeinsamen Wurzel mit den sowjetischen Turk-Völkern führt. Das alles kam wohl in der Gründungsentscheidung der neuen Türkei zum Ausdruck, sich mit der ebenso neuen Hauptstadt einerseits ganz in das Innerste, Eigenste, Türkischeste, zurückzuziehen. Andererseits aber ebenso wie die Madjaren ganz auf den Westen zu setzen. Wir empfanden es mit dem ersten Atemzug, als wir auf dem Flugplatz landeten, über den noch Schneestürme fegten, während wir uns in Nürnberg bereits unter Lerchengesang in die Lüfte erhoben hatten.

Das Kappen der vielen Taue, die das islamisch-osmanische Großreich von einst an das arabische Morgenland knüpften, trieb nun freilich das verbliebene, alte, trotz aller Todfeindschaft immer noch griechische und europäische Kleinasien erst recht nach Westen. Die neue Hauptstadt jedoch übertrifft selbst Athen nun an explosivem Wachstum. Die türkische Geburtenlawine gehört zu den größten am Mittelmeer und vermehrte die Bevölkerung in den Sechzigerjahren jährlich um drei Prozent, das heißt, sie verdoppelte die Volkszahl in einer einzigen Generation. Und die Hauptstadt überholt das Land noch bei weitem. Dabei verwandelt sich freilich die alte infanteristische Tüchtigkeit, die noch heute eine halbe Million Soldaten unter Waffen hält, überall dort, wo sie in den industriellen Sog gerät, in einen höchst respektablen Arbeitsfleiß, der sogar einen Stau wie die neue Hauptstadt mit ihren riesigen neuen Vierteln, Wohnblöcken, Hochhäusern, von den ganz großen Slums noch frei hält, wie man sie in Alexandria trifft.

Die geschichtliche Staatsleistung Atatürks, der dieses Stammland, ähnlich dem kleineren neuen Österreich, aus dem Reichsverfall mit starker Hand gerettet hat, wird bis heute vom glücklichen Instinkt seines Volkes erwidert, das über alle inneren Spannungen und Konflikte hinweg immer nur auf ihn allein blickt. Nicht nur auf den Plätzen und in den Ämtern, sondern auch in den Lokalen und Banken, Schulen und Bahnhöfen, Geschäften und Wohnungen, herrscht sein Bild ganz allein. Und das hat wohl auch jenes überdimensionale Mausoleum am Rande der Stadt im Sinn, das seinen historischen Willen mehr durch die Ausmaße als durch seine architektonische Lösung auszudrücken versucht. Dafür gibt es aber am Mittelmeer unseres Jahrhunderts auch anderswo Beispiele. Von Lissabon bis hierher.

Etwas anderes spricht mich später jedoch noch viel persönlicher an. Von meinem Efes-Hotel in Izmir geht der volle Blick auf die Bucht und über den Platz, den ein martialisches Standbild beherrscht, dessen Reiter im Anblick des Meeres siegreich-entzückt den Arm mit dem Säbel hebt. Mit dem ersten Blick ist das für mich schon der Türke, der also runde fünftausend Kilometer und fünfhundert Jahre aus dem Innersten Asiens geritten kommt und nun endlich – an seiner ältesten, ehrwürdigsten, homerischen, jonischen Stätte – zum ersten Mal das Mittelmeer erblickt. In Wahrheit ist es natürlich auch hier der allgegenwärtige Atatürk.

Doch insofern er sein Volk und insbesondere dessen Wendung zum Westen verkörpert, paßt die Vorstellung schließlich auch.
Doch seither? Und in den neuen Konflikten? Die vitale Naivität der Amerikaner ist ja auch immer noch nicht erschöpft. Ihr letztes Beispiel im alten Europa war vielleicht eben die Aktivität des republikanischen Senators Javits für die türkisch-griechische Aussöhnung, indem er beiden so lange und bitter verfeindeten Nachbarn ihre gemeinsamen Interessen noch einmal zeigte und sie mit der touristischen Entwicklung des Maritza-Tales, das an der thrakischen Küste oben die griechisch-türkische Grenze bildet, zu verführen suchte.
Das schien freilich eben in dieser Gegend am unwahrscheinlichsten. Östlich davon, in Istanbul, wird von den Türken noch immer das Sprichwort tradiert, daß die Juden ihr Geld, die Griechen ihr Land und die Armenier ihr Leben möchten. Und westlich davon, in Saloniki, kann man in konservativen griechischen Kreisen noch immer die Auffassung treffen, daß doch gar nicht das neugegründete Athen, sondern das alte, goldene Konstantinopel die wahre Hauptstadt Griechenlands sei. Der historische Zirkel schien unauflösbar und Zypern mit seinen Volksgruppenkämpfen dabei nur der Hauptort des Dramas, das auf vielen Schauplätzen spielte. Die zwei historischen Reichsvölker, die hintereinander ihr Reich verloren hatte, schienen nun über demselben alten Reichsboden so unauflöslich in sich verkrallt und verschlungen, daß sie die tausend mit Händen zu greifenden Gemeinsamkeiten nicht verbanden, sondern nur wundscheuerten. Zugleich aber kam doch auch hier das überflutete, uralte Anatolien fast wieder an die Oberfläche oder ihr doch so nahe, daß man die alten Konturen durchschimmern sieht. Ein Vineta an der Aegaeis.
Das war so ähnlich wie auch in Ungarn und Finnland. Gerade mit ihrem nationalen Bewußtwerden werden die alten, und aus dem tiefsten, innersten Asien kommenden Völker in einer großen Entscheidung nun erst ganz und bewußt europäisch. Die alten Herren von heute schreiben noch für sich arabisch und erklären es, wenn man sie dabei betrifft, damit, daß das beinahe so schnell gehe wie das Stenographieren. Aber die Jüngeren lachen nur, wenn man sie fragt, ob sie noch arabisch könnten. Den Koran lesen sie nur mehr in Übersetzungen – wie unsereins auch. Dafür wird die

Stimme des Muezzins auf seinem Minarett auch in kleinsten Dörfern von Mikrophonen verstärkt.
Nun, der Vorstoß ins Innere unter Atatürk traf in Ankara zunächst freilich nicht sehr viel an. Die alte byzantinische Stadt war ja auch von den vielen Türken nur überrannt und ein allmählich verödendes Landstädtchen geworden – wie viele andere auch. Wenn man von diesem alten türkischen Städtchen heute noch einen Begriff haben will, dann muß man auf seine – natürlich griechische – Zitadelle steigen, deren gewaltiges Mauerwerk gänzlich zersiedelt ist und von Menschen, vor allem von Kindern, doch auch vom Schmutz überquillt. Vor den Toren der alten byzantinischen Festung liegt unter freiem Himmel jetzt der Bazar, mit den Früchten des Landes bedeckt. Natürlich stammt alles Monumentale an diesen alten Anlagen noch von den Griechen, die sich darin vor den schweifend erobernden Türken verteidigten. Wozu hätten denn die Türken auch selbst etwas bauen sollen? Sie hatten ja Schwerter und keine Furcht. Eine der kleinen lehmgebackenen Moscheen wird von einem Dutzend alter griechischer Säulen verstärkt – ein elegisches Abbild aller Geschichte.
Ich weiß aber nicht, warum mir denn hier, im Innersten Anatoliens, die Erinnerung an die nadelfeinen, spätgotisch-zarten Türmchen im niederbayerischen Vilshofen aufsteigt. Natürlich entspringen die christlichen Kirchtürme sicher dem gleichen, himmelstrebenden, geistlichen Ausdruckswillen wie die islamischen Minaretts. Doch ist der direkte Zusammenhang hier sicher schwer zu beweisen. Die große Wiener Karlskirche mochte nach den siegreichen Türkenkriegen Prinz Eugens als eine Antwort auf die zur Moschee gewandelte Hagia Sophia empfunden werden. Doch die spätmittelalterlichen Niederbayern von Vilshofen werden bei ihren Türmen nur schwerlich an den fernen und feindlichen Islam gedacht haben, vor dem sie ja ohnedies der Kaiser in Wien verteidigte. Die Gemeinsamkeit muß schon viel eher auf dem tiefer liegenden geistlichen griechischen Boden entsprungen sein.

Die Assumption der Artemis

An dem der Stadt zugewandten Abhang des Burgbergs, der viel gepflegter und stiller ist als seine Gegenseite, steht ein gewaltiger griechischer Hallenbau, der unter Atatürk wieder instandgesetzt worden war, um das in der Tat unvergleichliche Hethiter-Museum aufzunehmen. Seit Sultan Mehmet, dem Eroberer, also beinahe ein halbes Jahrtausend, hatte es vorher allerdings den Bazar beherbergt. Doch über seine frühere und wahre Herkunft und Bestimmung schreibt der offizielle Führer nur, daß sie unbekannt sei.

Die hethitische Vergangenheit, deren schönste Zeugnisse wohl diese Hallen heute enthalten, ist dem türkischen Herzen auch ein wenig näher als die tatsächlich nähere, aber fast alles umfassende und erdrückende griechische. Die Zentren des alten Hethiterreiches wie Boghazköy und Alacahöük, sind aber wohl auch die ältesten Kapitalen europäischer, indogermanischer Herkunft im östlichen Mittelmeerraum, soweit sie uns erhalten sind. Atatürk selbst hat mit der Stiftung des großen Museums sicher im Sinn gehabt, seinem Staat historischen Rückhalt oder etwas historisches Gleichgewicht zu verschaffen. Und dazu schienen ihm die damals gerade neu ins Geschichtsbewußtsein zurückkehrenden Hethiter wohl angetan: Sehr eigen und selbständig, sich gegen unruhig drängende Nachbarn und über fremden Völkerschaften im Inneren behauptend, sich im Wesentlichen aufs eigene Anatolien beschränkend, rühmlich-herrscherlich, fleißig-freiheitsliebend – dergleichen konnte man aus der verwirrenden historischen Fülle des alten Bodens gar wohl zu einer Art Ehrenvorfahren küren.

Während wir staunend und langsam durch die hohen Hallen gehen, klingt aus den Lautsprechern leise Mozart-Musik durch die großen Räume. Eine zarte Erinnerung daran, daß die Königin der Nacht in der Zauberflöte vielleicht der letzte Gestaltswandel der Großen Mutter war, deren Heimat wir hier betreten? Deren Geheimnisse uns hier so nahe kommen? Auch eine Erinnerung an das Stammeln des Faust vor der großen Beschwörung der Helena: »Die Mütter! Mütter! – 's klingt so wunderlich!«

Die ältesten Bilder der Mutter, die in Ton aus der jüngeren Steinzeit stammen, sind auch viel älter als die Hethiter hier, die erst um 1800 vor Christus über den Bosporus kamen und von dieser Mutter wohl ebensogut empfangen wurden, wie deren Vorgänger und deren Nachfolger; so ähnlich wohl, wie in der einen bestürzenden Terrakotta-Gruppe, die diese Große Mutter im Liebesspiel mit dem Jüngling zeigt, den sie um mehr als Haupteslänge überragt und der auch als Gatte in ihrem Schoß wie ihr Kind wirkt.

Darf man hier mit der Vermutung spielen, daß Hirsch und Springbock deswegen allezeit zu den Begleitern der großen Mutter zählen, weil sie Quick- und Muntu-Symbole sind, Sinnbilder des gerade entspringenden, springenden, emporschießenden Lebens, die ganz zurecht an der Seite der Göttin erscheinen? Wir verstehen das ja auch selbst noch recht gut, wenn Hirsch und Gams auf die Lichtung treten.

Sie drängen sich hier allerorten auf festlichen Kultbildern und Standarten und verbreiten noch etwas von der heiteren Fülle der Wälder, die wir jetzt nur mehr an den Dardanellen, von Troja aufwärts, antreffen. Wir werden dieselben Hirsche und Springböcke dann weiter unten auch wieder am Gewand der Artemis in Ephesus und als Begleitung der Artemis überhaupt, ganz zuletzt als rhodesisches Wappentier finden. Aber dann gibt es freilich auch die naive, männliche Lust an der Jagd, die das Heilszeichen der großen Lebensgöttin zu einer Jagdbeute und sie selbst damit zu deren Spenderin macht – aus einem Opfer, das man darbringt, zu einem Opfer, das man erlegt. Und das kam wohl nicht erst mit dem jonischen sondern schon unter assyrischem Einfluß bei den Hethitern in Gang, wenn man sie hier auf der Großwildjagd und im Kriegszug sieht. Am meisten betrifft mich ein spätes Königsbild aus dem Süden bei Malatya, dessen Fundstelle als Hakan Tarhunza ausgezeichnet ist. Tarhunza? Das klingt, nur wenig turkisiert, so erstaunlich an jenen Heros Tarchun-Tarquinius an, der einst Etrurien ja so ähnlich zusammenhielt wie San Marco dann später Venedig. Und auch wenn hethitisch-etruskische Kontakte nachweisbar sind, auch wenn es die alten Nachrichten von der östlichen Herkunft der Etrusker gibt, muß man beim allgemeinen Verkehr noch an keine globale Wanderung denken. Der Vorzug des Tarchun-San Marco-Modells, wie ich es in meiner »Media Terra« für die Etrusker entwickelte, scheint mir noch immer gerade in seiner Durchlässigkeit zu liegen, die so viele Einflüsse von - und so viele Strahlungen nach außen zuläßt, ohne den eigenen Charakter zu verlieren. Der Stadt- und Stammesheros baut seine Polis aus sehr verschiedenen Steinen, aber nach einem festen, eigenen Bild. Davon mag auch etwas auf die Hethiter zutreffen.

Diese strahlungsmächtige Durchlässigkeit, diese mütterliche Empfänglichkeit, trifft aber natürlich erst recht auf die anatolische Heimat der großen Mutter zu. Diese empfing dann nach den Hethitern die Phryger als Kybele, die Lyder, Karer und schließlich die Jonier unten in Ephesus aber als Artemis, an deren heiliger Stätte wir dann wenige Tage später standen. Nicht ohne daß sie uns vorher bereits in der Halle des schönsten modernen Hotels am Mittelmeer, eben des »Efes« in Smyrna, empfangen hätte. Eine seltsame Wirkung antiker Größe im modernen Komfortmilieu. Sie scheint uns heutigen Tags überhaupt gewogen. Zwar kannten wir ihre Abbilder aus der antiken Skulptur schon seit je. Sie selbst ist erst in unseren Jahren in dreifacher Bildgestalt aus der Erde gestiegen. Und darüber muß man sich von dem Leiter des Museums in Seldschuk unterrichten lassen, der sie selber ans Licht brachte und sie nun in seinem schönen Schatzhaus verwahrt. Die springenden Muntu-Böcklein an ihrem Chiton verraten sie hier noch viel deutlicher als die wahre Herrin des Lebens denn das verspielte Begleit-Gazellchen der späten Klassik. Erst recht ihr Brustbehang, der ihr bei den Alten optisch mit vollem Recht den Beinamen der Vielbrüstigen einbrachte, von den modernen Symbolforschern aber als ein Gehänge von Eier ausgelegt wird. Und am Ausgrabungsfeld werden auch wirklich noch feinpolierte Eier aus honig- und goldgelbem Marmor als Glücks- und Fruchtbarkeitszeichen verkauft. Welch ein mythologischer Bazar vom Welt- zum Osterei.

Das alte weltberühmte Heiligtum von Ephesus stand freilich nicht draußen am heutigen großen Ausgrabungs- und Ruinenfeld, das einst mein Lehrer Praschnicker aufzudecken begann, sondern hier in Seldschuk, dem wahren Ephesus – so lange nämlich das Meer bis hierher gereicht hatte. Aber sein Anblick ist heute ein leeres Feld mit ein paar Steinbrocken und einem einzigen Sockel. Wer vom Weltwunder des antiken Tempels noch etwas sehen will, muß sich also wohl schon an die vier großen Porphyrsäulen halten, die in Konstantinopel noch in der Hagia Sophia stehen. Viele Dutzende von ihnen trugen einst das Artemision, das Alexander wieder erbauen ließ, nachdem es Herostrat mit seinem berühmten Anschlag der Ruhmsucht in Brand gesteckt hat. Es war wohl das erste große Zeugnis des griechischen Reichsstils, das die Maße der Polis sprengte, den Osten gewann, aber hier auf dem alten jonischen Boden – Ägypten und Babylon um vieles näher – wohl auch schon früher angesetzt war. Es beherrschte ja auch die spätere Weltstadt Ephesus, die bereits unter dem Diadochen Alexander Lysimachos dem weichenden Meer an die heutige Trümmerstätte gefolgt ist, die aber ihrerseits nun auch wieder schon längst verlandet ist.

In dieser Weltstadt fand ja auch der berühmte Zusammenstoß zwischen der großen Ephesia und Jesus Christus statt, von dem die Apostelgeschichte berichtet, daß die Devotionalienhändler unter dem Schlachtgeschrei »Groß ist die Artemis von Ephesus!« die Treibjagd auf die christlichen Botschafter entfesselten.

Sie schätzten die Kräfte der Großen Mutter gering ein. In Wahrheit verehrte die Ostkirche dann in Ephesus nämlich nicht nur die Stätten der Apostel Johannes und Paulus, sondern auch Alterswohnstätte und Grab der Gottesmutter Maria, der sie große Kirchen widmete und die man den Besuchern auch heute noch zeigt. Ob dies die Religionswissenschaftler als Gestaltwandel oder die Gläubigen als adventischen Hinweis verstehen – nichts geht verloren. Und alles ging auch durch die türkische Männer-Herrschaft hindurch. Wir wüßten wohl selbst gar nicht mehr, was die große Mutter denn war, wenn wir nicht noch wüßten, was die Madonna denn ist. In ihr war nämlich das aufgehoben, was der Osten der Wüste an tieferen geistigen Einsichten in der anderen, keuschen, jungfräulichen Artemis der Hellenen angesetzt hatte. Die Fülle und Überfülle des Lebens wird wie der Pfeil an der Bogensehne auf seine höchsten Ziele gespannt. Und die heute beinahe vergessene geistige Bogenspannkunst der Askese, die mystische Jungfrau und Mutter, ging gar nicht unter, sondern erst auf. An der alten Marienkultstätte, dem noch viel älteren Artemision, wird noch heute gebetet. Das gibt ein wenig Trost in der Sorge, daß am Ende zur selben Zeit, da die großen steinernen

Zeugen wieder ans Licht kommen, die lebendigen dafür versinken. Dabei leuchtet mir nun auch das große Diktum des trotzig-herrischen Philosophen auf, der ja seinerseits auch aus diesem jonischen Kern-Winkel stammt und die erste Hälfte unseres eigenen Jahrhunderts so sehr bezauberte: Heraklits wahrhaft unerschöpfliche Aussage über den Herren des delphischen Heiligtums, der weder spricht, noch verbirgt, sondern der bedeutet... »Oúte légei, oúte kryptei, allà semainei«. Das gilt für Heraklits wie für unsere Tage und für jeden Gott wie für Apollon. Auch steigt aus den tiefsten Gründen hier das Künftigste auf: eine Theologie des Semas, ein neues Verhältnis des Semainein, des Bedeutens. Je mehr das objektive Sein versteinert und metaphysisch zum Nichts wird, weil es uns kalt läßt, um so mehr tut sich das Sein als Wort, das uns anspricht, als Ding, das uns angeht, als Wirklichkeit, die bedeutet, kund. Und zwar nicht als verweisendes Zeichen anderes bedeutet, sondern uns in sich selbst schon bedeutend ist.

Ist so die Ur-Dialektik von Subjekt und Objekt nur einmal in Gang gesetzt, kann es am Objekt gar nicht mehr fehlen. Solches Bedeuten liegt ja auch aller Erkenntnis zugrunde, wie schon rein sprachlich das Lieben dem G-lauben, das Di- und E- und Re-ligere der Religio. Zur Wahrheit gehört nicht allein, daß etwas objektiv ist, wie es ist, sondern auch, daß es ein Subjekt wahrnimmt und daß ihm daran gelegen ist.

Aus diesem Reifen des Denkens springt auch keiner hinaus. Und daß dem Einen nur Eines wahr sein kann, vielen Verschiedenen aber vieles Verschiedenes wahr ist, eben das ist jener Widerspruch, in dem sich unserem Denken zugleich die unübersteigliche Grenze des Denkens verrät – wie das ebenso auf das Lieben und Glauben für unser Existieren zutrifft. Im höchsten Sinn wird nur einer geliebt – doch von jedem ein anderer. Die äußerste Annäherung im Verstehen des anderen liegt nur darin, dessen Wahl und Wahrheit als Sema, als Zeichen und Vorzeichen, der eigenen Wahl und Wahrheit zu verstehen. Eben das war wohl auch das Große am Aperçu des Adventischen bei Theodor Haecker, mit dem er die klassische Welt Vergils auf seine eigene christliche bezog und zwar ohne am offenen Widerspruch mit theogonischen Historismen und Objektivismen abzugleiten. Dann kann man allen Gestaltwandel der Religionsgeschichte als Vorspiel und Beispiel eigenen Glaubens verstehen. Wo könnte man das wohl auch besser, zugleich gefährlicher, als eben auf dieser Strandbrücke hier, da die Brandung von allen Seiten so vieles ablagerte, daß schließlich eines das andere begrub?

Die leere Hagia Sophia

Doch je länger ich eben in diesen ephesischen Tagen den großen alten und zugleich gegenwärtigen Dingen nachging, umso mehr ging mir auch von diesem ältesten jonischen, griechischen Boden her seine größte historische Frucht, seine welthistorische Kolonie, seine dann die Jahrtausende erst bestimmende Stiftung auf: Byzanz. Dort liegt die wahre Drehscheibe, deren Funktion man so lange nicht recht einordnen und beurteilen kann, als man auch an unserer Schwelle des dritten Jahrtausends nach Christus noch immer an dem alten lateinischen Hochmut und seiner späteren Wieder-Erneuerung durch die westeuropäischen Seemächte festhielt, die griechische Christenheit und ihren Ursprung – eben Byzanz – in seinem Weltbild noch immer stillschweigend unter dem Titel des Ostens zu subsumieren. Eine Versuchung, der auch unsere eigenen Tage noch ganz und gar im Verhältnis zu Rußland verfallen. Auf das große Asien gibt es aber so lange keinen unmittelbaren Blick, für die Begegnung mit diesem großen Asien gibt es solange keine ernste Bereitschaft, als uns nicht selbstverständlich bewußt ist, daß sowohl Byzanz wie Moskau nicht Osten, sondern stets nur der Osten des Westens sind; jenes einen Reiches des einen griechischen, römischen, russischen Doppeladlers, der eben mit seinen beiden Häuptern die östliche und die westliche Hälfte gleichzeitig in seinem Horizont hielt. Das mag uns mit den zerbrochenen Wappen heute zwar wie ganz und gar in die Vergangenheit entrückt scheinen. Es kehrt aber mit dem Ringen Moskaus und Pekings um Asien wieder ins kommende, nächste Jahrtausend zurück. Moskau und Peking mögen ja heute nun freilich im Kommunismus ebenso ideologisch verbunden wie polemisch getrennt scheinen. Gerade wenn man den Kommunismus jedoch als eine atheistische Religion versteht, die nun gerade in diesen atheistischen Grundzug Marx mit Kungfutse verbinden könnte, gleicht es in seiner Völker und Traditionen durchdringenden Weltgängigkeit doch viel eher der Lehre des Buddha, der – wie Marx Deutschland – sein indisches Ursprungsland nur kurz und halb, Ceylon und Südostasien in seiner indischen Fassung dann zwar dauerhaft doch erst im Mahayana, verwandelt und alles entscheidend das große China und Japan ergriff. – Das sind nun freilich keine historischen Parallelen, in die die Zukunft wie in Prokrustesbetten gezwängt werden könnte. Doch es sind Lockerungsübungen der historischen und politischen Phantasie und Urteilskraft für das Mögliche, weil es in einem größeren historischen Horizont auch bereits möglich war. »Warum und zu welchem Zwecke treiben wir Universalgeschichte?« – Nein, nicht bloß: Warum und zu welchem Zwecke! Vor allem doch aus dem ganz unmittelbaren Antrieb, auch unsere eigene Welt zu erweitern, in der wir nach vorwärts so weit wie nach rückwärts und nach rückwärts so weit wie nach vorwärts blicken; was Letzteres eben auch die Geschichte in den Händen der Professoren ohne politisch-unmittelbare Erfahrung vertrocknen ließ. Und dafür gibt es nun wahrscheinlich einen Punkt, von dem aus man auf die Roma maior, das alte und neue Römische Reich im größten Sinn, den umfassendsten Blick bekommt – nicht aus dem Abstand des jonischen Ursprungs zwischen Smyrna, Milet und Ephesus, sondern aus seinem innersten, doch heute leeren Mittelpunkt: das ist die Hagia Sophia in Byzanz. Wie gewaltsam auch immer ihre Eroberung beim Falle der Stadt in die Hände der Türken vor einem halben Jahrtausend gewesen sein mag – auch für den Islam blieb sie das Herzstück des Neuen Rom, das mit ihm nun endlich wieder in die Hände der Ikonoklasten, der mohammedanischen Bilderstürmer, gefallen war – und Zeichen dessen der Sultan den Halbmond nun an Stelle des Kreuzes auf die gewaltige Kuppel setzte. Mehmet II. verstand seine Tat auch nicht anders denn als Bestätigung dafür, daß er als Sultan der wahre Kaiser war, der das Reich von den Bildern und Heiligen reinigte, aber die Christen im weiteren Verlauf dann auch wie in Alexandrien, Ephesus, Smyrna, als Auch-Erben, Auch-Römer, Mitglieder der Ahl al kitab, in ihren Revieren beließ.

Nur daß die heilige Stätte wie das in seinem allgemein-menschlichen Widerspruch überall geht, um so »historischer« wirkte, je mehr die wahren historischen Kräfte nachließen, nachdem sie sich in ihrem Reich so ähnlich erschöpft hatten, wie etwa in unseren Tagen die Russen in Osteuropa dabei sind, sich zu erschöpfen, weil sie mechanisch mehr unterworfen haben, als sie magnetisch zu halten vermögen. Und so war es denn auch ein Akt von zwingender und offenbarender Logik, daß der Staat Atatürks nach dem großen Osmanischen Kollaps nicht allein seine eigene Hauptstadt von Istanbul nach Ankara verlegte, sondern die alte Hagia Sophia auch aus einer großen Zentralmoschee des Islam zu einem Museum machte. Ein Offenbarungsakt von bewegender Symbolkraft: Die zentrale Kraftstation, die Osten und Westen des einen Reiches noch verband, war stillgelegt. Die riesigen Schilder der Prophetenfolger auf den vier Hauptpfeilern waren nun ebenso tot wie die weltbedeutende Wölbung selbst, die ephesischen Säulen, die Kapitelle und Bögen und Friese. Ein Pol, nach dem die Kompaßnadeln im russischen Osten wie im mediterranen Westen so lange gewiesen hatten, schien nun erloschen. Sie weisen jetzt nicht einmal mehr in der eigenen türkisch-verbliebenen Umwelt dahin. Es sei denn im alt-nationalen Griechenland, das nach dem großen türkischen Sturz wahrhaftig nun meinte, aus dem Asty tou Kosmou, der Stadt der Welt, ja, des Alls, ließe sich nun bei solcher Gelegenheit auch die Hauptstadt einer kleinen levantinischen Neugründung machen. Das hieß denn doch, die Verhältnisse unterschätzen, sie auf die der Kaiserstadt an der Donau beschränken, an denen das kleinere Österreich nach dem Zusammenbruch seiner Monarchie doch auch schon genug zu tragen hatte.

Und hinter Rom selbst stand ja auch nicht nur ein größerer Nationalstaat, sondern jene katholische Kirche, mit der der Westen die Siebenhügelstadt immer noch halbbewußt als Caput Mundi, als Haupt der Welt, empfand. Nur ist gerade Rom ein gutes Beispiel dafür, wie auch die Haupt- und Herzstätten der Geschichte zwar in den Fluten historischer Katastrophen untergehen, sich aber aus ihnen mit einer neuen tektonischen Bewegung auch wieder erheben. Auf dem Kapitol weideten nicht bloß einmal Schafe. Dem gegenüber hat aber Konstantinopel eine zwar stürmische,

aber doch kontinuierliche Geschichte als Hauptstadt bis in unser Jahrhundert. Und selbst sein weltgeschichtlicher Ruin wurde durch neue türkische Aufbaupläne überbrückt. Mag sein, daß die Hagia Sophia als Museum beklemmender wirkt als das römische Kolosseum als – nun ja neuerlich bedrohte – Ruine. Die Ruine als Katharsis nach der historischen Katastrophe war hier in Konstantinopel auch lange schon durch eine weltgeschichtliche Fassung und Bußgesinnung ihrer griechischen Einwohner erfaßt, die die Stürze vorwegnahm. Dafür ist der Brunnen ein großes Beispiel, den auch die Muslim zu ihren Zeiten für ihre rituellen Waschungen nutzten. Er trägt um den Schalenrand das mir längst bekannte griechische Anadromedon, das von links nach rechts und von rechts nach links gelesen, in griechischen Buchstaben denselben Wortlaut ergibt: »Nipson anomematha, me monan opsin – Wasche deine Verfehlungen ab, nicht allein dein Gesicht!«
In solchen Bußkammern wird Geschichte auch oft erneuert. Der sowjetische Druck auf das östliche Mittelmeer ist auch nicht ohne Zusammenhang mit dem chinesischen Druck auf Sibirien. Wird Rußland so etwa auf seine griechischen Ursprünge zurückgedrückt?

Der direkte Bosporus

Man führt den alles beherrschenden Fortschrittsglauben von heute ja nicht ohne Grund auf den von der Technik genährten, offenen oder versteckten Glauben zurück, daß für den Menschen doch immer mehr und schließlich gar alles machbar würde. Derselbe Irrglaube hat aber auch seine konservative Abwandlung. Und ihr konsequentester Ausdruck ist die Formel, alle Politik sei am Ende nichts anderes als der Versuch, den ständigen Untergang der Welt aufzuhalten. Dabei kann niemand bestreiten, daß an beiden Betrachtungsweisen doch etwas ist, was man paradox als universale Teilwahrheiten bezeichnen könnte. Immer und allerorten ist Fortschritt. Immer und allerorten ist Verfall. Immer und allerorten sind wir mit unserem Tun und Lassen verantwortlich darein verstrickt.

Zur Irrlehre werden diese Einsichten auch erst dann, wenn wir ihr dialektisches Verhältnis verkennen und das eine allein erblicken, ohne des anderen überhaupt gewahr zu werden; oder, wenn wir das eine nur in der Zukunft und das andere nur in der Vergangenheit sehen. Der naive Köhlerglaube an den Fortschritt sieht die Vergangenheit deswegen schon für verfallen und widerlegt an, weil sie vergangen ist – von ihm selbst auch vergessen und nicht mehr verstanden wird. Die Reaktion sieht umgekehrt alle Zukunft nur als Verfall des in der Vergangenheit schon Erreichten an; beide, ohne sich dabei die metaphysischen Konsequenzen solcher Betrachtungsweisen recht zu vergegenwärtigen: daß nämlich sowohl das Nichts wie das Paradies als Fülle des Seins als Idee am Anfang so gut wie am Ende stehen und eben durch diesen transzendentalen Widerspruch ihre metaphysische Grenzposition zu erkennen geben.

Solche allgemeinen Betrachtungen entfalten an dem, was uns im gesamten Mittelmeerraum schon immer wieder begegnete, aufging und ansprach, erst ihr ganzes Gewicht. Der bevorzugte Gegenstand der Betrachtung aller Geschichte als eines Verfallprozesses war nämlich für die neuere Zeit seit je schon das Römische Reich. Das fing mit dem Werk, das am Anfang der neueren Geschichtsschreibung überhaupt steht, schon an, nämlich mit Edward Gibbons »History of the decline and fall of the Roman Empire« (der »Geschichte vom Verfall und Sturz des Römischen Reiches«). Diese Geschichte bemißt Gibbon selbst noch von der Regierung Marc Aurels bis zum Fall von Konstantinopel im Jahre 1453 und er lastet diesen langen Verfall des großen Gebildes vor allem dem Christentum an, ohne daß es etwa sein Erstaunen erregt hätte, wie denn dieser Verfall und Sturz 1250 Jahre und so rund fünf mal so lange zu dauern vermochte als seine Gründung, sein Aufstieg, seine Blüte und seine Herrschaft zusammen. Denn vom Empire, vom Imperium, also vom Reich, mochte ja doch auch er nur seit Caesar sprechen, da es ihm ferne lag, eine etwa vorausgegangene Reichsgründung wie die Alexanders in seinen Gegenstand einzubeziehen. Doch auch vom Tode Caesars bis zum Tode Christi sind es nicht einmal achtzig Jahre. Und vom ersten wirksamen Eindringen christlicher Gemeinden in das Reich bis zum Regierungsantritt von Marc Aurel nur etwa das Doppelte. Solcherart wird in der Tat die Betrachtung aller Geschichte als bloßen Verfalls von einem philosophisch-pessimistischen Weltbild zu einem Thema der Geschichtsschreibung. Denn dieses Römische Reich ist dann beinahe vom Anfang an und so lange verfallen, als es bestand. Und während es aufgebaut wurde, wurden ihm auch – vom Christentum – schon seine Fundamente entzogen.

Solange mag – ein gutes Jahrhundert später als Gibbon – ein anderer großer westlicher Historiker, nämlich Jakob Burckhardt den Prozeß nicht hinziehen. Wenn Gibbon das Christentum schon als etwas betrachtete, was sich vom Römischen Reich radikal unterschied und ihm feindlich war, dann zog Burckhardt daraus nur die Konsequenz und suchte den Ort auf, wo sich die Trennungslinien zwischen den beiden feindlichen Mächten ziehen läßt. Und diese glaubte er im Durchbruch des Christentums bis zur Spitze des Kaisertums und dessen Exodus von Rom nach Byzanz, dem so gut wie neu zu gründenden Konstantinopel, zu erkennen. »Die Geschichte hat dieser Tat«, so schreibt er, »verdienter- oder unverdientermaßen, den Stempel des Großen, Welthistorischen, aufgedrückt; sie hat in der Stadt Konstantins einen ganz eigentümlichen kirchlich-politischen Geist, eine ganz eigene Gattung von Kultur entwickelt, den Byzantinismus, welchen man lieben oder hassen mag, jedenfalls aber als Weltmacht anerkennen muß.« Und der wackere, hevetisch-patrizische Bürgerschaftsdemokrat liebt ihn nun einmal nicht. Er macht kein Hehl aus seiner Verachtung des ganzen byzantinischen Höflings- und Eunuchenwesens, der ganzen Titelsucht, Bürokratie und Untertänigkeit. Im Grunde hat sein Bild von Byzanz dann auch wesentlich das bestimmt, was in unserer Umgangssprache immer noch »byzantinisch« heißt und im Grunde die Weigerung darstellt, ein Jahrtausend europäischer Reichsgeschichte ernstlich zu akzeptieren. Darin mag wohl auch noch immer ein guter Teil des lateinischen Hochmuts liegen, den der griechische Osten seinerseits auch oft bitterer haßte als den Halbmond. Das ist eine lastende Erbschaft des jahrtausende langen Schismas.

Das Byzanz jedoch, das eben nach Burckhardt »eine ganz eigene Art von Kultur entwickelte«, liebt nach einem weiteren halben Jahrhundert auch Oswald Spengler noch immer nur deshalb und insoferne, als es mit seiner »magischen Kulturseele« in seine eigene historische Morphologie paßte, sich aber auch noch gut in das spätlateinische Bild des Ostens fügte, das bei Spengler nur durch den eigenen Untergangshistorismus gemildert wurde.

Das ist nun freilich seit Steven Runciman ganz und gar anders geworden. Was in Theologie und Kunstgeschichte an einem neuen Verständnis des christlich-griechischen Ostens bereits vorausgegangen war, das bestimmte mit Runciman nun in unseren Tagen auch das Geschichtsbild. Ja, die alte lateinische Arroganz schlug nun in Selbstkritik und ein wenig Zerknirschung, jedenfalls in ein lebendiges Mitgefühl für das so lange und tapfer und einsam kämpfende Ostrom um. Und Runciman ist auch hier mein Begleiter, der mich so weit verteidigt, als er mit mir geht und ich mit ihm, gegen den ich mich aber bei aller Dankbarkeit doch nach Kräften auch selber verteidige, wo er mich etwa im Stich läßt, weil ich weiter strebe als er.

Wer mochte die welthistorische Elegie des Untergangs wohl auch bewegender anstimmen, als eben Runciman, wenn er seine »Eroberung von Konstantinopel 1453« mit dem Bericht beginnt: »Am Weihnachtstag des Jahres 1400 gab König Heinrich IV. von England in seinem Schloß zu Eltham ein Festmahl. Er wollte solcherart nicht nur den heiligen Festtag begehen, sondern wünschte außerdem einem hohen Gast Ehre zu erweisen. Dieser Gast war Manuel II. Palaeologos, Kaiser der Griechen, wie die Menschen des Westens ihn meistens nannten, wenn auch einige sich erinnerten, daß er der wahre Kaiser der Römer war. Er war durch Italien gereist und hatte sich in Paris aufgehalten, wo König Karl VI. von Frankreich einen Flügel des Louvre für ihn als Unterkunft eigens hatte neu herrichten lassen und wo die Professoren der Sorbonne entzückt gewesen waren, einen Monarchen kennen zu lernen, der mit der gleichen Gelehrsamkeit und Spitzfindigkeit mit ihnen zu diskutieren vermochte, die ihnen selbst zu Gebote stand. In England war jedermann von der Würde seines Gehabens und von den makellos weißen Gewändern, die er und seine Höflinge trugen, tief beeindruckt. Aber trotz aller seiner hohen Titel waren seine Gastgeber von Mitleid mit ihm gerührt; denn er war als Bettler zu ihnen gekommen, auf verzweifelter Suche nach Hilfe gegen die Ungläubigen, die sein Reich umklammert hielten.«

Und den Sturz des Reiches, den Fall jener Stadt, die selbst ihre türkischen Eroberer noch auf ihre Art und für alle Zeiten als Stadt schlechthin, als die »urbs orbis« ehrten, indem sie sie in ihrer Sprache Istanbul nannten, das vom äolisch-griechischen Is tan pol(in) kam, weil sie jahrhundertelang eben auf diese Stadt (eis ten polin) blickten – und eben darüber berichtet Runciman zum Schluß seines Sammelwerks »Byzanz« dann so: »Es ist so gekommen, wie die Seher von Byzanz vorausgesagt haben, jene Propheten, die unablässig von dem kommenden Schicksal, von den letzten Tagen der Stadt gesprochen hatten. Der müde Byzantiner wußte es, daß das so oft angedrohte Jüngste Gericht eines Tages mit Sicherheit über ihn kommen mußte. Es hatte keinen Sinn, sich zu beklagen. Diese Welt war ein törichtes Zerrbild, gequält von Leid und sorgenvollem Erinnern und Ahnen, Friede und wahres Glück lagen drüben, im Jenseits. Was war der Kaiser, der apostelgleiche, was war selbst Konstantinopel, die große Stadt, geliebt von Gott und der Gottesmutter, was waren sie gegenüber Christus, dem Pantokrator, und den glorreichen Residenzen des Himmels?«

Welch ein Wandel ist das gegenüber dem Mumien-Bild und dem Mumien-Haß, der sich so lange im Westen mit allem verbunden hatte, was byzantinisch hieß! Ein Wandel freilich erst, seit sich in diesem Westen mit seinen Weltkriegen und Katastrophen und dem Verlust seiner eigenen Imperien, mit seinem eigenen »Untergang des Abendlands«, auch eine eigene Erfahrung für das Verständnis der anderen, früheren Basileia angesammelt hatte.

Doch wenn sich auf solche Art heute auch das Verhältnis zu Byzanz sehr stark gewandelt hat, so blieb doch bei Runciman auch unverändert die Vorstellung, daß das christlich-griechische, eben das byzantinische Kaiserreich als ein wesentlich eigenes Ding zu betrachten sei, das sich mit dem Residenzwechsel von Rom nach Byzanz und dessen neuem Aufbau und Ausbau unter Konstantin in allem wesentlich von dem alten, heidnischen und lateinischen Rom am Tiber unterschied. Zwar spricht Runciman davon ein wenig milder, wenn er schon mit dem ersten Satz seines Vorworts zu »Byzanz« ankündigt, die »Darstellung der Kultur des römischen Weltreiches während der Zeit zu geben, als seine Hauptstadt Konstantinopel hieß, eine Darstellung jener orientalischen, griechisch-römischen Kultur also, die man am besten ›byzantinisch‹ nennt«, aber es lag freilich auch in der Natur von Runcimans großem Werk, seinen Gegenstand möglichst deutlich von seiner zeitlichen Vorher- und Nachher-Umgebung zu unterscheiden. Und eben dazu bieten sich ja auch die Neugründung und der Fall von Konstantinopel fast unabweislich an. Im ersten Kapitel seiner »Byzanz« führt Runciman ja auch ausdrücklich an, daß die Stadt bei ihrer Einweihung durch den Kaiser am 11. Mai 333 den Namen Neá Rhoma, Neues Rom erhielt, was sie ja doch von Anfang an schon in einen deutlichen und beherrschenden Zusammenhang mit dem bisherigen Rom stellte. Doch er schiebt das auch nach einem Komma wieder beiseite, indem er hinzufügt, daß sie nach ihrer Gründung doch vorzugsweise Konstantinopel genannt wurde. Jedenfalls sei dieses Jahr 330 der gegebene Ausgangspunkt für die byzantinische Geschichte.

Das kann in Wahrheit niemand bestreiten. Es lag aber auch nicht in Runcimans Fragestellung, sich ausführlich damit zu beschäftigen, inwieweit denn auch dieses neue Rom noch wirklich Rom war und inwieweit auch die Griechen, die sich hier Römer auf griechisch, nämlich Rhomaioi, Rhomäer, nannten, noch wirkliche Römer waren. Das hätte ja auch unausweichlich auf die Frage geführt, inwieweit auch die alten Römer im Osten des Reichs stets griechisch gesprochen hatten, sei es als Mutter-, sei es als Weltsprache, als Koiné, wie sie auch die Gründer des Römischen Reichs, Pompejus und Caesar auf Rhodos und in Alexandrien gebrauchten. Die einfache Trennung in Ostrom und Westrom nach griechisch und lateinisch, wobei das lateinische Rom gleichsam von selbst das erste und echte, das griechische aber das zweite und spätere, nicht-mehr-ganz-echte ist, wirkt nur für unsere alten Nationalstaatsbegriffe aus dem 19. Jahrhundert so selbstverständlich und überzeugend. Von ihrem Gegenstand selbst her erscheint es jedoch viel weniger einleuchtend, weil sich Rom eben spätestens seit seiner Gründung als Reich durch Caesar nicht mehr als bloßer geschwollener Nationalstaat im Sinne unseres »Imperialismus« verstehen läßt.

Das, was sich in Rom vor Caesar erst anbahnte und was mit ihm dann durchbrach, das hat am Mittelmeer seiner Jahrhunderte nämlich ein orientierendes und, wenn man so will, auch vorwegnehmendes Beispiel, das auch wieder östlich und griechisch war, nämlich das Reich Alexanders, dessen Erneuerung ja auch Pompejus schon vorschwebte und dem Caesar dann näher kam. Aber ein bloßer Blick solcher Art in der einen Richtung, nämlich über den üblichen Anfang hinaus, und in der anderen Richtung, nämlich über das übliche Ende von 330 oder 567 oder auch das von 1453 hinaus auf das letzte von 1804 hin, als der Römische Kaiser in Wien auf seinen Titel und Anspruch verzichtete – das läßt dann bei aller Nähe und Annäherung in der Sache doch den Unterschied in der Kategorie, in der Denkform, erkennen: ob man sich nämlich das eine Mal aus dem großen Zusammenhang auf den beschränkten Gegenstand konzentriert, den man aus seinem Kontinuum möglichst herauslösen und von ihm abtrennen muß, um ihn mit solchen Grenzen – finibus – zu definieren; den man das andere Mal aber resolut überschreiten muß, um das, was man im Beschränkteren als charakteristisch erkannt hat, auch an entfernteren Stellen wiederzufinden und sie dann alle zusammen zu überblicken. Nur muß uns doch auch im zweiten Falle bewußt bleiben, daß selbst die weithinausgeschobenen Grenzen verbleiben; eben das heißt, es muß auch ein erkennbarer, wenigstens den Betroffenen oder Benachbarten noch fühlbarer Zusammenhang bleiben, den in unserem Falle eben diese Betroffenen auch vor allem bestätigten, indem sie sich selbst römisch nannten; wenn wir uns nämlich nicht in die Allgemeinheit verlieren wollen, daß sich mittelbar oder unmittelbar eben doch alles Menschlich-Historische, wenn es nur einmal gewisse Dimensionen überschritten hat, auf diesem Globus berührt hat.

An dieser Grenze steht ohne Zweifel die erste, große indogermanische, nämlich die persische Reichsgründung hier am Mittelmeer, die der griechisch-alexandrinischen zwar in vielen Zügen schon gleicht und die nachwirkend durch die Jahrhunderte auch immer wieder in die griechisch-römische Welt zurückstrahlt. Aber auch wenn man es für eine späte Fabel hält, daß die griechischen Perserkriege der Kampf der westlichen Freiheit gegen die östliche Tyrannei gewesen seien, was bereits durch die Flucht des athenischen Staatsmannes und Kriegshelden Themistokles an den Hof des persischen Großkönigs vor den Intrigen der eigenen Vaterstadt widerlegt wurde, so reichten die gemeinsame indogermanische Abkunft, die vielen ähnlichen Charakterzüge der Toleranz und Universalität und die lange, enge Durchdringung doch zu keinem Vergleich mit der einen griechisch-römischen Diarchie, für die eben Alexander, der ja seinerseits auch nur ein Halbgrieche war, die heroische Ouvertüre, und, wenn man will, das Modell lieferte. Diese Gemeinsamkeit läßt sich am besten eben auf die schon mehrfach gebrauchte Formel bringen, daß der Osten dieses Reichs allezeit griechisch war, wenn er auch zeitweise das staatsoffizielle Latein als Lingua franca annahm, wie der lateinische Westen seinerseits griechische Kunst, Kultur und Philosophie akzeptierte: ein Vorgang, der aber auch die alexandrinische Reichsgründung in eine ganz natürliche Beziehung zum folgenden Rom bringt, wie das neue, zweite und griechische Rom am Bosporus dann die seine zum ersten am Tiber hatte. Gerade, wo es so offenbar ist wie hier, daß die Perspektiven später folgender Zeiten unser eigenes Bild so stark bestimmt und verändert haben, sollte man eben dem Zeugnis der unmittelbar betroffenen Zeitgenossen ein gebührendes Mitspracherecht einräumen. Wenn sie die neue Hauptstadt eben das neue Rom und sich selbst dort auch Römer nannten, dann werden sie sich ja wohl auch als solche empfunden haben – und eben nicht als »eine ganz eigene Gattung«, nämlich »die Byzantiner«.

Schließlich sollte man bei dieser griechisch-römischen, östlich-westlichen Reichsspannung eben auch nie aus dem Auge verlieren, daß der Doppeladler ein Haupt in die östliche und das andere in die westliche Reichshälfte wendet, um die Einheit des Ganzen auch in seiner Gespaltenheit darzustellen. Eben damit war er auch als Reich, das bei seiner alexandrinischen Gründung in Indien schon die größere, ganze Welt berührt hatte, auch deren Symbol und wollte es eben als Osten und Westen auch sein: das Reich Tschakrawartris, des Herrn der Welt. Guénon verweist ja auch auf die Beziehung zwischen dem indischen Bild dieses Tschakrawartri und dem Kaiser in der »Monarchia« bei Dante.

Unter solchen Zeichen wird man die staatsoffizielle Übernahme des Christentums, das bisher schon seit Generationen verbreitet und einflußreich war, auch im Römischen Reich zwar nicht übersehen, doch auch nicht überschätzen. Das Entscheidende lag nämlich gar nicht darin, daß das Christentum aus Rom erst in Byzanz etwas ganz anderes gemacht hätte, sondern darin, daß Rom insgesamt in einem langen Prozeß eben christlich wurde. Es war auch für Indien keine Kleinigkeit, das es vorübergehend und für China nicht, daß es auf die Dauer buddhistisch wurde – und dennoch Indien und China blieb. Doch um wieder auf das Selbstverständnis als Zeugen zurück zu kommen, so verstand sich doch eben derselbe Konstantin, der das Neue Rom gründete und das Christentum zur Reichsreligion erhob, als der Nachfolger und Erneuerer Alexanders des Großen und des Augustus.

Welt-Tal und Welt-Reich

Daß Alexander die Ouverture des Römischen Reiches gewesen sei, das ja auch selbst allezeit zur Hälfte griechisch war, ist ein Gedanke, der zwar nicht ganz neu, aber für unser Geschichtsbild doch lange noch nicht so bestimmend ist, wie er es wohl verdiente. Die These Fritz Schachermayers in seinem letzten großen Werk (»Alexander der Große«), Alexander sei seiner Zeit nur voraus, seine Gründung sei noch verfrüht gewesen, erscheint freilich schon durch das Hauptobjekt seiner Reichsbildung selbst, nämlich das Perserreich, relativiert. Schachermayer weist ja auch immer auf diese Ähnlichkeit mit dem makedonischen Erobererreich hin. Aber die Perser haben spiegelverkehrt auch im vorausgegangenen 5. Jahrhundert vor Christus schon mit ihrem Angriff auf Griechenland eben dasselbe von Osten nach Westen versucht, was Alexander dann auch nach ihnen nur von Westen nach Osten versuchte – nämlich das Weltreich. Dessen östliche Hälfte hatte der große Kyros bereits im 6. Jahrhundert in den Dimensionen Alexanders (ohne die indischen Landschaften) erobert und locker, doch dauerhaft seinem Reichsverband einverleibt.

Wenn man nun allerdings auch die den Persern vorausgegangenen Gründungen am Nil und Euphrat Weltreiche nennt, so waren es doch geschlossene Welten, die sich nur deswegen als ganze Welt empfanden, weil ihnen bei der Höhe ihrer Ordnung und Kultur ihre wüste und wilde Umgebung als bloßer Rand erschien.

Das war allezeit die Versuchung großer und kleiner Flußtäler vom Hoangho bis zum Nil und vom Himalaja bis in die Alpen, die ihren eigenen Horizont immer als ganze Welt sehen mußten. Das wurde aber zum ersten Mal anders, als indo-europäische Völker wie Meder und Perser mit ihren Eroberungen in den Besitz von schon bestehenden, großen, historischen Kulturlandschaften gelangten, die sie denn doch auch sich selbst gegenüber nicht einfach als unmaßgebliche Ränder ansehen konnten; die ihrerseits einfach zu assimilieren, sie aber auch keine Chance besaßen. Und eben das ergab denn auch jene persische Liberalität, die besiegte Völker in ihr Reich aufnahm, ohne sie dabei auch in ihrer Lebensart auszulöschen – wie das dann Alexander ja auch an ihnen nur fortsetzte. Die berühmten Perserkriege gegen Griechenland verbergen uns durch ihre heroische Überhöhung oft nur allzusehr, wie vor ihnen doch die griechischen Jonier in Kleinasien in großer Freiheit und Selbständigkeit gelebt hatten, sobald nur einmal die Machtfrage hinreichend klar war, die Alexander genau so als erste entschied. Und schließlich geht dieser ganze Modus vivendi zahlreicher Völker in einem Weltreichsverband dann ja in die Pax Romana ein.

Doch sollte man dabei auch einen Blick auf Indien werfen, in dessen Grenzbereich Alexander umgedreht war. Dort bedurfte es doch wahrhaftig nicht einmal eines ganzen Jahrhunderts bis zur großen und einzigen wirklichen Universalgründung Indiens unter Kaiser Asoka, der ja nicht nur von Buddha zur Weltüberwindung, sondern auch von Alexander zur Welteroberung angestoßen wurde; der einzige, der im indischen Weltkreis jenen Kschitravatri, den »Herrn der Welt«, verkörperte, über den der Erleuchtete dann noch hinaus mußte. Welche Wirkungen! Welche Zeichen im großen Osten und großen Westen, daß Alexander gar nicht vor seiner Zeit, sondern gerade im Kairos, im rechten Augenblick seines weltgeschichtlichen Aufbruchs, stand, der freilich in der Welt-, so gut wie in der Naturgeschichte nie wie ein fertiger und nur noch auszuführender Bauplan, sondern stets im Widerspruch, Wettbewerb, Schiffbruch wiederholter großer Versuche einherkommt.

Schiffbrüche, Ausbrüche, Grenzerfahrungen jeder Art müssen sich freilich gerade dort häufen, wo mit der aufgebrochenen neuen

Welt ein neues Unendliches, Ganzes, Vollkommenes, vorschwebt. Dabei zeigt sich immer das Gegenteil einer solchen Vollkommenheit ganz besonders stark. Dem starken, doch in seinen mehr oder minder überschaubaren Grenzen beschränkten Staat scheint nämlich das Totale und Ideale seiner Verwirklichung meist viel näher, ja, oft zum Greifen nahe. Das Großreich braucht dann schon sehr viel mehr Mythos, um über seine Sprünge und Mängel hinwegzukommen. Doch das eigentliche Weltreich, wie es Kyros und Alexander in die Geschichte des großen Westens brachten, ist weder seinem Umfang, noch seiner Ordnung, noch seiner Führbarkeit und Vollendbarkeit nach so unmittelbar zu verwirklichen. Ideal ist es eben nur als Idee, will kantisch sagen, als Postulat, das in der Erfahrung nie auch nur annähernd zu erfüllen ist. So gehört es als Wirklichkeit auch nicht in die Mechanik, sondern in den Magnetismus der Weltgeschichte.

Das schließt aber auch seine höchste Machtentfaltung nicht aus. Die Welt wurde ja auch erst durch Fahrten über die hohe See entdeckt und diese wurden ihrerseits erst durch die Orientierung an Sternen möglich, die aber doch von keinem Schiff erreicht werden konnten. Das ist ein Grundgleichnis der Idee überhaupt. Auch auf dem Höhepunkt ihrer Macht wird sie nicht erreicht. Aber auch auf dem Tiefpunkt erlischt sie nicht ganz.

Etwas von dem Gespenstischen, als das die Aufklärer einst das Heilige Römische Reich in seiner Auflösung empfanden, wie auch etwas vom Glanz der Unsterblichkeit, die allem Sinn verleiht, haftet ihm immer an. Und das trifft nicht allein für seine Größe und Macht, sondern auch für das Moralische zu. Der Staat wird ohne Macht ebensowenig gebaut, wie Musik ohne Ton erzeugt wird. Das ist das grausame Supplement der menschlichen Unvollkommenheit, bei der es für den Geschichtsschreiber dann auf die Kontoauszüge ankommt, die nicht so einfach berechnet werden, wie es in Kants »Ewigem Frieden« steht. Nur daß am Ende für große Bereiche der Magnetismus, die Herrschaft durch Anziehungskraft, für die China und Rom die größten Beispiele gaben, in summa doch weniger nackte Gewalt braucht, als die »Polytechniker der Macht« für ihre Maschine von Begierde, Drohung und Angst.

Diese Zwiespältigkeit der Macht gehörte eben auch zur Pax Romana, mit der uns im Westen am relativ nächsten und dauerhaftesten erscheint, was im Osten als Weltreich schon da war, das ja auch erst mit dem Schritt über den eigenen Horizont, über sein Tal hinaus, universalen Charakter annimmt. Doch eben damit auch an seine eigene Grenzerfahrung gerät. Das, was zur einen Seite als ein Vollkommenes vorschwebt, muß eben deswegen auf der anderen Seite seiner Verwirklichung als das Unvollkommenste erscheinen; nicht nur in seiner räumlichen Ausdehnung, sondern auch in seiner historischen Realität und schließlich mit sich zeitlich stets wiederholenden Unterbrechungen und Interregnen.

Gewinnt man diesen antinomischen Charakter des Universalreichs als einer Idee einmal in den Blick, dann verändert sich auch die historische Perspektive. Versucht man nämlich auch im europäischen Westen Zusammenhänge zu erkennen, die im Osten wie selbstverständlich wirken, dann erscheint bereits Kyros mit seinem Perserreich als Ouverture und Alexander schon als der erste Akt jenes römischen Reiches, das eben nicht nur in seinem Osten schon immer griechisch sprach, in dem der griechische Einfluß auch immer den lateinischen überwog und dessen griechische Hälfte, die sich gleichwohl stets rhomäisch, das heißt also, römisch nannte, um ein rundes Jahrtausend länger stand als die lateinische Hälfte, deren Titel sich dann freilich über dem Abendland wieder erneuerte und den griechischen überdauerte.

In so großen – ein wenig asiatischen – Dimensionen ist aber auch die Kluft von Alexander und seinen Diadochen zur Heraufkunft der römischen Macht mit den punischen Kriegen und ihrer Reichsgründung unter Pompejus und Caesar, die sich alle ja selbst als Vollstrecker Alexanders empfanden und ihrer Bildung nach auch nicht viel weniger griechisch als dessen Makedonen waren, nicht größer, als sie sich später auch immer wieder öffnete.

Dann wäre Alexander aber auch nicht so verfrüht und seiner Zeit voraus, wie Schachermayer das meint. Er verkörperte mit seinem Schicksal nur den Charakter solcher universalen Gründungen, die wie Monsun oder Flut immer wieder unwiderstehlich anschwellen und ebenso unaufhaltsam auslaufen – damit nur ihren magnetischen Grundcharakter, ihre Vollkommenheitsdialektik, enthüllend.

Der getaufte Empedokles

Doch auch das christliche und griechische Rom vergaß ja sein klassisches Erbe nicht ganz und für immer. Das ging mir am stärksten ja in den Wochen auf Lesbos auf, wenn wir den Archimandriten Paulos in seinem mit mächtigen Mauern erneuerten Monasterion des Hl. Ignatios in Kalloni besuchten. Dann genügte ihm zur Bestärkung der ortha doxa, der geraden Lehre, in seiner Kirche der Hinweis, daß sie eben auch noch den wahren Geist Platons bewahrte, während sich der lateinische Westen doch allzumeist und sogar schon in seinen besten Zeiten den minderen Rängen und Kräften des Aristoteles anheimgab. Grund genug auch für ihn, den traurigen Verfall des Sprechens zu erklären, mit dem wir das klassische Griechisch hervorbrachten, während er doch als Grieche wohl selbst am besten wissen mußte, wie Homer und Platon gesprochen haben: nämlich mit dem auch ihm selbst geläufigen Itazismus, in dem auch tatsächlich einst das Evangelium schon auf seinen Inseln verkündet worden war. Der Himmel des Evangeliums wie der Platons überstrahlte dann auch das homerische Licht, das immer noch über Mytilene herabstürzt.

Und ein Strahl dieses himmlisch-platonisch-mystischen Lichts wurde wohl auch in der Kathedrale von Methymna noch aufbewahrt, in der der greise Erzbischof sonntags, in Gold gehüllt, seinen Gottesdienst feierte. Auch hier lagen die liturgischen Texte in den Bänken bereit. Sie verbanden nicht allein mit den winzigen, griechischen Anrufungskörnern des Kyrie und Christe eleison im Introitus, des Hagios ischyros und des Hagios athanatos, sondern mit all jenen ältesten Teilen, die aus dem Griechischen ins Lateinische nur übersetzt worden waren, die Ostwestliche Christenheit bis in die herostratischen Anschläge unserer letzten Reformen.

An unserer Kirche erfuhr ich aber auch erst, daß die Authentizität der Überlieferung oft viel tiefer reicht als wir meinen. Das geschah in den Sonnwendtagen, als auf dem Platz unter dieser Kirche nächtens das Johannisfeuer entzündet wurde. Immer hatte ich mich sicher gefühlt, unser altes, heidnischen Sonnwendfeuer verdanke seinen ehrenvollen Bezug zum Lieblingsjünger des Herrn als Johannisfeuer dem bloßen Umstand, daß es bei seiner eigenen

Taufe in späteren Jahrhunderten und lateinischen Bereichen des Apostels als eines geistlichen Alibi-Schirmherrn bedurfte, um sich auch unterm Christentum zu behaupten. Doch hier auf Lesbos konnte man sich doch weder in Zeiten der Völkerwanderung, noch der Normannenstürme, noch der Kreuzzüge ein germanisches Volkstum denken, das seine Bräuche bis heute bewahrt hätte. Und was etwa eine bayerisch-ottonische Romantik im letzten Jahrhundert betrifft, so war Lesbos damals ja noch die längste Zeit türkisch. Wäre der Brauch am anderen Ende aber schon klassisch gewesen, dann wäre er uns wohl aus klassischen Zeiten auch überliefert worden.

Also wird man doch wohl auf gewisse Vorgänge schließen müssen, die thrakisch oder albanisch hinter allen Kulissen der geschriebenen Geschichte spielten, wie man auch die Vermittlung griechischer und lateinischer Zeichen zu gotischen und germanischen Runen, die lateinisch-heidnischer Namen zu germanischen Gottheiten und die Ausstattung der lateinisch-gestifteten Wochentage mit germanisch-heidnischen Götternamen nach dem lateinischen Vorbild verdankt.

Solange die Dinge solcherart aber im Fließen waren, war die Kraft, die sie trieb, wohl zu stark, um dem Geltenlassen des anderen, das einst die Größe Herodots war, günstig zu sein. Mit der Überwindung im Lebenskampf verlor sich dann bald auch die Erinnerung an das Überwundene. Doch erfahren auch wir auf der anderen Seite, daß die berühmte offene Welt rasch leer wird, wenn der Geist an ihrer Offenheit nur ausströmt und kein anderer dafür eindringt. Die Toleranz wird billig, wenn uns das eigene Bekenntnis so wenig wie das andere bedeutet. Selbst die Ökumene besagt nur wenig, wenn die eigene Kirche in ihr dann nicht mehr den Leib, den Christus, bedeutet, der allein der Herr und allein der Höchste, sondern ein Haus ist, in dem wir so gut wie im anderen wohnen.

Darin war unser Archimandrit noch nicht im geringsten erschüttert. Er vertrat in unseren Gesprächen seine Lehre so sicher wie milde. Vielleicht ist es auch das höchste Erreichbare und die wahre Probe, auf dem Weg zu der einen, alleinigen, einzigen Wahrheit, in ihr das hohe Gleichgewicht aufrechtzuhalten zwischen der gnadenlosen Verneinung des anderen in seinem anderen Glauben und der noch viel gnadenloseren Verneinung der Wahrheit selbst, wenn man vor ihr das Bekenntnis zu ihrer Einmaligkeit verweigert. Das ist das Gleichgewicht an der Grenze, die man denkend als Widerspruch, aber lebend als Schiffbruch und geistig als Kreuz erfährt, das man auf sich nehmen muß: das Kreuz, daß ich mich an das ganz allein halten muß, was ich als die eine und einzige Wahrheit erfasse; daß ich aber auch den anderen – auch den anderen, den ich liebe – einer anderen Wahrheit folgen lassen muß. Darf ich es zulassen, ohne ihn zu verraten? Darf ich ihn in seiner eigenen Wahrheitserkenntnis stören, indem ich ihm etwa die meine zu vermitteln bestrebt bin? Jede der beiden Fragen führt in die Irre, wenn ich ihr nicht bis zum Ende folge und eben dort meiner Endlichkeit inne werde, indem ich einerseits meine eigene Existenz zum Zeugnis erhebe, andererseits aber auch einem Höheren anheimstelle, was jenseits dieses meines eigenen Endes gilt.

Hier holt das christliche Griechenland ein, was ihm Empedokles einst mit seinem Widerspruch von Philia kai Neikos, Liebe und Streit, als einem Ur-Mysterium vorausgegeben hatte. Und die Perspektive, die dieses christliche Griechenland noch vom klassischen hat, ist ja von der, die wir von dem einen wie von dem anderen haben, auch sehr verschieden. Es ist nämlich nicht allein so, daß das Christentum seinen Weg nach Westen nur im Strom der östlichen Einflüsse genommen hätte, der sich seit dem Zug Alexanders und der Begründung seiner Nachfolgestaaten, mit deren schon so ganz und gar »römischen« Stil des alexandrinischen Staatssynkretismus und dem dann wirklich folgenden Rom in aller Breite nach Rom und Athen ergoß – es ging ebensogut in der umgekehrten Richtung von Westen nach Osten, vom Mittelmeer an den indischen Ozean. Die jonische Mittlerfunktion von Homer bis Pythagoras war wohl so alt wie es der ganze jonische Stamm war. Und älter noch das, was sich in den Grundwassern der Mysterien mischte.

Nirgends zeigt sich der Kurz- und Fehlschluß von der bloßen und einseitigen Ost-West-Mischung deutlicher als eben dort, wo sie zur Generalthese für jedes echte Spannungsverhältnis wird. Wie sehr trifft dabei oft das reine Gegenteil zu! Was wäre auch Jonien und was gäbe es Jonischeres, was wäre ganz Griechenland und was gäbe es Griechischeres, als seine Ur-Spannung und Polarität zwischen Homer und Pythagoras, zwischen der quellenden Götter- und Bilder-Fülle und dem Drang zum Einen und Reinen, von allen Bildern Befreiten. Und das ging eben nicht allein bis in die klassischen Zeiten, bis zu den Tragikern und zu Platon, es setzte sich in der Fülle der späteren Kulte zur einen Seite und der abstrakten Stoa, dem abstrakteren Neuplatonismus, zur anderen Seite fort. Genau diesen Zwiespalt, ohne den der griechische Bios – im doppelten Sinne von Leben und Bogen – erschlafft wäre, brachte Hellas dann auch in alle Begegnungen und Unionen mit, die es einging. Und zwar als etwas Ur- und Echt-Griechisches im Ganzen, das sich als solches keineswegs in ein Griechisch-Eines und ein Nichtgriechisch-Anderes auflösen ließ.

Wie müßte das nicht auch auf das Christentum zutreffen, in das doch eben das Griechische schon von Anfang an einströmte: mit Aposteln, die griechisch dachten und Missionaren, die griechisch sprachen, und Evangelisten, die griechisch schrieben – um die Frage, was etwa auch an Jesus selbst griechisch war, gar nicht erst zu stellen. Wen hätte es da auch erstaunen dürfen, daß dieses Christentum aus dem großen griechischen Syn-krater nicht allein manche Gabe abbekam und seine Botschaft fast bis zum Grund in griechischen Begriffen ausrichtete, sondern daß diese Urgabe unauflöslicher Spannung zwischen der bildhaft-greifbaren, aber doch immer unvollkommenen Fülle und dem unerreichbaren Einen mitbekam, von dem man sich kein Bild machen durfte. Welch eine Geisterbahn der Häresien auch, durch die dieses eine und einzige Wahre gerettet werden mußte, wenn es doch das sein sollte, an das man ausschließlich glauben mußte. Und es wurde im so gräzisierten Christentum dann auch auf eine härtere und knappere Formel der Antinomie gebracht als je zuvor: »Ganz Gott und ganz Mensch«.

Die Wirkung dieser Hellenisierung bis in die Zellen mochte schon der Apostel Thomas, mochten die ersten christlichen Boten erfahren, die bis Indien vordrangen und dorthin zwar nicht mehr gerade das Griechische, aber doch eben das Syrische mitbrachten. Doch eben dort erfuhren sie auch ihre Grenzen als Sprach- und Begriffsgrenzen in einem höheren Sinn, als sie zu Anfang der Neuzeit die Jesuiten noch einmal in Indien und China erfuhren und

wie sie heute angesichts allgemeiner Durchdringung ganz offenbar werden.
Aber das Christentum blieb im ganzen eben doch griechisch in Ursprung und Antrieb. Und eben das meinte Nietzsche wohl auch, wenn er es Platonismus fürs Volk nannte. Und diese griechische Ur-Spannung zeigte sich dann auch am deutlichsten dort, wo die neu-alten Fronten sich nun in der Christenheit bildeten und wo die Kraft zum Aushalten dieser Spannung und zum Spannen dieses Widerspruchsbogens nicht ausreichte. Da war das erste arianische Abgleiten, das zwar an Christi Menschlichkeit nicht, wohl aber an seiner vollen Gottnatur zweifelte und sie nur als eine Art von Divus verstand, mit der man ja schon Alexander und Augustus Gott genannt hatte, es aber nun auch wieder nicht so ganz wörtlich meinte. Das war aber nicht nur den Griechen und Römern von früher noch immer geläufig, sondern später erst recht den neu bekehrten Goten und Vandalen. Im Grunde war es für alle höhere geistige Erfahrung ein wenig harm- und ahnungslos, aber doch eben der verführerische leichtere Weg. Nur wäre damit die Rolle des Christentums als einer Welt- und Hochreligion verspielt gewesen.
Aber das hieße, die Potenz des religiösen Genies der Griechen denn doch unterschätzen. Es konnte sich erst recht beweisen, indem es die Antinomie frontal akzeptierte. Doch damit führte der Weg dann auch zu der nächsten und höheren Versuchung, an dieser Antinomie vorüberzukommen, indem man zwar an der Gottnatur Christi keinerlei Zweifel oder Abstriche zuließ – aber dafür die menschliche immer weiter zurückdrängte. Das führte über »die doppelte Natur« des Nestorios, die freilich auch schon die Stellung Mariens als Gottesmutter bedrohte, zu jenem Monophysitismus, in dem Christi göttliche Natur die menschliche gleichsam verschlang. Auch in Menschengestalt kann Gott auf solche Art ganz Gott sein, so daß sein Menschentum zu einer Art bloßer Maske wird.
Das konnte einerseits in einer Welt von Heiligen und Heiligen-Kulten wie aus der Ferne auf das hinweisen, was an Vergöttlichung in Menschengestalt schon anderswo auch erreichbar schien, nämlich in Indien, wo sich Buddha so hoch über alle Götter hinaushob. Und fast entstand hier der Eindruck, daß sich um die-

sen Nestorianismus und Monophysitismus bereits der Turbo einer neuen Großreligion bildet. Guénon weist darauf hin, daß sich in Zentralasien, vor allem in den Gebieten von Turkistan nestorianische Kreuze fanden, die genau denen der späteren Ritter glichen. Die Beziehung der Nestorianer zum Lamaismus sei, so meint er, nicht zu bestreiten; so wenig wie ihre wichtige, wenn auch rätselhafte Rolle an den Ursprüngen des Islam. Die letzten Neuplatoniker hätten sich ja auch nach einem Aufenthalt in Persien zu dem Kalifen von Bagdad geflüchtet.

Und doch wird dieses Kreisen dann in einen weitaus größeren Strudel gezogen, der sich an den äußersten östlichen Grenzen des Reichs mit Mohammed gebildet hatte. Mohammed nämlich empfand ja seine Visionen zunächst auch nur als die wahre Erneuerung der Lehre Abrahams; eine Erneuerung, die mit ihm als dem neuen und großen Propheten auch Jesus als einen Propheten unter anderen in ein anderes altes Testament zurückführte, dem er damit eine Virulenz verlieh, an die das Judentum nicht mehr denken konnte.

Der Islam als Schisma

Doch eben hier berührten sich auch die äußersten Gegensätze. Das Monophysitentum war gegen die ganze Bilder- und Heiligenwelt erst aufgestanden, indem es Christus als unerreichbaren Gott sternenhoch darüber erhob. Damit gehorchte es aber nicht nur dem zweiten Gebot des Dekalogs, der es ja auch verbot, sich von Gott Bilder zu machen; es entsprach in der griechischen Welt auch dem Urantrieb nach dem Einen und Reinen und Ganz-Anderen. Und eben das sah sich mit Mohammed nun vor einer Alternative, die noch viel radikaler als seine eigene war. Der Christus, der ganz im göttlichen Licht ertrunken war, ließ im Irdischen dann nur einen entgöttlichten Jesus im Schatten eines noch größeren Propheten zurück, der eine solche Vergöttlichung gar nie zugelassen hatte – Mohammed. Was zwischen dem Christus als reinem Gott und dem Jesus (oder auch Mohammed) als einem bloßen Propheten ein äußerster Gegensatz schien, das berührte sich dann eben so, wie sich äußerste Gegensätze von hinten berühren und hob sich damit zum guten Teil auf, indem der radikalere Ansatz den radikalen verschlang.

Als im Jahre 680 das Sechste Ökumenische Konzil in Konstantinopel endlich einen Kompromiß um Christi Natur schloß, waren die monophysitischen Kirchen schon abgefallen. Und die meisten ihrer Anhänger waren zum Islam übergetreten. Wie so oft und auch heute hatte die Steigerung, Reinigung, Superlativierung eines göttlichen Charakters zu seiner Auflösung geführt. Die meisten Anhänger der monophysitischen Lehre waren dann auch zum Islam übergetreten. Sein beinahe widerstandsloser Siegeszug durch die alten Reichsprovinzen von Syrien bis Afrika und weiter an den Atlantik läßt sich ohne dieses innerchristliche, innergriechische Schisma auch nicht verstehen. Die so lange rivalisierende, auch so viel ältere und vom ersten Reichsgründer selbst gestiftete Hauptstadt Alexandrien trennte sich. Das war der Verlust der anderen Hälfte. Doch was im tiefen Arabien zunächst nur ein semitisch-alttestamentarischer Aufbruch erscheinen mochte, das wurde mit diesen Vorgängen und ihrem Eintritt in den alten griechischen Lebensbereich auch wieder sehr viel schneller griechisch, als der germanisierte Westen wieder lateinisch wurde. Es entschied für sich selbst jedenfalls bereits radikal die dringendste anstehende innergriechische Frage mit seiner Absage an das Bild. Ebenso blieb auch dieser Teil des Ostens unbehinderter, unbelasteter, unbefangener vor den weitertreibenden innergriechischen Spannungen, für die der Monophysitismus und der ihm folgende Abfall zum Islam nur die erste Entladung im innerchristlichen Schisma gewesen waren.

Diese Spannungen setzten sich nämlich im verbliebenen Reich mit dem Bilderstreit noch aufs leidenschaftlichste fort – so gleichsam selbst beweisend, daß es im Grund und Wesen ein griechischer, innergriechischer Streit war. Und er setzte sich eben von jenem selben Nordsyrien aus wieder fort, das schon immer eine Heimstatt des Puritanismus gewesen und genau jene Stelle war, an der sich der alttestamentarische und der griechisch-pythagoreisch-platonische Puritanismus begegneten. Von hier aus unternahm es dann eben auch nicht durch Zufall Leon, der Isaurier, dem – nun

auch im Osten schon stark reduzierten – Reich, die reine Lehre aufzuzwingen, mit der man ein für allemal der Versuchung absagen sollte, Christi Göttlichkeit und ihren Abglanz auch im Bild darzustellen. Und dies in einem Reich, das damals schon von dem Glanz der Ikonen und Mosaiken erstrahlte, die auch dem einfachen Mann und dem breiten Volk einen wahrhaften umwerfenden und überwältigenden Eindruck von dem gaben, was ihre echte Wirklichkeit war, nämlich die von platonischen Höhlenbildern, mit denen der Anblick der Schatten und erst recht das Bewußtsein, daß es doch eben die Schatten waren, die das Anwesend-Ewige in ihrem Rücken warf, dem gläubigen Betrachter den Atem raubten. Was war zu antworten, wo hier auf Erden so dringlich nach dem Ewigen gefragt wurde wie in dieser Kirche: Ein Bild – oder nichts? Oder war unter so vielen Kämpfen und Leiden das Gleichgewicht zu erlernen, daß jedes Bild zwar ein Nichts, aber doch auch das Einzige war, mit dem das Unsagbare zu sagen war. Eben hier stieß das Griechische mit seiner Ur-Antinomie in Tiefen vor, in denen es auch den Ur-Erfahrungen des großen Asien am nächsten kam.
Diese Kämpfe, in die der Kaiserthron miteinbezogen worden war, die nämlich zwischen der einzig-wahren und der einzig-faßlichen, einzig-sichtbaren Lehre mußte sich aber am Ende erschöpfen, wie sich der Dreißigjährige Krieg ja auch erschöpfte, weil sich die geistlichen und menschlichen Realitäten nicht mehr zur Deckung bringen ließen.
Und das, was sich als die eigentlich-geistliche Realität verstand, versagte davor, den Anblick der Antinomie, in der sich Gott eben darstellt, offenen Auges auszuhalten. Das konnte nicht anders als damit ausgehen, daß nach dem Siebenten Ökumenischen Konzil in Nikaea gerade der am spirituellsten erscheinende Aufbruch im politischen Finassieren endete, wie es die lateinische Kirchenspaltung im Westen dann auch tat – nichts mehr daran ändernd, daß es am Mittelmeer nun also drei Große gab, die das Umfassende jeweils auf ihre Weise verkündeten: Juden, Christen und Muslim; Ahl al kitab, die Drei, die das Buch hatten.

Das neue große Jahr

Das alles möchte freilich auch als eine unvorhersehbare Wendung auf dem weltgeschichtlichen Schachbrett erscheinen, auf dem die festen Figuren schon stehen und wirken. Doch ist es keine kleine Gefahr des konservativen Denkens, daß es solchen historischen und nationalen Größen eine Art von säkularem Charakter indelebilis zuschreibt, mit dem man gleichsam durch die Jahrhunderte rechnen kann: die Juden, die Griechen, die Araber. Das wunderbarste an ihnen ist aber etwas anderes: ihre innere Wandlung. Die Vorstellung von einem jahrhunderte-, ja jahrtausendlangem Verfall, seiner Austrocknung und Verkümmerung, läßt sich auch nicht sehr gut mit dem realen Vorgang verbinden, in dem erst eine Folge von mehr oder minder zufälligen, manchmal glücklich getroffenen, manchmal auch pöbelhaften und wahnsinnigen, käuflichen und verbrecherischen Kaisern, tyrannischen und großstädtischen Massen, skrupellosen Prätorianern, aufsässigen Provinzen, macht- und charakterlosen Senatoren und Konsulen, alles das abzutragen und einzuebnen schien, was bisher Rom – am Tiber oder am Bosporus – gewesen war, doch, siehe da, eben damit auch eine neue Gesellschaft und eine neue Ordnung enthüllte, die sich mit dem Christentum darunter gebildet hatte – und nun ein weiteres Jahrtausend vorhielt.

Man kann Istanbul ja nie recht betreten, ohne dabei auch jener anderen und westlichen Städte zu gedenken, die am adriatischen Scheitelbogen Byzanz' kostbarstes Unterpfand auf italischem Boden blieben: Ravenna und Venedig. Hier und im sizilisch-apulischen Süden der Halbinsel versuchte der griechische Osten ja unter Heraklion spät noch in einer großen Zangenbewegung den italienischen Westen ebenso zu hellenisieren, wie Diokletian ihn zu latinisieren versucht hatte. Zwar wurden diese griechischen Stiftungen auf italienischem Boden im Norden bald von den Langobarden, im Süden später von den Normannen zerschlagen, doch hinterließen sie eben in diesen späten Tagen auch die höchsten und beinahe überirdischen steinernen Visionen der neu-alten Basileia. An diesen Städten bleiben die großen Zeugnisse beinahe auch ungeschmälert und wenn schon, dann doch beinahe gewaltlos entleert, auch von bewundernden Reisenden wieder etwas aufgefüllt.

Das ist das Unvergleichliche an diesem griechischen Glanz aus der italienischen Erde: die Visionen des himmlischen Reichs in San Apollinare und San Marco. Hier, wenn irgendwo, ist auch noch etwas vom großen, direkten Kontinuum sichtbar, um das es geht. Zu Recht oder Unrecht, doch keinesfalls ohne Grund, ist ja wohl auch die berühmte Quadriga aus dem byzantinischen Hippodrom auf die Fassadenkanzel des Markusdoms gelangt. Und im großen Gewölbe dahinter der Horizont großer Heilsgeschichte wie: Wußtet ihr denn nicht, daß das alles geschehen mußte? Seht ihr denn nicht den großen Zusammenhang?

Nur daß wir eben für diese Ordnung und diesen Zusammenhang mit unserem Mangel an Organen für das christliche Griechentum lange Zeit wie mit Blindheit geschlagen waren. Zwar leben wir heute in den Tiefen alle von spirituellen Erfahrungen und Reserven, die damals angelegt wurden, aber für unsere säkulare Geschichtsschreibung geht es dann eben meist nur um den skurrilen Einfluß, den damals Mönchs- und Einsiedlerwesen gewonnen hatten, um den Klerikalismus und Formalismus bei Hofe, den wir eben Byzantinismus zu nennen gewöhnt sind, um die Verstiegenheit der Theologen, aber auch um die am Ende noch immer erstaunliche Schlag- und Widerstandskraft der byzantinischen Armee und Verwaltung und Flotte gegenüber den Völkerstürmen in Ost und West. Wo heute ernstliche und reale spirituelle Erfahrungen noch zur Sprache kommen oder gar Entsprechungen suchen, strebt man daher auch viel lieber in den Fernen als in den Griechischen Osten.

Was aber der Consensus aller großen Menschenerfahrung schon zwischen Veden und Platon gewesen war, daß nämlich die Geschichte in großen Jahren und Kreisen ablaufe, in denen sich die im Grunde und unter allen Wandlungen doch immer wieder erkennbare Ordnung der vier Urstände, nämlich des Geistes, der Macht, des Erwerbs und der Arbeit erneuern, einander folgen und am Ende versinken, um unverhofft wieder anzuheben, das blieb wie die Gestalt im Vexierbild verborgen. Und doch lebte das spätere Morgen- und das frühere Abendland ganz allein von einem solchen neuen Ansetzen des Großen Jahres.

Natürlich geht es mit ihm, wie es mit Ideen und Ur-Gesichten eben stets geht. Wir können sie – um noch einmal auf das Höhlengleichnis zu kommen – an ihren Schatten, die an der Höhlenwand an uns vorüberziehen, gar nie mit Fingern berühren und Händen greifen, zählen, messen, begrenzen. Immer ist etwas von allem in allem, am Anfang und Ende, Aufstieg und Abfall. Etwas, was daran stimmt und etwas, was daran nicht stimmt – und auch gar nicht mehr stimmen kann, wenn man daraus ein objektives Schema statt der Ahnung eines Geheimnisses machen will. Das gehört zu der Zweideutigkeit der Menschennatur. Doch gehört es auch zu ihrem höchsten Vermögen, in diesem Ablauf einen Akzent, ein Übergewicht, einen wahren Charakter zu erkennen, der im Zwiespalt den Ausschlag und Sinn gibt. Und wenn es in diesem Römischen Reich, das allerdings seine Kirchenväter und -lehrer, seinen Basilios und Augustinus, aber doch keinen Pythagoras und keinen Platon hatte, auch schwer wäre, es selbst als das Werk eines einzigen großen Stifters zu erkennen, so wäre es doch noch viel schwerer, seine bewunderungswürdige Ordnung, Dauer und Widerstandskraft, vor allem jedoch seine Erneuerung einer unbestrittenen Rangordnung in der Gesellschaft zu übersehen. Cum grano salis: die Bildung neuer Brahmanen, Kschatryjas, Vaischas, Schudras; mit seinem Caesaropapismus im Osten freilich ebenso wie mit der päpstlichen Machtpolitik im Westen später an Platons Grenzen stoßend, der einst mit seinen Philosophen und Königen, die ja beide zugleich auch das andere sein sollten, die unübersteigbaren Unterschiede zwischen dem ersten und zweiten Stande verwischte. Worüber freilich die Theologen mit der Erhöhung des Priesterstandes über Engelsränge hinaus zwar hinwegstrebten, sich aber doch nie durchsetzten. So wenig wie die geheimen Orden und Bünde, die auf ihre Art Geistes- und Wächtermacht zu verbinden strebten.

Das alles verschob sich freilich ein wenig mit jenem Datum, das die westliche Geschichtsschreibung über alle Gebühr hinaus hochspielte, um nur ja bei dieser Gelegenheit auch die römische Kontinuität von Byzanz los zu werden: nämlich die Absetzung jenes letzten, weströmischen Schattencaesars Romulus Augustulus durch den Gotenkönig Odoaker im Jahre 476. Aber waren denn nicht seine Vorgänger auch schon Marionetten der nach Italien eingefallenen Stämme? Und war die Tat Odoakers denn mehr als eine der katastrophalen Zwischenfälle in jenen dunkelsten Zeiten des Westens? Schon zwanzig Jahre später einigte der Gote Theoderich dann Italien wieder unter dem Titel eines römischen Patricius und ein weiteres halbes Jahrhundert später zerstörte dann Byzanz auch diese Gründung wieder, um Italien selbst als Exarchat im alten Caesarensitz von Ravenna an sich zu ziehen. Gewiß fällt es schließlich und endlich auch wieder in die Hände der Langobarden, die aber immerhin schon getauft waren und rasch lateinisch lernten, damit auch dem römischen Papsttum mit Gregor dem Großen seinen Aufstieg im neuen Gleichgewicht möglich machten. Als aber der Langobardenstaat dann in die Hände der Franken fällt, weiß ihr neuer Weltreichsgründer Karl der Große auch kein höheres Siegel auf den wiedervereinigten Westen zu drücken, als eben das des Römischen Reiches und Kaisers.

Und wie die in Byzanz waren auch diese neuen Römischen Kaiser zunächst eben das, was sie sich selbst auch nannten und als was sie sich selber verstanden, nämlich: Römische Kaiser. Freilich werden wir auch die Schwäche, das Aussetzen und das Bruchstückhafte dieser Erneuerung nicht übersehen. Doch verschwindet es eben zunächst hier vor der Erscheinung, die im quasi barbarisch gewordenen Westen doch noch viel wunderbarer wirkt als wir sie schon Jahrhunderte früher im griechischen Osten gefunden hatten, nämlich das Anlaufen des neuen Rades, das Ansetzen des neuen Großjahres, heißt auf indisch, des neuen Maha-Yoga, das auch wieder Züge der Ur-Ordnung in seinem Krita-Yoga und Goldenen Zeitalter, wenn auch inmitten der wildesten, blutigsten, grausamsten Umwelt enthüllt. Gerade, da die Gewalt fast allein herrschend scheint, beginnt sie, sich vor dem Geist zu neigen. »Beuge Dein Haupt, Sugamber, und verbrenne, was Du angebetet, bete an, was Du verbrannt hast!« Der Anachoreten-Verehrung in der Thebais und auf dem Athos in den verfaulenden Städten des Ostens von einst entspricht nun die der irisch-schottischen Sendboten, Einsiedler und Asketen, die zum guten Teil selbst aus der Wildnis kommen, aber fast widerstandslos in die höchsten spirituellen Ränge aufsteigen und in ihrer Umwelt denn auch oft ebenso widerspruchslos dort akzeptiert werden. Ohne daß in diesem Westen noch jemand Platon auf griechisch zu lesen verstünde, wird sein Staat mit dem geistlichen Stand und Kriegerstand an der Spitze reiner verwirklicht, als Platon selbst es jemals auf dem klassischen Boden Siziliens vermochte. Schon deswegen vielleicht, weil in den besten und frühesten Zeiten hier noch die über-platonische, rein-brahmanische Ordnung vorschwebte, die den ersten und geistlichen Stand von der Macht rein hielt, ehe das mindere und eigentlich-platonische Postulat an die Könige, selbst Philosophen zu werden, und an die Philosophen, auch selbst zu herrschen, mit den höchsten Weihen der Herrschenden und dem höchsten Machtanspruch der Geweihten in Fürstenklerus, Investiturstreit und Zwei-Schwerter-Lehre das Weiterrücken zum Treta-Yoga, zur Silbernen Zeit des Schwertadels markierte.

Das änderte freilich nichts daran, daß die Standesordnung des neu-alten Ursprungs durch ein Jahrtausend bewußt blieb, ja bis heute auch von den Revolutionen noch mit der Parole des Klassenkampfes anerkannt wird. Aber es ist auch immer ein wenig zu deutlich gesprochen, wenn man die Maßstäbe allzu direkt an Namen, Orte und Jahre anlegt, wo es in Wirklichkeit um bloße Gravitationen, Kraftfeldwirkungen geht. Der Doctor Magicus René Guénon schreibt ja in einer Anmerkung zu seinem »König der Welt« auch selbst, man dürfe nie vergessen, daß die zyklischen Gesetze verschiedene Grade haben und in verschiedenen Perioden gelten, die nicht die gleiche Ausdehnung besitzen, sondern manchmal ineinandergreifen – und eben das glauben wir ja auch am besten mit dem Hinweis auf jenen Ideen-Charakter zu umschreiben, zu dem unausweichlich die Aporie gehört.

Das gilt auch bis zum letzten Erlöschen oder doch Hiatus um die Wende vom 18. zum 19. Jahrhundert, da der letzte (und schwächste) Träger des römischen Kaisertitels in Wien diesen ablegt, aber der neue und usurpatorische Kaiser in Paris ihn zwar unter nationalen Parolen, aber doch auch mit römischen Riten ergreift. Napoleon ist dabei insofern auch eine äußerste Grenze, als für das alles ja auch bisher schon stets vorausgesetzt worden war, daß Rom keine bloße Nation mehr war. Sonst hätte es auch schon seit den ersten Jahrhunderten nach Christus und bereits vor dem Wechsel des Kaisersitzes nach Byzanz kein Römisches Reich mehr gegeben. Eben dort aber, wo der universale Anspruch der Basileia am stärksten, als reiner Staat gleichsam, hervortritt, drückt er die natürlichen Amalgame mit der Familie als Dynastie und der

Nation als Nationalstaat zurück; im Fall der Nation eben auf denselben Nat-us, aus dem auch die Nat-ur kommt. Der Staat hat nun zwar die natürlichen Elemente der Familie wie der Nation zu schützen, doch er ist nicht allein ihre Herrschaft.

Wenn man auch zugeben muß, daß dieses Römische Reich im neuen lateinischen Westen die längste Zeit über ziemlich unvollkommen, lücken- und später sogar ein wenig gespensterhaft im Sinne Goethes, eben auch byzantinisch im westlichen Sprachgebrauch blieb, dann mag dies auch mit dem Umstand zusammenhängen, daß es so ganz unverbrüchlich in den Händen der einen, deutschen Nation verblieb, deren universale Vermittlungskraft zwar die Franken, die »neuen Römer«, im Ansatz mitbrachten, die aber schließlich dennoch nicht ausreichte, wenn sich Deutschland auch mit Italien in seiner Trägerrolle fast aufzehrte und beide Länder darüber in Kleinstaaterei zerfielen. Aber selbst als im Interregnum des 13. Jahrhunderts mit Richard von Cornwall und Alfons X. von Kastilien ein Engländer und ein Spanier und auf dem Höhepunkt seiner Macht im 16. Jahrhundert Franz I. von Frankreich den Griff nach der Kaiserkrone versuchen, haben sie keinen Erfolg. Was blieb ihnen übrig, als dann um so mehr auf die Ohnmacht und den Verfall dieses Römischen Reiches zu schelten?

Doch lag es daran allein ja wohl nicht. Gerade der universale Zug, der so eng mit dem römischen verbunden war und an geistlicher Stätte noch immer als »urbi et orbi« verkündet wird, bringt es mit sich, daß gar niemals auch annähernd nur erreicht scheinen konnte, was im Nationalstaat so oft für sich selbst mit dieser oder jener Grenzlandschaft als Erfüllung vorschwebte. Eher ist es gerade ein Nachweis und die unabweisliche Folge seines universalen Ideen- und Postulat-Charakters, daß es viel eher gleichnisweise die Funktion eines Sterns für die Seefahrt hat, dem man folgt, an dem man sich orientiert, aber doch ohne daran die Hoffnung zu knüpfen, ihn über kurz oder lang auch zu erreichen. Ja, man mochte schon seit Jahrhunderten einwenden, daß selbst dieses Folgen unmöglich geworden sei, weil sein Ziel zu oft und zu lange von Wolken verhüllt wurde. Erst durch Schwäche, dann durch die babylonische Sprachverwirrung, mit der der Titel des Kaisers durch seine Pluralität zu dem einer Art von Großkönig

inflationiert wurde – und schließlich auch durch schieres Vergessen.
Nur daß solche Hiatus ja auch nicht ganz neu und unerhört waren. Vom Erlöschen der letzten Universaltradition in Wien bis zu den ersten Versuchen der neuen und europäischen Universalansätze waren es wenige Jahre, wenn man auch sagen muß, daß diese neuen Impulse vor einer wirklich historischen Wirkung auch erst einen historischen Horizont brauchen, der den Blick über eine bloß tangential verlängerte Futurologie hinaus freigibt. Und das wird allerdings um so leichter möglich sein, als unser eigener Blick zurück auch um so freier über die große römische Kette schweift, deren Einzelmassive auch hier nicht bestritten oder verwischt werden sollten, so wenig etwa die Alpen verwischt werden, wenn man sie im Zusammenhang von Pyrenäen, Karpathen und Balkan sieht. Eben das heißt aber auch, die klassische Welt des griechisch-römischen Altertums nicht mehr bloß als ganz anderes, abgebrochenes und unerreichbares Ufer sehen, das wir nur mehr romantisch »mit der Seele« zu suchen vermögen; sondern als Erbschaft, Erfahrung, auch als Zusammenhang sehen, den uns das Neue Rom am Bosporus erst und das noch viel neuere, päpstlich-humanistische Rom am Tiber samt seinen mitteleuropäischen Pfalzen und Residenzen herstellen. Das ist nämlich in Wahrheit dann erst die historische Seite eines neuen europäischen Universalismus, der uns auch zu der Begegnung mit den großen asiatischen Räumen und ihren vergleichbaren, ja, noch viel größeren und zusammenhängenderen Traditionen bereit macht, die ihrerseits ja doch auch über alle Klüfte, Brüche, Zerreißungen und Zerstreuungen, Eroberungen und Bekehrungen weg einen Zusammenhang sehen. Und eben darin erweist sich die welthistorische Potenz.

DAS GRÖSSERE GROSSGRIECHENLAND

Das kleine Jenseits der Karpathen

Wer immer vom Westen Europas aus an dessen russischen Osten denkt, denkt an ein kleines Jenseits. Ein Jenseits der Ostsee, der Weichsel und der Karpathen. Und das wirkt dann oft noch viel jenseitiger als das Jenseits des atlantischen Ozeans. Doch wahrscheinlich beruht das auf Gegenseitigkeit. Denn der Russe, der an den Westen denkt, wie er sich in seiner Geistesgeschichte der letzten Jahrhunderte darstellt, läuft im Grunde dieselben Wege – nur umgekehrt. Für ihn sind wir auch immer wieder ein wenig jenseits des rechten Glaubens, des wahren Lebens, der echten Lehre. Bei denen also, die am berühmten alten Scheideweg des Herakles den schöneren, leichteren – eben den falschen Weg einschlugen.

Und daran wird sich wohl auch so lange nichts ändern, solange jeder im anderen nur das andere sucht und nicht sich selbst, was ja wohl auch möglich sein müßte, wenn nämlich wirklich jenes »Europa vom Atlantik bis zum Ural« etwas Gemeinsames wäre; und nicht nur eine geographische Schulweisheit, die de Gaulle seit seinem Moskauer Freundschaftsvertrag 1944 politisch wieder so ähnlich verstand, wie die französischen Könige einst ihre Freundschaft mit den Türken verstanden.

Sollte es aber am Ende doch etwas anderes und etwas mehr auf sich haben mit der Gemeinsamkeit in Europa, dann müßte sie wohl auch auf einem anderen, vierten Weg bis zu ihren Ursprüngen zurückverfolgt werden. Und dieser vierte Weg führt eben über das Schwarze Meer. Daß er heute so gut wie vergessen ist, liegt nicht allein an der allgemeinen Geschichtsvergessenheit unserer Tage; und nicht allein an der historischen Aufklärung, die ihre neue Ost-West-Begegnung am äußersten hyperboraeischen anderen Ende Rußlands, in Petersburg eben, als einer Art von Gegen-Byzanz an der Newa suchte.

Es lag wohl viel eher daran, daß mit dem Fall von Konstantinopel vor einem halben Jahrtausend für Rußland wie für den Westen gleichsam der letzte Steg zu dem wirklich gemeinsamen Ursprung überspült wurde; für die Russen, indem sie der Renaissance beraubt wurden, die für den Westen »die neue Zeit« heraufführte; für den Westen, indem mit eben jener Renaissance das versank, was griechisches – und das hieß eben doch auch russisches Christentum war; und die Erinnerung daran, daß die eine Hälfte des römischen Reichs fast alle Zeit griechisch gewesen war. Wiedergeboren wurde in unserer Renaissance nämlich nur das Griechentum bis zur Eroberung von Korinth durch die Römer im Jahre 146 vor Christus. Und jenseits von Troja erlosch das jonische Licht.

Dabei lag doch gerade dort der Anschluß, der direkte Zugang, der auch historische Bosporus, über den der griechische Stier der Europa wirklich in unsere eigene Geschichte kam; – etwas nüchterner, aber auch unmittelbarer, als es die Renaissance verstand, die das arkadische, unerreichbare Land der Griechen eben immer nur mit der Seele suchte. Dabei lag Byzanz, dieses neue Rom, aber doch ganz und gar auf dem Boden des alten, größeren Hellas. Wir haben nämlich in unserem üblichen Bild der klassisch-griechischen Geschichte immer noch keinen rechten Begriff davon, daß hier im pontischen Osten ein anderes, zweites, aber nicht minderes Großgriechenland lag, als das auf Sizilien und im Süden Italiens. Jene unerschöpfliche jonische Kolonisation des sechsten Jahrhunderts vor Christus, die aus dem Mediterraneum, dem Mittelmeer, eben die Media Terra, die Mitte der Erde, machte, ergoß sich nämlich nach Osten so reichlich wie nach dem Westen. Ja, sie fand im Argonautenzug und, wenn man will, auch in der Ilias ein mythisches Zeugnis, dem Syrakus nichts Vergleichbares an die Seite zu setzen hat.

Das pontische Syrakus ist ja Byzanz natürlich selbst. Es hat ja auch mit runden zwei Jahrtausenden und immer noch etwas weiter fortdauernder griechischer Geschichte eine ganz andere historische Leistung vollbracht, als Syrakus – trotzdem diesem Platon und Archimedes in der klassischen Zeit ihren Beistand leisteten. Der Versuch, Rom zu widerstehen, scheitert in Syrakus nämlich ebensogut wie in Korinth. Byzanz jedoch bot das größere Beispiel dafür, daß dieses Rom ja auch selbst hellenisiert werden konnte. Ja, um das Werk Alexanders, die Reichsstiftung nämlich im Ernst wieder-aufzunehmen, mußte – wie wir schon sahen – Caesar erst griechisch lernen. Und der griechische Teil seiner Stiftung hielt ein rundes Jahrtausend länger als der lateinische vor, auch wenn dessen südliche, monophysitische Hälfte zu den Arabern überging – wie der lateinische Westen dann zu den Franken.

Das mag beim Stand des klassischen Humanismus von heute freilich alles wie ferne Vergangenheit, wie versunken und fast vergessen, erscheinen. Doch Geschichte ist ja auch nur zur einen Seite Bewußtsein – und zur anderen Seite Sein selbst. Wir sind nicht nur biologisch die Söhne unserer Väter, Großväter, Urväter, oft genug ohne es noch zu wissen – und doch! Und insoferne gehört auch das große »Gnothi seauton«, das »Werde dir deiner selbst bewußt«, zum Humanismus, dessen alles entscheidende Selbsteinsicht vor allem darin liegen muß, daß es eben nicht allein ihn, sondern auch sein reines Gegenteil gibt – nämlich die Barbarei. Ohne den Blick darauf kann sich der Humanismus nämlich seiner eigenen Lage, Ausgesetztheit und Absturzgefahr, ja, wenn man will auch seiner eigenen Unwahrscheinlichkeit, seiner selbst als Glücksfall, gar nicht bewußt werden.

Das ist für den Osten und Westen unserer Tage, die sich so gerne und trügerisch über einen gemeinsamen Humanismus verständigen ziemlich gleichmäßig aktuell. Unter allerlei komplizierten, historischen und politischen Konstellationen gibt es am Pontus, an den uralten griechischen Gestaden, heute allerdings auch eine beinahe rührende Regung. Das ist Rumänien. Wir konnten die Auskunft unseres Reiseführers freilich nicht nachprüfen, daß die archäologischen Forschungen und Ausgrabungen heute wirklich ein Sechzehntel des kommunistischen Staatshaushalts ausmachten. Und dann auch noch, wenn sie das wirklich tun sollten, um welchen Haushalt es sich denn handelt. Aber daß dafür ein ganz ungewöhnlicher Aufwand getrieben wird, daß die bedeutenden neuen Funde im Mittelpunkt der touristischen Selbstdarstellung stehen, daß sie als Element des eigenen Selbstbewußtseins verstanden werden – das alles erlebten wir deutlich genug. In Constanza

hat man erst in den letzten Jahren das ganze Forum der alten Stadt mit einem gewaltigen Mosaik freigelegt. Die dort geplanten modernen Bauten wurden deshalb auch aufgegeben, berichtet der Reiseführer, als man auf die großen Reste stieß. Jetzt sind diese dafür auch an Ort und Stelle unter einem riesigen Glaswürfel dargeboten. Und der Mentor stampft zärtlich dann auf die Erde, als er sagt: »Und alles ist hier von solchen Dingen noch voll!« Der Hauptplatz heißt nach Ovid, dem berühmten römischen Verbannten, der hier seine »Tristia ex Ponto« schrieb und nach dem Ikaros-Unternehmen seiner Liebschaft mit der Kaisertochter sein Leben dann in einer idealen Verbannung beschloß. Bequem und komfortabel genug – doch von Rom auch entfernt genug, um nicht auf eigene Faust dorthin zurückzukehren. Man spricht im Constanza von heute freilich auch weniger von seinen »Traurigkeiten« als von den teuren verwandtschaftlichen Beziehungen, die Ovids italisch-italienische Vaterstadt auch in unseren Tagen noch mit der Widmung einer großen Büste des Dichters pflegte.
Zu Ovids Leb- und Verbannungszeiten waren die Römer allerdings erst als Herrschende und Verwaltende hier. Als Siedler und Landnehmer führten sie erst etwas später dann Trajan ins Land, um – ganz ähnlich wie mit den Sikulern auf Sizilien – die zwar griechisch zivilisierte, doch agrarisch nicht kolonisierte Landschaft, die bereits damals ständigen Einfällen schweifender östlicher Stämme ausgesetzt war, mit der Wehrkraft veritabler römischer Colonen zu stärken, die zum guten Teil wohl auch die Waffenarbeit in den Legionen vor der Bauernarbeit gelernt hatten. Das war ein gutes Jahrtausend früher ein ähnlicher strategischer Gedanke, wie er die Siebenbürger weiter im Westen, doch heute auch in den rumänischen Grenzen ins Land führte. Und später die Wehrbauern gegen die Türken im schwäbischen Banat. Wenn man gewisse Bestrebungen in der Bundesrepublik heute freilich ganz ernst nehmen müßte, dann würden die Siebenbürgersachsen früher als die Italiker ihre Position räumen, auch wenn diese sie im Lauf der Geschichte nur sehr elastisch, unter wechselnden slawischen Wellen, in die Berge verdrängt und wieder zurückkehrend, bewahrten. Gerade in dieser Unverwüstlichkeit bewundernswert, bewies auch das Lateinische hier eine Überlebenskraft unter der Fremdherrschaft wie das Griechische unter den Türken.

Die rumänische Sprache verrät ja auch heute noch, daß sie keinem bloß romanisierten Volkstum entspringt, wie das in Gallien mit dem Französischen und Provençalischen, in Iberien mit dem Spanischen, Portugiesischen, Katalanischen, im cisalpinen Gallien, unserem Norditalien, mit dem Ladinischen und Romandisch ging, das sich in Resten bis heute nur noch in Südtirol, Graubünden und im Friaulischen hielt. Sie alle entsprangen dem Koloniallatein der Verwaltung, des Handels und des Militärs, das beim Verlust der übrigen grammatikalischen Endungen nur das s der konsonantischen Deklination für den Plural erhielt, während neben dem Italienischen nur das Rumänische auf das Vulgärlatein der italischen Stämme zurückführt, das denselben Plural aus dem i und ae der o- und a-Deklination bewahrte. Aus den Zeiten, da sich die Griechen Römer, will sagen, Rhomäer nannten, bewahrten sich hier im Norden des Pontus gerade jene Römer am besten, die wirklich romanisch sprachen.

Aber während sich solche versprengten historischen Gruppen sonst gerne abkapseln, scheint dieses in den Osten verschlagene Römische etwas von seinem natürlichen Selbstbewußtsein und vielleicht sogar etwas von seiner alten Universalität bewahrt oder doch erneuert zu haben. Höchst unbefangen kann man von unserem jungen Führer hören, daß Rumänien ja keineswegs ein Nationalstaat sei, sondern außer den Rumänen selbst auch Ungarn, Deutsche und Weißrussen, Bulgaren, Tataren, Türken und Zigeuner, in seinen Grenzen habe. Das sind sehr respektable Spuren und Reste zweitausendjähriger Platzhalterschaft und Daseinsbewahrung. Und das Land kann sein Selbstvertrauen heute auch besser gebrauchen als je.

Die kyrillische Inschrift

Das alles nimmt bei Rumäniens südlichen Nachbarn freilich ganz andere Formen an. Bulgariens Küste, der Boden von Varna, ist sicher so griechisch wie der von Constanza. Die antiken Reste stehen auch mit den römischen Thermen noch mächtig in der lebendigen Stadt. Daneben werden auch noch die geretteten Mosaiken bewahrt. Ihr Besuch, der im offiziellen deutschen Programm des staatsgesteuerten Tourismus noch angezeigt war, ist freilich abgesetzt. Auch der im archäologischen Museum, das in seinem Inneren vorzüglich bulgarische Volkstrachten und Folklore birgt, doch die klassischen Funde im Garten ausgestellt hat, was sie wenigstens leichter zugänglich macht. Ein größeres Mosaik ist zwar von einem brüchigen Holzdach geschützt, aber auch von dessen Einsturz bedroht. Nur ein altes, bulgarisches Felsen- und Einsiedlerkloster in den Wäldern draußen ist in Restauration, von der man wünschen mag, daß ihr das primitive, ideologisch-gewürzte Sight-seeing-Interesse nicht alzu abträglich ist. In dem einfachen und offiziell dargebotenen bulgarischen Geschichtsbild spielen nämlich die erste und zweite bulgarische Reichsgründung im 9. und 13. Jahrhundert nach Christus eine allesbeherrschende Rolle. Und darin scheinen sich die Bulgaren auf ihre innerasiatische Herkunft noch etwas mehr zugute zu tun als Ungarn und Türken. Das ist in mancher Beziehung aufschlußreich. Es bietet nämlich ein Beispiel im Kleinen für die weltgeschichtliche Wirkung der beiden bulgarischstämmigen, griechischen Mönchsmissionare Kyrillos und Methodios. Indem sie mit einer Luther vergleichbaren Sprachkraft die christliche Lehre in ihrem Kirchensprache bildenden Altslawisch darboten, leiteten sie eine Entwicklung ein, die den Einfluß des Griechischen auf den slawischen Osten in so ganz andere Bahnen lenkte, als sie der lateinische Einfluß auf den fränkischen Westen nahm. Im Westen war alles kultisch-geistige, kulturelle und wissenschaftliche Leben für ein Jahrtausend von vorneherein auch der Sprache und Tradition nach lateinisch. Das traf für den griechisch-gläubigen Osten, der in Lehre und Kultus um so viel mehr spirituelle und asketische Erfahrungen griechischen Christentums bewahrte als der lateinische Westen mit seinen aktiven, militanten und missionarischen Ordensstiftern, keineswegs zu. Die Orthodoxie bewahrte viel eher den Status ultimus griechischen Geisteslebens in Byzanz und nicht allein in Byzanz, sondern auch auf dem Berg Athos am reinsten. Doch sie verschloß sich den Zugang und die Erneuerung, eben die Wiedergeburt des Klassischen, – wie sich der lateinische Westen den Zugang zu den griechischchristlichen Ursprüngen verschloß.

Und die erste historische Hauptprobe legten Kyrill und Method wohl im heimatlichen Bulgarien ab. Die Slawenstämme um das Balkangebirge waren nämlich nicht nur die ersten Bekehrten der Slawenapostel, sondern zugleich die ersten Opfer der neuen Einbrüche aus Innerasien gewesen, eben der Proto-Bulgaren, die auf Byzanz zustürmten und keineswegs etwa selbst Slawen waren, sondern aus jenem unversieglichen Völkerursprung im Osten stammten, der nicht allein die Geschichte Europas, sondern auch die Geschichte Chinas, Indiens, Persiens und der arabischen Welt bestimmte. Auch die Europas jedoch schon begleitet, seit sie Geschichte ist. Im Dunkel der Vorgeschichte hat er schon Wellen mit Finnen und Esten und Ingermanländern bis an die Ostsee getrieben. Von dort über Ungarn bis in die Türkei haben sich diese Gründungen durch Vermittlung der Schweden, Deutschen, Araber, zwar assimiliert – doch überall ihre eigene Sprache bewahrt. Nur in Bulgarien gingen sie einen Schritt weiter als die Madjaren in Ungarn, die das Lateinische bis ins letzte Jahrhundert als Verwaltungssprache erhielten. Die Bulgaren jedenfalls nahmen das kirchlich-apperzipierte Slawische an. Und wohl nicht nur unter dem heutigen offiziellen Titel des engen Zusammenlebens, sondern eben auch als das Vehikel, das die beiden Apostel mit der christlichen Botschaft beladen hatten. Sie erst bedeutete zu ihrer Zeit den rechten Eintritt nach Europa.

Eben das aber verbindet Bulgaren und Russen wohl auch historisch. Und es wurde durch das gemeinsame, slawisch-tatarische, slawisch-bulgarische Amalgamat nur verstärkt; wohl auch dadurch erleichtert, daß die Dazwischenkunft der Rumänen sie später stets vor der allzu engen nachbarschaftlichen Reibung zwischen Kleinen und Großen bewahrte und immer wieder den klassischen Interessenkontakt mit dem Nachbarn des Nachbarn herstellte. Das führt heute dazu, das die Bulgaren im sowjetisch-geführten Ostblock das einzige Land sind, das noch keinen erkennbaren Widerstand gegen seinen Moskauer Herren leistete. Und die Sowjets erwidern in ihrer imperialen Pädagogik diese Haltung ja auch mit einer Politik, die die Braven belohnt. In der Tat sind die Städte Bulgariens heute meist besser in Stand als die der benachbarten Ukraine. Die mit sowjetischer Hilfe entwickelte Schwer- und chemische Industrie lindert ein altes Trauma des Landes hinter den

Karpathen. Seine Fruchtbarkeit leitet sogar die zwar nicht gänzlich verstaatlichte, durch die Partei aber ziemlich totalisierte Vergenossenschaftung der Landwirtschaft. Auch bei einem sehr beschränkten Standard des Einzelnen erscheint die agrarische Mechanisierung auf den großen Flächen im Osten des Balkangebirges mit recht modernen Einzelanlagen fast als ein Wunder.
Am schlagendsten aber doch wohl der neue Tourismus am Schwarzen Meer, wo mitten im pontischen Küstenwald eines der größten internationalen Touristenzentren ausgeschlagen wurde. Und der unvergleichliche Zustrom von Russen und Amerikanern, Tschechen und Skandinaviern, Deutschen aus Osten und Westen, scheint den Anwohnern zu beweisen, daß es dergleichen sonst auf der Welt nicht mehr gibt.

Das versetzte Odessa

Das alles ergibt aber auch einen seltsamen Kontrast des sowjetischbeherrschten Ostblocks zum Sowjetreich selbst. Dann nämlich, wenn man dieses mit der Westukraine betritt, die im ganzen wohl eher ein Hinterhof ist, falls man an die großen Werk- und Baustätten in Sibirien und am Don, die großen Zentren an Newa und Moskwa denkt. Odessa ist eine schöne Stadt, an der aber auch von ihren heutigen Einwohnern nichts Eindrucksvolleres vorzuweisen ist als ihre großzügige Anlage durch den historischen Bürgermeister Richelieu, einen späten Großneffen des französischen Kardinals, der als Bürgermeister in Rußland wie als Ministerpräsident der Restauration in Frankreich für seine Unbestechlichkeit berühmt war: die Oper im Wiener Stil, die als eine Art Weltwunder gilt; nicht minder die riesige Freitreppe vom Hafen zur höher gelegenen Stadt. Das Ganze erinnert ja darin ein wenig an Prag, daß Schönheit und Atmosphäre durchaus noch vorhanden, doch von den Schatten der letzten Jahrzehnte und des beginnenden Verfalls überzogen sind. Das wird weder von den neuen und ziemlich freudlosen Siedlungsblöcken am Stadtrand, noch vom Kultus des Panzerkreuzers Potemkin verdeckt, vor dessen

Denkmal sich die Parteijugend viertelstündlich mit Maschinenpistole und Flagge in der ewigen Ehrenwache ablöst. Das macht nach einem halben Jahrhundert der Revolution vor der dämmernden Trübsal, die nur durch Sauberhaltung gemildert wird, einen seltsamen Eindruck.

Und der zuweilen aufkommende Reiz »auf der Suche nach der verlorenen Zeit« wird durch die eifrig gepflegte Erinnerung an Puschkin mit seiner mächtigen Denkmalbüste und seinem »Boulvar« verstärkt. Auch merkt man erst nach einiger Zeit, daß das breite und menschenfreundliche Behagen des Straßenbilds durch eine fast vollständige Abwesenheit des Kraftverkehrs erzeugt wird. Die Menschen bewegen sich ganz gefahrlos auch auf den breiten Fahrbahnen, auf denen sonst meist nur überfüllte Straßenbahnen, Omnibusse und Lastwagen fahren. So ähnlich mag Graz zur Zeit Seipels erschienen sein. Und natürlich wirkt die ganze Stadt mit ihren ziemlich bescheiden gekleideten Einwohnern den konsumbesessenen westlichen Besuchern gegenüber als der schlagendste Beweis gegen das System. Der Gedanke daran, daß die große Sowjetunion vielleicht gerade an solchen Orten ihre Reserven bereitstellen könnte, liegt ihnen fern.

Der Besuch des Museums gehört zur offiziellen Führung. Dann sieht man zuerst einmal während des Wartens die schadhafte Fassade, die herunterhängende Dachrinne, die bereits bröckelnde Ziegelwand. Im Innern ein großer Horizont von der Ikonen-Herrlichkeit des asketisch-griechischen Mittelalters über die brillante Hofmalerei und das idyllische Genre bis zum sozialen Charakterstück in recht eindrucksvollen Exemplaren. Dann geht es ziemlich unvermittelt zu den Historienschinken der roten Fahnen und des gestikulierenden Lenin.

Den weitaus größeren Eindruck freilich empfangen wir nachmittags dann auf eigene Faust im Archäologischen Museum. Wenn es auch nicht sehr viel besser gehalten ist, tut sich doch unverhofft hier im ukrainischen Hinterhof wie durch Spiegeleis ein gewaltiger Blick in die historischen Tiefen auf. Schätze attischer Keramik aus dem 6. Jahrhundert vor Christus, archaische, klassische, hellenistische, römische Skulpturen; das ist ein Zentrum des größeren Großgriechenlands, von dem wir sprachen. Es hat seinen heutigen Namen Odessa zwar erst bei seiner Neugründung vor rund 125 Jahren durch einen Irrtum gut meinender Altertumsfreunde vom antiken Varna übernommen, aber es trug zu seinen eigenen klassischen Zeiten den Namen Viladia und den gehobenen Schätzen kann man entnehmen, daß sie wohl noch viel mehr versprächen, wenn man ihnen hier nur dieselbe Hingabe wie in Rumänien widmen würde. Doch damit wird es wohl noch etwas Zeit haben. Solange nämlich, bis das Reich drüben in Asien auf seine europäischen, will sagen, griechischen Ursprünge und damit auf sich selbst zurückverwiesen wird. Sie sind hier älter und mit Byzanz noch dauerhafter verbunden als ein anderes Element.

Freilich hat hier im Hause selbst auch Asien – nicht das große chinesische, sondern das innere mongolische Asien – denkwürdige Zeugnisse hinterlassen. Zwar sehr unansehnlich im Hinterhof und unter freiem Himmel ausgestellt, finden wir über ein Dutzend jener großen, hunnischen Steinpfähle, von denen ja in Deutschland auch drei Beispiele unter dem Titel der »Ebracher Götzen« im Bamberger Dom-Museum zu sehen sind. Und wenn es mir dort auch ein wenig abenteuerlich erschien, als ich dem Bamberger Heftchen entnahm, daß sie die Hunnen auf ihrem Durchzug im oberen Main versenkt haben sollten, wie nach dem Zeugnis eines byzantinischen Historikers ähnliche Steinbilder auch im Dnjepr versenkt worden waren, mußte ich mich in Odessa hier doch jetzt davon überzeugen, daß das der wahre Zusammenhang ist. Die massiven, nur mäßig abgeflachten und oben meist etwas spitz zulaufenden mannshohen Steinpfähle, an denen der Kopf, embryonenhaft wirkende Arme und Waffen nur mit dünnen Rillen eingezeichnet sind, sind Zeugen der großen asiatischen Reitereinbrüche, die einst bis an die Marne, den Tiber, die Unstrut drangen, aber vor allem die große Ebene nördlich des Schwarzen Meeres immer wieder – wie einen Strand die Brandung – überspülten.

Und mit ihnen mag wohl auch der Umstand zusammenhängen, daß an den Küsten des Schwarzen Meeres um so viel weniger große griechische Reste zu treffen sind als an den Küsten Siziliens und Süditaliens. Kein pontisches Paestum, Agrigent oder auch nur Segesta. Das hat aber sicher auch andere Gründe. Einmal den, daß Byzanz selbst wie ein Filter wirkte, und alles auf sich zog.

Dann aber auch den, daß große Teile der Küstenlandschaft das klassische Material, das sich anderswo bot, versagten. Nicht zuletzt wird man es aber wohl auch damit zusammenbringen können, daß auf der klassischen Dreiecksinsel schon seit Jahrhunderten gegraben wird, während wir schlecht zu ermessen vermögen, was noch – anderswo wie in Constanza – im pontischen Boden liegt. Er war zwar im Verband von Byzanz viel länger griechisch als etwa Sizilien, doch seine Vermurung unter Hunnen, Tataren, Tscherkessen, war dann wohl auch noch massiver als die Überflutung der Insel durch die Araber und Normannen.

Am prometheischen Grenzstein

Um die Küste der Krim schwebt noch ein jonischer Morgenhauch. Argonautische Frische, der Tritt des Iason auf den skythischen Boden, das Pfand der Iphigenie, die Heimat der Medea. Von Olbia, Tyras und Troesmis her über Istros, Tomis, Idessos bis Apollonia hier auf der Krim mit Theodosia und Pantikapaion bis hinüber nach Kolchis, Pharis und Dioskuras und dann hinunter nach Heraklea, Pontika, Tieion und Sinope, dessen Gymnasion, Agora und Säulenbauten Strabon noch rühmt, das war ein ganzer Kranz um den Pontus, der sich im Süden mit Arnisos, Oinoi, Tripolis und Trapezunt schloß.
Davon ist den Bewohnern der Küsten von heute jedoch nur ein später und dünner Klassizismus der letzten Jahrhundertwende verblieben. Die Marmorpracht des fatalen Zarenpalastes von Jalta, in dem nach dem Zweiten Weltkrieg Europa verteilt wurde; die noch viel preziösere romantisch-schottische Herrlichkeit des Palais Woronzow, das der allmächtige Graf so rivalisierend nahe an die Residenz des Herrn aller Reussen zu setzen wagte – ein Zeichen erstaunlicher Gunst oder Liberalität des Autokrators. Und immer noch mit Bewunderung dafür, wie reich ein Mensch sein könne, erklärt uns der Führer in den großen Sammlungen, die unverkennbare Ambitionen verraten, sich mit Europas großen Fürstenhäusern zu messen, die prunkvolle Holzdecke sei ja gar

nicht aus Holz, wie's scheint – sondern aus Alabaster. Das übertrifft noch Verdala auf dem steinernen Malta, wo das Holz mit Marmor gerade so imitiert wurde, wie in Salzburg Marmor mit Holz imitiert wurde.

Am stärksten wirken diese Paläste freilich in ihrer Landschaft, deren natürliche Waldherrlichkeit noch in riesigen Parks mit exotischen Baumriesen überhöht wird. Durch Parks und Paläste traben heute freilich noch dichter als anderswo die Besucherschwärme. In ihren schlecht geschnittenen, billigen Anzügen, die ihren westlichen Mitbesuchern ein noch viel billigeres Überlegenheitsgefühl verschaffen, werden sie selbst dabei aber von einem schon etwas fade und pharisäisch gewordenen Selbstgefühl getragen, weil sie, »die Werktätigen«, nun die Herren spielen, wo einst Zaren und Aristokraten residierten. Und auch wenn es für ihre Zwecke gewiß nicht sehr praktisch ist, so wissen sie doch nichts Besseres als eben solche Fürstenpracht. Der Höhepunkt dieses Klassizismus unter den historischen Prunkbauten stammt freilich, wie uns der Führer mitteilt, aus dem Jahre 1956. Das könnte man etwas enttäuschend finden, wenn man nicht die Phantasielosigkeit neuer Kuben aus vielen anderen Teilen der Welt kennen würde. Am Ende lief viel von der lange weitergepflegten Klassizistik des sich revolutionär empfindenden Staates darauf hinaus, daß er sich solange an das Letzt-Überlieferte hielt, als er nichts anderes für seine Zwecke überzeugender fand, während der Westen das Anderssein selbst und allein schon oft genug für überzeugend hielt.

Als wir am nächsten Morgen die Asowische Ecke des Pontus überquerten und an der kaukasischen Küste landeten, fanden wir dann in Sotschi, dem neu gegründeten Paradies, freilich auch erste Zeugnisse von gemäßigt-moderner Architektur, die sich in den großen Zentren des neuen Massentourismus im nicht-sowjetischen Ostblock schon viel experimentierfreudiger zeigt. Auch ist sie hier noch immer sehr repräsentativ auf monumentaler Wirkung, sogar in den Parks mit Büsten und Denkmälern auf Geschichte und Revolution bezogen. Ebenso in den unendlichen Sanatorien, die als eine Art neuer Tempel des proletarischen Kults gewiesen werden. Und diese unerschöpfte, mythenbildende Kraft verbreitet im Waldtal draußen um ein Schwefelbad mit seinem schweren

Geruch und der Warnung, das stinkende Wasser nur ja nicht zu lang zu gebrauchen, einen beinahe zum Schneiden verdichteten Wunder- und Heilsglauben. Und das alles heutigen Tags für werktätig-kreuzbrav-revolutionäre Sowjetbürger!
Nur daß diese Errungenschaften am Fuß des Kaukasus hier auch versinken, wie das Stückchen bebauter Strand vor dem gewaltigen ersten Ansatz des Urgebirges. Ursprung und Zuflucht der Völker, Grenzstein der Erdteile, Opfertisch des Prometheus. Wir können freilich den Titanen bei bedecktem Himmel auch nachmittags von dem Aussichtsturm auf dem Gipfel der ersten Waldkette noch nicht ausnehmen, auf die wir mit einer kühnen Serpentinenstrecke gelangen. Oder ist der hellenische Menschenfreund nach der Auskunft des Aischylos doch nun befreit und als Schutzpatron der Sowjets unterwegs, die ja mit ihm noch immer so manche Züge gemein haben. Hier im Kaukasus freilich sind Berge, Landschaft, Wälder und Wuchs noch von einer ungeminderten Kraft, die den Menschen auch durchaus des Schutzes vor den Elementen noch bedürftig erscheinen läßt. Die Tannen, Ulmen, Eichen, Platanen, sind tatsächlich alle so, wie wir sie aus der botanischen Nomenklatur als kaukasisch uns vorstellen: alle ein wenig größer, härter, kräftiger, dunkler grün als bei uns.
Doch eben das macht auch die Gestalt des Prometheus, wie sie von der Kulturkritik in der ersten Hälfte unseres Jahrhunderts entwickelt und von den Sowjets noch heute verstanden wird, für die übrige Welt etwas überholt. In ihren prometheischen Zentren bedürfen die Elemente heute vielmehr des Schutzes vor den Menschen als dieser des Schutzes vor ihnen. Auch in seinem eigenen Interesse am Leben.
Doch hat Prometheus ja wohl auch viele Gestalten und Perspektiven. Manches erklärt sich, als uns die Führerin darüber belehrt, daß wir nach Sowjet-Verständnis hier bereits auf asiatischem Boden stünden. Und in Nord-Asien, das bis in unsere Generationen menschenleer, fruchtbar und unerschöpft war, hat der alte Prometheus der Technik noch freies Feld. Von Krasnodar hören wir, daß es »Rotes Geschenk« heiße, weil es einst Jekaterinodar, Geschenk der Großen Katharina, geheißen habe, die das Land jenen Kosaken schenkte, die es gegen die Einfälle der Tscherkessen verteidigten. Nun aber spricht die Landschaft zwar in den Zentren

und an den Küsten das Ukrainische der Kosaken, im Inneren aber das Tscherkessische, weil die schwärmenden Angreifer inzwischen seßhaft geworden sind. Das ging hier – sehr viel östlicher – wie auf der Krim auch mit den Tataren und in Ungarn mit den Madjaren. Und jetzt ist der technisch-prometheisch-kaukasische Gegenangriff von Westen nach Osten im Gang.
Viel älter und tiefer jedoch ist die Funktion des Prometheus auch hier als Gewährsmann einer menschenfreundlichen Natur an allen Orten, wo der Mensch selbst seine Grenzen erfährt. Und vielleicht markiert er auch hier im Kaukasus gerade so das Hippodrom der Media Terra als einer ähnlichen Wendesäule wie der des Atlas an den Säulen des Herakles am anderen Ende des Mittelmeers.
Bedeutungsvoll war dieses Urgebirge der griechischen Welt wohl, seit es zum ersten Mal von den Vorläufern Iasons erblickt wurde – und Prometheus auf ihm. Und griechisch blieb es so lange, wie das seltsame Spiegel- und Schattenreich von Byzanz, nämlich das Kaiserreich Trapezunt, das am Ende des Pontus lag, stand. Nur daß uns Westeuropäern dieses Haupttor ins Innere Asiens und der Kaukasus selbst als Wasserscheide der Welten beinahe aus dem Gedächtnis entschwand.

Das Alte an der Neuen Gesellschaft

Dergleichen zu bedenken hatten wir dann auf dem langen Seeweg von Sotschi bis Istanbul Zeit. Ist das etwa auch ein Nostos? Ein Heimweg? – Wenn er es wäre, dann wäre er selbstverständlich auch lang. Doch umgibt uns mit dem sowjetischen Schiff ja auch ein Stück Rußland; mit seinem blonden, jungen Kapitän, der selbst beinahe wie ein Astronaut wirkt und so das allerletzte und jüngste Rußland verkörpert: den Bären, der schwimmen gelernt hat. Und der nicht nur hier und im ganzen Mittelmeer, sondern auf allen sieben Weltmeeren jetzt aufs Wasser ging, da er im großen Asien, das er so lange als grenzenlose Erde kennengelernt hatte, auf den unüberwindlichen Widerstand Chinas stieß, das sich gerade so revolutionär und kommunistisch wie Rußland gab. Da kamen denn auch die Russen über das Schisma der neuen, gottlosen Weltreligion nicht mehr hinweg.

Und wenn man heute in Moskau auch von den besten Köpfen, die seine Lage bedenken, schon hören kann, daß sich der ganze große Reichskörper auf diese neue Begegnung hin organisiere, mit seiner westlichen, europäischen, deutschen, nahöstlichen Politik darauf einrichte, dann sind die alten russischen Alternativen des Westlers und Anti-Westlers, wie sie Dostojewskis Welt noch bestimmten, auch ihrerseits schon überholt. Einmal, weil das, was Peter der Große im Westen von einst modern empfunden hatte, angesichts dessen, was eben dort jetzt modern heißt, gegenstandslos wird. Aber auch, weil dieses Reich eben selbst gegenüber China nun ein Westreich ist, für das der Gegenangriff des »Sapatniks«, des »Westlers«, leer wurde.

Der Russe muß auf dem Weg nach dem Westen nun vor allem einmal zu sich selbst kommen. Und zwar nicht erst aus dritter Hand, über die westliche Aufklärung und Renaissance, das empfangen, was ihm ja direkt aus seinen eigenen Ursprüngen zugänglich ist. Hier wird ein direkter Humanismus ohne die Jakob Burckhardt-Blindheit vor Byzanz denkbar, vor dem Reich Caesars, das zur Hälfte ja immer griechisch war, vor dem großen Kontinuum Delphi–Rom–Byzanz, das ja die Kaiser in Aachen und Wien und Moskau auf ihre Art auch nur fortsetzten.

Und das, was Josef Nadler als Grundzug unserer Romantik verstand, das indirekte Ergreifen der Antike im slawischen Osten aus den Händen des lateinischen Westens, das dreht sich dann plötzlich um. Romantisch wird dann viel eher das unstillbare Verlangen Winckelmanns, Goethes und Hölderlins nach dem Land, das sie mit der Seele suchten – »Wo, Herz, ist dein Eleusis?« – und niemals betraten. Fest und nahe führt über das alte historische Schwemmland aber der Weg des Ostens an und über den Bosporus.

Solch ein Gedankenflug wird auf der Fahrt von dem alten Trapezunt nach Byzanz, die anatolische Küste entlang, aber nicht allein von den Winden getragen, die sich von den paphlagonischen Bergen erheben. Er steigt nach den Eindrücken und Begegnungen dieser Tage auch aus jenem Stück Rußland auf, das wir nicht nur mit den Landgängen, sondern auch mit unserem Schiffsboden nun schon ein wenig vertrauter unter uns haben. Nehmt alles in allem – für den, der aus der westlichen Welt von heute kommt, bleibt der beherrschende Eindruck doch der: Dieses Sowjet-Reich ist noch ein Staat! Und ein Land, dessen Bürger auch selbst noch wissen, was denn ein Staat wirklich ist. Jedenfalls keine Bank, von der man immer nur abheben könnte, in die man niemals einlegen müßte.

Das mag im ganzen übrigen Ostblock anders sein. Im alten Sowjet-Reich selbst ist der Boden fest. Und das trifft zu seinem Teil auch auf die ganze Gesellschaft und ihr Geschichtsbild zu. Ja, wenn man in unserer Lage die Aussage überspitzen wollte, könnte man sagen, daß es nicht nur eine ganz instinktsicher reagierende Großmacht, sondern auch unter der revolutionären Fassade ein ganz verläßlich funktionierender Klassenstaat ist. Wer könnte über einzelne Mißstände hinaus etwa hier an die neuen Stände, das ideologische, politische, militärische und technische Management auch nur antippen? Hier gibt es wieder Desinvolture der Macht. Mag sein, daß das eben so ist, weil sie von vorneherein schon als unerschütterlich gilt. Aber das war wohl zu allen Zeiten die Macht der Mächte. Und nach dem Blutzement Stalins in den Fundamenten gibt die heute herrschende »Sozialistische Gesetzlichkeit« doch auch schon eine Art Ordnung ab, die freilich auch hier so wenig ohne Gewalt ins Volk gebracht werden kann wie die Goldmünze ohne Legierung.

Um einfach darüber zu denken, muß man sich wohl überhaupt von der polemischen Dialektik der Systeme befreien. Das westliche Überlegenheitsgefühl entspringt ja auch nicht nur dem Vergleich mit einer bescheidenen Bekleidung, einer dürftigen Wohnung, einer geringeren Motorisierung. Auch die Ehrentafeln in jedem Dorf und Stadtviertel, auf denen mit meist ziemlich unansehnlichen Photographien, wie bei uns auf ländlichen Kriegerdenkmälern und Friedhöfen, die »Helden der Arbeit« gefeiert werden, wirken dann nicht sehr eindrucksvoll. Und die Strenge, mit der an Bord hier jedes Trinkgeld als Anschlag auf die sowjetische Ehre verfolgt wird, erscheint verstiegen und kleinlich. Erst recht die Wachsamkeit, mit der an jedem Ende unseres Korridors Tag und Nacht Frauen postiert sind, um darauf zu sehen, daß nur ja kein falsches Paar in die gleiche Kabine gehe, gilt als prüde und komisch.

Ein Herodot aber, der heute mitführe, so wie er einst nach Susa und Memphis fuhr, der würde feststellen, daß hier – skurril oder nicht – noch gilt, was anderswo fast vergessen oder jedenfalls käuflich ist – allerorten und -zeiten jedoch die Ehre hieß. Er würde vielleicht auch erkennen, daß ein Teil jenes Schauderns und jener Furcht, die das Sowjetreich trotz allem noch verbreitet, dem verdrängten Bewußtsein entspringt, daß jedes Land, das noch mit dem Gemeinsinn, der Opferbereitschaft der Bürger und der Entschlossenheit ihrer Führung rechnen kann, um so viel stärker als eines ist, das das nicht mehr kann. Am Ende ist so oder so das Verhältnis zum Schmerz auch noch immer ein Maßstab für das Verhältnis zur Macht.

Das gilt natürlich auch für die großen Ameisenstaaten, selbst für die Stürme der Hunnen, Tataren, Chasaren. Doch wenn auch zutreffen würde, daß man überall dort, wo man den Russen kratzt, auf den Tataren stößt – dann kommt unter ihm doch noch der Grieche hervor, den er freilich nur bis Byzanz und an den Berg Athos zurückverfolgen kann; nicht bis zum Delphi der Pythia und zum Akragas des Empedokles. Aber dasselbe innere Asien hat den osteuropäischen Boden so oft – wie der Nil Ägypten – mit dem fruchtbaren Schlamm seiner Überschwemmungen überzogen; nicht allein Rußland, sondern auch mitten im Abendland Ungarn, mitten in Jonien die Türkei.

Wenn man darüber hinaus allerdings den Russen das Vermögen zu einer großen Erneuerung, zu einer Rückkehr und Wiedergeburt aus ihren europäischen, griechischen Ursprüngen zutraut, dann mag das ebenso ferne und vage erscheinen, wie wenn man hofft, der Nahostkonflikt werde am Ende doch eine neue Gemeinsamkeit der Ahl al kitab, der Drei, die das Buch haben, nämlich der Juden, Christen und Muslim, begründen, wie die großen deutsch-französischen Kriege ihrerseits auch eine europäische Gemeinschaft begründeten. In Wahrheit bezeichnet man damit jedoch nur die Bedingungen, unter denen der Westen im weitesten Sinne seine Begegnung mit dem großen Osten, dem großen Asien, im nächsten Jahrtausend bestehen kann. Und nolens-volens ist Rußland damit als erstes dran. Das sieht sich auch gar nicht so

merkwürdig an, als wir am nächsten Morgen am Goldenen Horn anlegen, das nach der Austreibung des alten, angestammten Griechentums immer neugriechischer wird: sehr westlich, sehr levantinisch, sich den unfreien und massiven Sowjets gegenüber sehr überlegen fühlend, sich aber auch sehr skeptisch und defaitistisch der eigenen Wirtschafts- und Gesellschaftsordnung gegenüber gebend. Das ist die Freiheit des Geschreis, des Gedränges, des Ausverkaufs und der Menschenwürde der Kinder, die mit flehenden Augen und heiserem Kreischen stundenlang ihr Säckchen Nüsse vor der Nase des Touristen schwenken. Des »freien Tourismus«, dessen Massen in den Sultansgemächern darüber belehrt werden, wieviel Zentner Gold und wieviel tausend Perlen hier versammelt sind. Und wie die Haremsfrauen vor diesem Becken dem Sultan mit Tanzen und Singen und Womit-wohl-auch-noch zu Diensten sein mußten. Gewiß ist das auch nur die Oberfläche und das Größere spricht auch hier im Stillen. Die Ursprünge, die Jahrtausende, sprechen auch hier noch immer. Aber ist das ein Grund, um allein auf der anderen Seite die Oberfläche zu sehen?
Über den alten Böden, den tiefen Schichten, den versunkenen Reichen flüstert es aus der anderen, alten Hauptstadt ja auch herüber, aus dem alten, großen, feindlichen, christlichen Gegenüber der Hohen Pforte, aus Wien, mit der Stimme eines der letzten, großen Reichsdichter, der Stimme Grillparzers in seinem »Bruderzwist«:

Des Menschen Recht heißt hungern, Freund, und leiden . . .
Gott aber hat die Ordnung eingesetzt . . .
Ich sage Dir: nicht Skythen und Chasaren,
die einst den Glanz getilgt der alten Welt,
bedrohen unsre Zeit, nicht fremde Völker:
Aus eigenem Schoß ringt los sich der Barbar,
der, wenn erst ohne Zügel, alles Große,
die Kunst, die Wissenschaft, den Staat, die Kirche,
herabstürzt von der Höhe, die sie schützt,
zur Oberfläche eigener Gemeinheit,
bis alles gleich, ei ja, weil alles niedrig.

Wie wenig sich doch in dem einen Jahrhundert, seit diese Verse geschrieben wurden, trotz aller Kriege und Revolutionen geändert hat! Und wie sehr wir, ohne uns daran zu erinnern, stets an den alten Fronten kämpfen.

DER FLUG
DURCH DEN REGENBOGEN

Wald über Berge und Täler

In den ersten siebziger Jahren ging es mir ähnlich mit Indien wie etwa zwanzig Jahre vorher mit Griechenland. Was mich am stärksten ansprach, worauf ich selbst immer wieder stieß und was aus früheren Studien immer wieder und immer stärker zu mir zurückkehrte – das alles lief darauf hinaus, doch endlich einmal auch selbst zu sehen und anzufassen und einzuatmen, was ich von dort her ahnte.

So war ich auch gar nicht erstaunt, daß sich die erste Begegnung bereits höchst märchenhaft anließ, als in zwölftausend Meter Höhe unter riesengroß flammenden Sternen am Horizont unten gerade ein leuchtender Regenbogen aufging ... violett – orange – grün. Das war das Morgenrot über dem Indischen Ozean, in dessen wachsendem Licht dann die Küste bei Bombay auftauchte, Wald über Berge und Täler und sehr viel Wasser in Flußläufen, Seen und Tümpeln – doch beinah ohne menschliche Spur.

Was so aus der großen Höhe heute ein schlagender Eindruck ist, muß aber schon vor Jahrtausenden gegenwärtig gewesen sein, als die Arier dieses Land nach dem Sindh nannten, das im persischen Munde zu Hind und im griechischen dann zu Ind wurde, Wasser bedeutet – und nach dem Indien heißt.

So überflog ich die große Fläche erst einmal ganz bis zur Südspitze der ungeheueren Landmasse, um hinter dem Golf von Mannar, der wie ein Rokkokohimmel von unabsehbaren, kleinen, weißen Wolkenbauschen besetzt war, auf den riesigen Palmenflächen der ceylonesischen Küste zu landen.

Da hatte ich mir zwar vorgenommen, in den wenigen Wochen aufs Ganze zu gehen und mich ans große und alte Indien zu halten und nicht zu sehr in die aktuellen Probleme ziehen zu lassen, mit denen ich mich in früheren Jahren auch schon einmal beschäftigt hatte und die eben kürzlich C. F. Weizsäcker mit seinen »Indiengesprächen« angeschnitten hatte. Eine solche Konzentration muß man sich freilich nur vornehmen, um dann doch bald schon zu merken, daß gerade die geistige und historische Dimension die aktuellste ist, wenn man nicht überall nur die gleichen UNO-Statistiken finden will, die von der Welt etwa soviel aussagen wie die Phonstärke von der Musik. Um diese Welt aber immer noch »groß und weit« zu erleben, bedarf es vor allem des Erwerbs neuer Denkformen. Sie sind der wahre Reisegewinn.

Und »anders« ist die Welt jenseits des Indischen Ozeans ja sehr viel mehr als die jenseits des Atlantik. Natürlich gibt es auch da Beziehungen und Kontakte: Alexander am Indus und römische Münzenfunde an der indischen Ostküste, die Thomas-Christen in Kerala mit ihrem Altsyrisch in der Kirche, die gleichen Turk-Invasionen im Osten und Westen, die englische Herrschaft im Osten und den indischen Einfluß im Westen. Und trotzdem führt es ins Unergiebige, wenn man auch hier noch immer die eine Welt aus dem Einfluß der anderen erklären möchte. Einer unserer Reisegefährten kommt denn auch später vor den tausend Gemeinsamkeiten zwischen dem Hinduismus und dem Katholizismus immer wieder auf seine These zurück, Jesus habe wohl deswegen erst mit dreißig Jahren seine Lehrtätigkeit begonnen, weil er die Jahre vorher zur eigenen Lehre und Einweihung in Indien zugebracht habe. Doch die Bezüge, die ihm das zu belegen scheinen, wirken zwar ganz katholisch und hinduistisch – doch zum geringsten Teil jesuanisch.

Mit solchen Kombinationen verbaut man sich nur die bedeutendste Einsicht, die einem dann zuteil wird, wenn man aus dem biblisch-verbundenen, jüdisch-christlich-islamischen Mittelmeerraum heraustritt und in der ganz anderen Welt des durch Buddha verbundenen Ostens doch auch noch immer so vieles Gemeinsame und Vertraute trifft. Hat man sich dann nämlich noch ein wenig herodotische Unbefangenheit gerettet, dann eröffnet sich damit erst eine Art General-Humanismus, ein Blick dafür, was an den großen Grundattitüden, Geschichten und Reaktionen gemeinmenschlich ist; und nicht bloß der Einfluß des einen Kulturkreises auf den anderen. Das, was am anderen ganz anders ist, das belehrt uns am meisten über uns selbst; das, was an ihm mit uns vergleichbar, entsprechend, gemeinsam ist, das belehrt uns über den Makros ánthropos, die gemeinsame Menschheit, Alpha und Omega des Humanismus. So führt die Reise meist ja immer historisch noch etwas weiter als geographisch.

Unter der senkrechten Sonne

Ceylon ist heutigen Tages ja wohl etwas superlativgeschädigt. Wenn man die Fremdenführer und Reiseschriftsteller mit dem, was sie über das milde Klima in der Äquatornähe der Insel, die Sauberkeit ihrer Hauptstadt und eben das Paradies schreiben, aus dem Adam einst an der Nordspitze über die Adamsbrücke vertrieben worden war – offenbar doch, weil das Paradies noch immer hier liegt – das alles rächt sich dann, wenn man sich in der guten winterlichen Reisezeit mit einem Flug aus dem verschneiten Mitteleuropa in die dreißig Grad Hitze mit ihrer großen Luftfeuchtigkeit stürzt. Wenn man auf dem langen Weg vom »International Airport Bandaranaike« in die Stadt durch unendliche Slums und Bazars fährt, wie sie in tropischen Hafenstädten eben nun einmal sind; und wenn jeder Wirt und Fahrer alles Unbehagen auf die Regierung des kleinen Zwölfmillionenstaatswesens lädt und alle Hoffnung auf den Kommunismus richtet. Die Studenten in Kandy schreiben auf ihre Halls und Colleges auch die Namen Trotzkis und Lenins – wie anderswo auf der Welt.
Diese jungen, schlankgliedrigen und intelligenten Singhalesen, die wohl zu den schönsten und am edelsten wirkenden Menschen der Erde gehören – wohin auch mit ihnen in ihrer neuen Freiheit, die sie ja nun auch von Indien trennt, das schon allein durch seine fünfzigfache Größe alles das absorbiert, was die Weltmächte an politischem Interesse und Entwicklungspartnerschaft für diesen Weltteil aufbringen. Für die jungen Menschen selbst ist der Vorhang heruntergegangen. Das British Empire hätte wohl mangels eigener Reserven über kurz oder lang schließlich doch eine

Art von allgemeiner Reichsbürgerschaft einführen und so den Weg in die offene Welt für die Begabungen seiner Dominiens frei machen müssen. Dergleichen war noch in allen Weltreichen die beste Chance der Freiheit. Dagegen ist die bloß nationale Freiheit mit ihrer Bürokratie und Kontigentierung ein Käfig, über den man sich auch in Europa nach den Weltkriegen mit den pathetischen Nationalheroen wie Churchill und de Gaulle nur hinwegtäuschte. Hier wie dort blieb der Freiheitskampf – so heroisch wie immer – eine Art Kamikadse, mit dem man sich selbst zerstörte, indem man sein Ziel erreichte. Und die Enttäuschung auf Indiens Gegenseite, der Seite Gandhis, im indischen Raum hier, war nicht geringer. Bleibt den Studenten der Trost, daß sie in ihren kommunistischen Hoffnungen noch nicht ahnen, was es denn mit der Freiheit ihrer Kommilitonen in Prag und Warschau und Budapest auf sich hat. Doch wie das immer mit einer solchen Art Unbehagen an der eigenen Haut eben ist, so scheint ihnen alles besser als das Eigene. Was dem Gast zunächst als ein fast unbegreiflicher Regiefehler der Natur in ihrem Paradies erscheint, wirkt mit einem Mal auch symbolisch: die Überfülle der Krähen auf jeder Palme, an jedem Zaun und auf jedem Haus.

Das indische Sizilien

Nur bleibt die aktuelle Misere und Problematik allermeist auf die städtischen und akademischen Stätten beschränkt. Und wenn Indien selbst eine ganze Welt ist, dann ist Ceylon die Welt in der Nußschale. Auch um so viel tiefer im Süden gleicht es doch nicht allein geographisch, sondern auch historisch in vielem Sizilien. Nur daß es dabei zum Unterschied von der so stark verwüsteten Mittelmeerinsel mit seinen Gebirgen und Wäldern, Tee- und Reispflanzungen eine grüne Insel blieb, vielfach noch unberührt in seinen großen Urwäldern, die im Norden auch wieder über die ältesten Kulturstätten hinwegwuchsen, im Süden auch noch die Weddas der Steinzeit beherbergen.
Wie Sizilien mit Italien ist Ceylon mit Indien durch eine widerspruchsvolle Geschichte verschränkt. Das historische und die läng-

ste Zeit herrschende Kulturvolk der Singhalesen spricht eine indogermanische Sprache, die sie mit den arischen Völkern Nordindiens in einer Art von historischer Vetternschaft verbindet. Ihre Geschichte wurde dann jedoch zum großen Teil ein Abwehrkampf gegen die nichtarischen Invasoren aus dem tamilischen Süden Indiens, die lange Zeit große Teile der Insel besetzten, die Singhalesen bis in den Süden drängten und sprachlich auch heute noch ein gutes Fünftel der Einwohner stellen. Dieser jahrhundertelange Zweikampf der beiden Völker erschöpfte aber wohl auch die Singhalesen, diesen von allen Nordvölkern grazilsten und am weitesten in den Süden, beinahe an den Äquator geratenen Stamm so sehr, daß seine Insel fast widerstandslos – gerade fast so wie Sizilien – aus den Händen der einen Eroberer in die der anderen ging. Was Griechen, Römer, Byzantiner, Sarazenen, Normannen, Schwaben, Franzosen und Spanier dort waren, das waren nach den Tamilen hier die Malayen, Burmesen, Araber und Äthiopier. Ja, selbst der Kaiser von China und der Sultan von Ägypten gehörten in den turbulenten Zeiten um 1400 zu den Herren der Insel. Und um 1500 erschien dann der westliche Reigen mit Portugiesen, Holländern, Engländern. Sehr aufschlußreich für das Verhältnis zwischen Macht- und Missionsstreben bei den neuen christlichen Ankömmlingen, daß auch die Bekehrung des Singhalesenkönigs Dharmapala 1557 die Portugiesen nicht von der nachfolgenden militärischen Eroberung abhielt. Nichts vermochte die Insel aus ihrer sizilianischen Ausgesetztheit im Auge der historischen Stürme herauszuführen.

Dagegen steht sie heute ein wenig abseits und treibt eben im allgemeinen Zivilisationstrend dahin. Wenn man die Küstenstraße von Colombo nach Süden fährt, hat man hinter Mount Lavinia immer wieder den Eindruck, aus dem Vorstadtmilieu in den unergründlichen Palmenurwald zu tauchen. Nur erweist sich, daß an der festen Straße nach Galle immer wieder ein Haus nach dem anderen kommt – hundert und mehr Kilometer weit. Das ist der neue Kolonialstil. Die Straße verbindet nicht mehr die eine Siedlung mit der anderen, sondern umgekehrt folgt die Siedlung der vorausgegangenen Straße. Was Dorf und Flecken und Stadt ist, geht damit beinahe unter. Und die Landschaft weicht immer wieder wie eine Fata Morgana zurück.

Nicht immer wieder! An der Südküste unten, wo man schon gar nicht mehr glaubte, je noch aus diesem in die Tropen verschlagenen und etwas ramponierten englischen Landhausstil noch herauszukommen, ist man dann unversehens doch in der Vorgeschichte. Die Kette der Landhäuser in ihren palmenumkränzten Gärten, ihre Verdichtungen mit Bazaren, Singer- und Bata-Filialen, den Schulen mit ihren weißgekleideten Zöglingen wird allmählich dünner und hinter einer Bucht erhebt sich dann plötzlich ganz fremd ein rhythmisch-erregtes Geschrei. Mit einem Schlag ist die Südsee da, das wilde Paradies, die nackten Urbewohner, die da in höchster Ekstase das riesige Netz an Land zerren, das vom Tod der zehntausend winzigen, schnellenden und erstickenden Fische sprüht. Das Fangglück der Fischer ist ungemindert. Der Kampf um die Beute wird gleich zum Tanz, der rhythmische Ruf zum Ziehen wird ein Triumphgesang. Hier hat Adam die Insel noch nicht verlassen. Und der Stamm hat schwerlich schon etwas von dem Ahimsa, dem Nichts-Verletzen, gehört, das die Brahmanen und Buddha schon seit dreitausend Jahren verkünden.
Doch was man von der Urwelt hier wie durch ein Guckloch erblickt, das bietet sich, einige Buchten weiter, schon wieder wie ein Schaukasten dar. Das Rasthaus liegt an den Korallenbänken, zu denen die Fischer in Booten mit gläsernem Boden hinausrudern. Das lebendig-gewobene Kalk-Filigran ist grünlich, weißlich, gelblich, auch violett, doch nicht rot; in den großen Flächen, Schichten und Büschen aber auch so recht geheimnisvoll. Es erhöht noch das Wohlgefühl des Bades, des Schwimmens in der starken und warmen Brandung.
Und das leitet dann schon zu der hochkomfortablen Tauchstation im Küstendschungel über, die wir in Benthota treffen. Das einzige, ganz moderne und mit dem Mittelmeer zu vergleichende Badehotel mit einem wunderschönen erzenen Pfau in der Halle, spiegelt den elementarischen Paradies-Effekt im Zivilisatorischen wider. Die jungen, westlichen Gäste klagen allerdings über Langeweile. Sie merken nicht, daß ihr eigenes zivilisatorisches Paradies vom wilden anderen, wie durch eine Glaswand getrennt ist, die den Zugang zum Geist des Landes hermetisch verschließt.
Da kamen ihm die portugiesischen und holländischen Bollwerke auf den Vorgebirgen, von denen die Einwohner längst schon wie-

der Besitz ergriffen, viel näher. Hinter der Südspitze, bei Matara, gibt es dann tropisches Bauernland, Wasserbüffel und Reis – dazwischen Zigeunergruppen in ihrer indischen Urheimat. Dann schimmert plötzlich etwas von den tieferen Schichten der gemeinsamen Menschenerde durch, die wir phylogenetisch auch in uns selbst tragen.

Exotisch wird es erst hinter Tissamaharama. Das ist die uns abgewandteste Seite, die nicht allein die Insel, sondern ganz Indien der malaiischen, indonesischen Welt zukehrt. Sicher wurde auch sie von Indien entscheidend geprägt. Gewiß hat sie aber ihrerseits auch in Indien selbst ihren alten Besitzstand. Schon bei Hambatota stoßen wir auf unserem Weg auch auf starke malaische Minderheiten – Muslim und Fischer. Noch weiter östlich treffen wir auf einer Exkursion in den Dschungel an der Küste eine Fischerkolonie in ihren Palmblätterhütten und an ihren nur spannbreiten, aber kniehohen Booten, die durch Ausleger stabilisiert werden. Ihre Leistung auf See und beim Fischfang wird höchlich gerühmt. Die Technik der Steinzeit hat ihre eigenen Errungenschaften eben schon durch Jahrtausende angesammelt, während die unsere die ihren vielfach schon nach Jahrzehnten wieder verwirft. Die hochgewachsenen, hageren, tiefschwarzen Männer, mit denen es keine Art sprachlicher Verständigung gibt, lassen in einer Mischung von Seefahreradel und Bettlerarmut ihre halb mythischen Fahrzeuge lässig betrachten und überlassen den Jungen den Bettel um Zigaretten und Geld. Erst allmählich fällt uns auf, daß es in ihrer Siedlung keine einzige Frau gibt. Der Männerbund treibt den Fischfang wie ein anderer den Kriegszug, von dem man erst nach seinem Abschluß in das Dorf und Hinterland, wo die Frauen sind, heimkehrt.

Welch ein Rückzug, wenn man erfährt, daß die singhalesischen Könige, welche in ihre Kämpfen gegen die tamilischen Einfälle aus dem indischen Norden die ganze Insel mit wechselnden aber prächtigen Residenzen und Palästen überzogen – auch bis in diesen äußersten südöstlichen Winkel gedrängt wurden, wo sie ja kaum noch einen eigenen singhalesischen Rückhalt besaßen. Welch eine unerschütterliche Legitimität muß sie dabei doch getragen haben, daß sie nach solchen Schlägen auf den ihnen verbliebenen Resten nicht allein immer noch mit der Treue ihrer Untertanen zu rechnen vermochten, sondern von ihnen auch noch die Anstrengung neuer und neuer Palast- und Tempelbauten nach den verlorenen und zerstörten verlangen konnten.

In der Heimat der Pfauen

In keine solchen historischen Tiefen führt uns am folgenden Tag die Safari in den Ruhuna-Nationalpark. Das war schon etwas englischer, schottischer oder nur eben moderner Tourismus, bei dem die wilde Tierwelt ihren Besucher zwar fast alles bot, was diese den Verwaltern vorher bezahlt hatten, aber bestenfalls einige optische Jagdlust befriedigte. Vor Tagesanbruch von unserem wohlgehaltenen und geräumigen Jagdhaus an einem schön gelegenen See in Landrover aufbrechend, streiften wir etwas ereignislos durch den Busch: ein Sprung Antilopen, wie man in Deutschland auch einen Sprung Rehe trifft. Und der erste wilde Elefant bei dem Schuppen eines Gehöftes, wo er wie zum Hause gehörig wirkte. Dahinter dann erst das eigentliche Sperrgebiet. Dort ging es auf eine geräumige Lichtung, wo es nun schon wie in einem gemalten Paradies zuging: unendliche Herden von Schalenwild, Büffeln und überzeugender wirkenden Elefanten, Krokodile in den Gewässern, Warane am Weg, statt der am meisten ersehnten Panther doch zwei noch im Morgenlicht streunende Schakale, Affen natürlich und die in Ceylon ja ohnedies allerorten zu treffenden fliegenden Hunde; dazwischen Reiher und Pelikane, Papageien, Sittiche und Paradiesvögel aller Art.

Aber der rechte Funke sprang eigentlich erst beim Anblick der Hunderte wilder Pfaue über, die zwischen dem Wild, auf den Bäumen, im Busch, dahinschossen. Zehntausende von ihnen müssen in diesem Wald unterwegs sein. Hier also ist mein Wappentier, das ich mit einem Pärchen jahrelang in meinem Garten hielt, wirklich daheim. Und jedes Federchen, wie ich es an ihnen kenne – hier und dort unverändert –. Das ist der Mythus, die alte Rasse, der wahre Adel! Ein Liebesblick unter Bajaderen!

Nicht ganz so dicht mehr, doch freier und ungehegt ging es am

Nachmittag dann ins Gebirge, durch halbkultivierten Dschungel die Täler hinauf. Gummi- und Bananenpflanzungen verfließen in wuchernden Urwald. Hier sieht Ceylon wohl am afrikanischsten aus; von der Landschaftsgestalt bis zu der Hautfarbe seiner Einwohner. Ein junges Paar besuchen wir in seiner Palmblätterhütte, finden die neugeborenen Kinder auf ihren Bastmatten und ich suche mich durch das gutgemeinte Entwicklungshilfe-Klischee vom Hunger-Indien, das in Wahrheit dem Lande so schadet, ein wenig hindurchzudenken. Da man die schönen Kokosnüsse an Fremde um eine halbe Rupie, das sind zwanzig Pfennige, verkauft, bin ich sicher, daß sie sie unter sich um ein Zehntel handeln. Und alle Palmen sind voll davon. Jede Jahreszeit hat ihre eigene Ernte. Nicht zuletzt an Bananen. Was sind da schon Begriffe wie Lebensstandard und Produktivität. Immer vorausgesetzt, daß man kein Fahrrad und kein Rundfunkgerät haben will.

Auch wird mir ein wenig verständlicher, wie diese Frauen denn aus ihren, von außen so elend wirkenden Hütten in ihren Saris immer so sauber und makellos hervortreten. Doch auch der häufige Anblick der in Teichen und Seen und Flüssen in ihren Kleidern Badenden macht mir nicht recht erklärlich, warum auch bei großem Gedränge und großer Hitze kaum jener Körpergeruch verspürbar ist, den wir aus Schwarzafrika kennen. Wir unsererseits moralisieren ja stets die physische Reinheit. Sie dagegen symbolisieren die psychische.

Frau Gandhi mag ja gesprächsweise wohl die indische Geburtenlawine mit den ländlich-beengten Wohnverhältnissen erklären, unter denen die Hemmung – wie sie meint – wie Butter an der Sonne dahinschmilzt. Doch wenn sie nicht nur die Tochter ihres Vaters wäre, müßte sie ja als Inderin auch die andere Seite sehen. Nicht nur die »Unaufgeklärtheit« gegenüber der Arithmetik demographischer Futurologie, sondern auch jene indische Ehrfurcht vor dem Leben, die mit ihrem Vegetarismus und den heiligen Kühen so viel Anstoß und Ironie in einem Westen erregt, der nicht an Unterernährung, sondern an Fettsucht stirbt, und auf offener Straße mit seinem Kraftverkehr alljährlich Hunderttausende tötet.

Dem gegenüber ist sowohl hier wie in den indischen Großstädten und auf den Fernstraßen nichts erstaunlicher als der Umstand,

welche Rücksicht und vielleicht auch durch Sammlung erhöhte Reaktionsgeschwindigkeit sich mit einer chaotischen und oft riskanten Fahrweise verbindet; nichts rührender als die Beobachtung, wie sich nicht allein Kühe, sondern auch Hunde mit der vollkommensten Ruhe und Sicherheit im Verkehr bewegen. Das Tat twam asi, dieses indische »Das bist auch du«, verleiht ihnen Bürgerrecht. In mehreren Tausend Kilometern im Wagen auf indischen und ceylonesischen Straßen stieß ich trotz atemraubender Situationen auf keinen einzigen blutigen Unfall.
Und diese Bewältigung der bei uns oft als Rechthaben nur getarnten Aggression, diese durch Sammlung erhöhte Reaktionsgeschwindigkeit, diese tiefere Achtung vor dem Leben und höhere Kunst des Sterbens, die Indien auch seinen Vorteil in künftigen motorisierten Massengesellschaften verschaffen könnte, erhält sich – so ist zu hoffen – auch in seiner raschen industriellen Entwicklung, an der die Mechanismen des Denkens gefährlicher sind als die der Technik.

Weinberge - Teeberge

Mit endlosen Serpentinen ändern sich im Steigen Landschaft und Klima. Das Hochgebirge rückt näher. Die Flüsse stürzen in mächtigen Fällen, wie in den Tauern oder in Norwegen, die Ketten und Tröge des Urgebirges herab. Welche heroischen Motive brechen hier ins Paradies! Die Vegetation bleibt allerdings üppig, wird mit Rhododendren, Rosen und Ginster fast noch bunter und blütenreicher, ein wenig an den Lago Maggiore oder auch die irische Südwestküste erinnernd. In Hakgala macht sich ein botanischer Garten dieses Klima zunutze. Bandara Wela auf seinen 1300 Metern Seehöhe ist schon ein Höhenkurort, in dem die britischen Sommerfrischler einst die ceylonesische Folklore belebten. Und etwas von dieser Symbiose umgibt auch noch das große, spartanischnoble Hotel aus der englischen Zeit. Doch geht es von hier nach Nuwara Eliya noch sehr viel höher, auf über 2000 Meter. Das ist schon fast die Höhe des Adams Peak, eines der großen heiligen

Berge der Welt, auf dem noch heute die Pilger der Weltreligionen wallfahrten, um dort die Spuren Schiwas, Adams und Buddhas zu verehren, die sich von hier in den Himmel schwangen. Dieser geistliche Zustrom vermischte sich aber schon lange mit der Atmosphäre eines noch viel großzügiger angelegten Kurorts, dessen schönster Schmuck nicht die Hotelpaläste der verlorenen englischen Zeit sind, sondern die unverletzt von ihnen überlieferten Riesenparks. Vergleicht man sie etwa mit Ischl, Jalta, der Riviera, dann merkt man doch, daß es seit dem Merry old Empire keinen richtigen Reichsstil mehr gibt.

Aber schon auf dem Weg zur Paßhöhe und erst recht vor dem atemraubenden Talzirkus, der sich dann auf der anderen Seite nach Nordwesten hin öffnet, beherrscht etwas anderes den Charakter des Landes. Das ist der Tee, der berühmte Highland Tea, der sich hier in unendlichen Flächen, wie die Schollen eines buschhohen Mooses über Höhen und Hänge breitet. Eine Kultur, die Mensch und Landschaft verändert – mit den Menschen die Landschaft, mit der Landschaft die Menschen. Das ist im Westen nur mit dem Weinbau vergleichbar – sowohl was die Erde betrifft, die im Laufe der Generationen bis in die letzte Krume von Schweiß durchtränkt und von Menschenmühe durchsetzt ist; wie, was den Menschen angeht, dessen Leben in seinem ganzen Ablauf von der Kultur des Tees bestimmt ist. Selbst die Vorliebe für die Höhen und Hänge scheint dem Wein und dem Tee gemeinsam. Für die tropischen Pflanzungen hier wird die Höhe zwischen 700 und 1500 Metern als die günstigste angeführt.

Und sie sind eben jetzt von den bunten Schwärmen der Pflückerinnen bevölkert, deren Arbeit gewiß nicht geringer als die der Weinleserinnen ist. Es kommt für sie darauf an, von jedem Zweig nur die zarten drei obersten Keimblätter abzupflücken und diesen Handgriff nur mit Daumen und Zeigefinger auszuführen, um die schon vorher gepflückten Blätter mit den anderen drei Fingern in der Hand zu behalten. So ersparen sie sich allzu häufige Armbewegungen über die Schulter, mit denen sie schließlich das Blätterbündel in die Butte zu werfen haben, die sie am Rücken tragen. So erhöhen sie auch ihre Tagesernte. Sie bringt der Pflückerin, wie zu hören ist, einen täglichen Lohn von rund $2^1/_2$ Rupien ein. Und das ist für den westlichen Besucher fast unglaublich, wenn er erfährt, daß es nur eine runde Mark ausmacht. Dann will er auch schon nicht mehr wissen, in welchem Verhältnis der Lohn zu den landesvertrauten Lebensverhältnissen steht. Und wahrscheinlich wird ein solcher Vergleich mit westlichen Löhnen die Pflückerin auch eines Tages davon überzeugen, daß sie selbst mit dem Zehnfachen noch auf unerträgliche Weise ausgebeutet wird.

Jetzt jedoch empfindet sie sich einer wohlhabenden Schichte zugehörig und gibt das auch zu erkennen, indem sie nicht allein Arme und Finger mit goldenen Ringen ziert, sondern auch Ohren und Nasenflügel mit goldenem Schmuck durchbohrt. Auch versieht sie die Stirne zumeist mit roten und grünen Hindu-Marken, mit denen sie sich zu ihrer tamilischen Herkunft bekennt. In größeren Höhen oder bei kühlerer Witterung trägt sie dazu auch noch eine schwarzbraune Lodenkapuze, die mit ihrer Rauhheit die Grazie der Trägerin noch erhöht.

Teeberge – Weinberge und ihr Geist. Natürlich gibt es neben den vielen Entsprechungen noch zahlreichere und noch feinere Differenzen. Der Kult des Weines mag in unseren Tagen gesunken sein und nur all zu oft bloß auf geselliges Behagen, Geschmäcklerei und seelische Erwärmung, feinere und gröbere Betäubung, auch Enthemmung und »Vergiß deine Sorgen!« herabgekommen sein, während wir doch aus höheren Zeugnissen und Erfahrungen immer noch wissen, daß seine geist-ige Kraft eben die Be-geist-erung, die hohe Freundschaft und Hingabe war, die große Kommunikation. Das macht ihn nicht nur zum Trunk der Dichter, sondern auch zu dem des Opfers, ja, der Verwandlung, der Wandlung. Aber auch daran ist noch etwas Stürmisches, Feuriges und Überwältigendes, was wir nur allzu gern mit dem Rausch überhaupt gleichsetzen. Das ist Bakchos, das ist das Mittelmeer, das ist Europa. Und der Verfall belehrt uns nur darüber, daß auch durch den Wein nichts gesteigert, gelöst und beflügelt werden kann, was nicht schon in uns drinnen ist.

Dagegen verkörpert sich der große Osten viel reiner im Tee. Das ist der gleichsam homöopathische Rausch, mit dem wir von der Gabe nicht erst wie von außen angestoßen werden, sondern mit dem wir durch sie wie mit winzigen Lösungen zu unseren eigenen Anstößen und Aufschwüngen angeregt werden. Und wenn der Osten vielleicht auch mehr als der Westen von den wilden

Abenteuern der Räusche wußte, so galten sie ihm doch immer als minderen Rangs. In allen höheren Dingen konzentrierte man sich auf die Künste der Steigerung, Sammlung und Öffnung, auf die des Hinaustritts, als da eben sind: Fasten, Atmen und Wiederholung; auch auf den Anblick von Edelsteinen, den Aldous Huxley, der englische Conquistador auf seinen Ausfahrten wiederentdeckte – und eben wohl auch den Tee, in dessen Mysterien erst der Zen-Buddhismus recht drang. Weder an Tee noch an Edelsteinen fehlt es auf Ceylon. Ja, Tee, Gewürze und Edelsteine sind die berühmtesten Schätze der Insel. Im Südwesten bei Ratnapura finden sich im Geröll und Schwemmsand der Flüsse Saphire, Rubine, Aquamarine, Berylle, Topase, Granaten, Spinellen, Turmaline und Mondsteine, wie sonst wohl kaum irgendwo auf der Welt. Colombo soll schon zur Zeit König Salomons Ausfuhrhafen für Edelsteine gewesen sein.

Das sind Gaben, deren Besitz zwar fesseln mag, deren wahre Tugend aber erst im meditierenden Anblick offenbar wird. Und hier befreit er in einem ganz anderen Sinn, führt in eine laut- und gewaltlose Ekstase, die in den Tempeln auch geistlich geübt wird – weit von den Einbrüchen jener Gifte entfernt, mit denen man jetzt die Tore der Transzendenz auch im Westen gewaltsam aufzubrechen versucht und so auch sie verfügbar machen will. Was Wunder, daß der Gewalttäter dann dahinter die große Leere vorfindet, da er für ihre Wirklichkeit keine Organe mitbringt.

Das kann nicht die Absicht der kleinen organischen Nachhilfen sein, unter denen der Tee wohl die verbreitetste ist. Er vor allem bestärkt uns auch in jenem Wachen, Nachtwachen und Sich-Ernüchtern, das Empedokles predigt und das zu den ältesten geistigen Übungen zählt. Hier im südlichsten Raum des Buddhismus, des Hinayana-Buddhismus, ist ja auch die berühmteste Tee-Pflanzstätte. Daran wurden wir eben im letzten Sommer auch im sowjetischen Kaukasien bei Krasnodar erinnert, das stolz darauf war, auf einem weltweiten Wettbewerb gleich nach Ceylon für seinen Tee den zweiten Preis errungen zu haben. Aber im nördlichsten Raum des Buddhismus, des Mahayana-Buddhismus, auf den japanischen Inseln, erreichte der Kult, die Vergeistigung des Teegenusses wahrscheinlich erst den Gipfel.

Doch während man sie in ihrer stillen Tiefe durchaus mit den dionysischen und christlichen Mysterien und Mysteriendiensten des Weins vergleichen kann, deren Unionen um so viel stürmischer und dramatischer sind, fehlt es doch zwischen Korn und Reis an einer solchen ost-westlichen Parallele. Für die antike Welt mag dabei schon der Unterschied im Anbau von Bedeutung sein. Ihr schien der Getreidebau ja auch immer eine Art Freveltat, wenn der Mensch mit der Pflugschar gewaltsam den jungfräulichen Schoß der Erde aufreißt – und dann die frohe Botschaft von der Liebesvergebung empfängt; daß diese Erde darauf nämlich mit dem zarten Grün der keimenden Saat antwortet. Zwischen den drangvollen Durchgängen von Geburt und Tod stehen immer Verwandlung und Hoffnung.

Nur daß die Rolle des aufrechtschreitenden Pflügers und Säers auf seinem Kornfeld nicht die des Reisbauern ist, der ja bis zu den Knien, bis zu den Schenkeln in der erdigen Flut seines Feldes hinter dem Büffel einherwankt und viel eher die Rolle des Leidenden, Ringenden und Geplagten spielt, der sich schon jetzt in einer Art Purgatorium sein täglich Brot verdient. Und während die Terrassen und Dämme der Reisfelder in ihrer Schönheit und Anmut noch mehr als das wogende Getreidefeld die Plage des Landmanns verbergen, wirkt dieser selbst in ihnen viel eher als Werker und Knecht, denn als Herr und Begatter. Das ist so ähnlich wie die großartig-spendende Geste des Sämanns neben den mühvoll-gebeugten Reihen der Reispflanzerinnen. Das alles ist in der griechischen Welt eher die realistische Plage des Hesiod als die transzendente Sorge vor der Hybris bei Sophokles; eher die Prüfung in der Geworfenheit als die Verwandlung in der Erlösung. Das schließt allerdings die Frömmigkeit vor der Gabe nicht aus. Doch sie gedeiht nicht zum Sinnbild des großen Ausgangs. Wohl verdichtet sich aber alle Fruchtbarkeit in dem freien Klima des Hochlands zu dem Kulturboden, dessen Mittelpunkt Kandy ist.

Auf den fünf Waldhügeln

Da die alten Zentren der Insel wie Anuradhapura und Polonnaruva Busch- und Urwald, Colombo der Hafenbetrieb verschlungen hat, ist Kandy, das seinen Namen von den Kanda-uda-pas-rata, den fünf bewaldeten Hügeln, trägt, zwischen denen es auf seiner Höhe liegt, doch wohl ihr Herz. Es war auch die letzte Residenz der singhalesischen Könige, deren zweitausendjährige Herrschaft die Engländer 1815 mit der Eroberung Kandys beendeten. Nicht allerdings seine Rolle als geistliches Zentrum, das der »Tempel des heiligen Zahns« noch immer bezeichnet, zu dem auch die Pilger noch immer strömen. Von unserem Queens-Hotel blicken wir unmittelbar auf den See, der ebenso wie Residenz und Tempel von einer Art von Klee-Blatt-Zinnen umgeben ist. Und von der großen Esplanade aus kann man beobachten, daß er fast randvoll mit Fischen und Wasserschlangen gefüllt ist. Seine Anlage ist das Werk des letzten singhalesischen Königs, knapp vor dem Sturz seiner Herrschaft. Er fühlte sich wohl zu sicher und so, als ob die neuen Eroberer über See her auch nur eine Art von neuen Tamilen wären.

Der Tempel selbst aber ist in seiner heutigen Form auch nur runde zweihundert Jahre älter, wirkt aber mit seinen mächtigen Mauern, Treppen, Pforten, Kreuzgängen, Zinnen auf uns romanisch. Wir müssen hier die gewohnten historischen Stilformen, die ja im Westen als Orientierungshilfen auch nur bis in mittlere Tiefen reichen, vergessen. Schon deswegen, weil die großen Zäsuren, die wir im Westen mit ihnen verbinden, hier ja gar nicht mehr gelten. Ja, selbst die großen historischen Eroberungen gehen in diese Geschichte als eine Art von Elementarkatastrophen im großen Kontinuum asiatischen Lebens und Glaubens unter.

Aber obwohl ich aus der Literatur von Veltheim und Glasenapp schon gewarnt bin, treibt es mich doch am ersten Abend schon zu den Feiern im Tempel. Und bevor ich noch in den folgenden Tagen die Strahlungsmacht der großen alten Stätten des Buddhismus auf Ceylon und die Woche darauf die lebendige alte und neue Macht des Hinduismus in Indien kennen lernte, stieß ich hier einmal hart auf die Versteinerungen des heutigen buddhistischen Lebens. Zwar hatte ich in Colombo und anderswo auch schon die jungen, wohlgenährten Mönche in ihrer orangenen Tracht mit freier Schulter und schwarzem Regen- als Sonnenschirm über sich beobachtet, wie sie sich höchst unbefangen an Eisständen und Schaubuden drängten; hatte auch einen neuen Tempel mit seinen grellgelben, aber im übrigen naturalistischen Gipsbuddhas nach der Art von verpoppten Wachsfiguren besucht – aber hier war ich nun ja an einem Mittelpunkt des Hinayana-Buddhismus überhaupt. Und ich konnte natürlich auch nicht übersehen, wie sich die Andächtigen, vor den heiligen Bildern und Schätzen kniend, im Vorraum des Allerheiligsten drängten, nachdem sie vorher schon in der Halle durch eine Karree geschritten und von den Schlägen heiliger Trommeln akustisch ein wenig betäubt worden waren.

Trotzdem empfand ich es als verwirrend, als ich von der ersten Annäherung an von einer Traube heiliger Dienste umgeben war, die mich einwiesen, Lotus- und Tempelblumen als Opfergaben anboten, vom Eingang zur Treppe, von der Treppe zur Pforte von der Pforte zur Halle, von der Halle zum Gang, vom Gang zum inneren Treppenhaus und von dort in den neuen Vorraum geleiteten, die Schuhe lösten, die Schuhe wegtrugen, die Schuhe brachten, die Schuhe anlegten und ein jedesmal mehrfachen Lohn begehrten, um den sie untereinander dann auch noch stritten. Am peinlichsten schien es mir, als ich im innersten Vorraum mit seinem starken Geruch der welkenden Lotusblumen durch die Scharen der hingeworfenen Gläubigen als einziger hinter den Vorhang des Allerheiligsten geführt wurde, um aus der nächsten Nähe die goldene Glocke zu sehen, die Buddhas heiligen Zahn umgibt und von zwei Priestern flankiert wird, die ihr Tablett nun wieder für Blumen und Geldopfer hinhalten. Selbst die Kopie des überdimensionalen Zahns, den ein abenteuerliches Schicksal durch die Jahrtausende hierher geführt haben soll, wird zum Kauf angeboten.

Und auch wenn man aus anderen Wallfahrtsstätten vieles gewöhnt ist, scheint doch alles noch übertroffen. Der Buddhismus, von dem man sagt, daß er sich zum Hinduismus in vielen Punkten verhalte wie der Protestantismus zum Katholizismus, wirkt an kultischer Routine hier noch mechanischer als die beiden großen (katholischen und hinduistischen) Archen zusammen.

Mag sein, daß das nur der erste Eindruck eines Besuchers ist, den freilich andere ebenso hatten; mag sein auch, daß es vor allem die spirituelle Erschöpfung der Priesterschaft ist, an der auch der Katholizismus zu Zeiten Luthers nicht unterging und selbst heute auch noch nicht untergehen muß. Trotzdem wird man sich kaum darüber betrügen dürfen, daß zur Zeit die Reserven gegenüber der modernen Erosion hier nicht größer sind als es vor einem halben Jahrhundert die der Orthodoxie gegenüber dem Kommunismus waren, und jedenfalls sehr viel geringer als die geistigen Kräfte, die wir im hinduistischen Indien trafen.
Was aber die Gläubigen selber angeht, so ist ihr Glaube ja immer unwiderleglich, verdient ihre Ehrerbietung auch immer selbst Ehrerbietung; und ist die Ehrfurcht zugleich auch der oberste Gegenstand aller Ehrfurcht; als Goethes »Ehrfurcht nach unten« sogar an Gott, der uns Freiheit ließ.
Das reinste und unverletzteste Beispiel des kultischen Lebens, das sicher den Höhepunkt des großen sommerlichen Prahera-Festes bildet, erlebten wir allerdings auf dem weltlichen Boden eines Hotels am nächsten Tag mit dem Auftritt der Tempeltanzgruppe, die – wohl für die Fremden – auch einige ländlich-folkloristische Elemente in ihre Darbietung aufgenommen hatte, aber im übrigen doch in bewundernswürdiger Weise vergegenwärtigte, was hier aus der Bewegung, den Gesten, den Mudras, den Ragas, den Rhythmen, dem Klang, dem heiligen Lärm, wie eine blaue geistliche Flamme aus dem entzündeten Lebensöl schlägt. Zum ersten Mal erlebte ich hier auch mit Augen und Ohren, was mir in der Vorstellung aus der Bhagavadgita schon nahe war, nämlich im heiligen Lärm des Aufmarschs zur Schlacht, unter Trommeln zum Gottesdienst, unmerklich einsetzend, allmählich und unwiderstehlich anschwellend, schließlich alles beherrschend wie Krischnas Stimme im Heere Arjunas – das Muschelhorn. Was sich im ekstatischen Lärm bereit gemacht hatte, das richtet sich dann auf das Eine hin. Und während die hieratisch geschmückten Tänzer und Trommler noch aufgelöst zucken, trägt und bewegt der Bläser nun auch die Muschel wie eine Monstranz. Und aller Lärm versinkt dann in dem einzigen, allumfassenden Ton. – Dann erscheint als Bild und Klang und Bewegung strahlende Gegenwart, was die Kuppeln und Türme, auch die Gesellschaften in Ost und West

sonst allein noch bewahren: das Bild der Rangordnung, die aus dem Leben in Stufen und Aufschwüngen geistig emporsteigt. Albert Schweitzer sucht sie in seinen »Indischen Denkern« vergeblich in die Ebene umzuwerfen, in der die Fronten der »Welt- und Lebensbejahung« und der »Welt- und Lebensverneinung« aufeinandertreffen. Das ist vielleicht eines der stärksten Beispiele für die herrschende geistige Horizontalisierung, die das unterschiedsreiche Höher und Tiefer in die Parteien des einfachen Für und Wider zu projizieren sucht.

Der Tanz als Sacrum ist ja wahrscheinlich das eigentlich Unterentwickelte an Europa. Und wenn man dort und da in den Alpen, auf den Inseln, kurz, an den Rändern, bei Winteraustreibungen, Frühlingsfesten und Sonnenerwartungen noch auf ihn trifft, ist sein wahrer Charakter, seine geistige Aussage und Erfahrung, eben auch meist vergessen, ist ein fernes und nur mehr halb bewußtes Wärmer-angehaucht-werden. Dagegen ist die östliche Schule mit ihrem Weganzeigen und Einschwingen noch viel lebendiger. An ihrer Seite könnte man in Europa vielleicht auch nur die Erfahrungen des großen Denkens nennen, dessen Wesentliches eben auch nie durch bloße Definition, sondern durch Übung mitgeteilt sind, indem es an gewissen Wegstellen und entscheidenden Augenblicken immer wieder an- und ausgesprochen wird. Als eine Art von Zuruf: »Jetzt!«, um das Bild und den Ton zu erfassen, wenn sie gerade vorbeikommen.

Das vergessene Paradies

Am nächsten Morgen sind wir in Peradeniya draußen, dem vielbeschriebenen und berühmten Botanischen Garten, an den ich jedoch keine sonderlich großen Erwartungen knüpfte, es sei denn, daß ich über die große Gewürzinsel, das Land, wo der Pfeffer wächst, dabei manches erfahren könnte. Das ließ sich auch bestens an, als wir am Eingang von einer Art Einstein-Gestalt empfangen wurden, von der wir hörten, daß er nun bald ein halbes Jahrhundert seiner Lebenszeit schon dem großen Garten gewidmet habe. Nun streifte er mit uns unter den riesigen Bäumen über die morgenfeuchten Wiesen, hob hier eine Frucht und dort ein Blatt, eine Nuß, eine abgeworfene Blüte auf, rieb sie auch einmal zwischen den Fingern und reichte sie uns dann: Das ist Muskat! Das hier Zimt! Und hier Kampfer! Und Vanille! Und diese Kletterpflanze an den großen Stämmen hier ist also Pfeffer! Das hier ist Chili! Das hier sind Cashevnüsse! Das ist ein Mango-Baum! Das hier ist ein Bho-Baum! Hier Trompeten- und Gummi-Bäume! Ein Banya ist wie mit riesigen dunklen Früchten mit fliegenden Hunden behängt, die sich bei unserer Annäherung in großen Scharen erheben. Dazwischen haushohe Büsche von Bambus. Und auf den Wiesenflächen dann ungeheure Buketts von Orchideen, Rhododendren, Bougainvillen, Hibisken. Dann eröffnen sich turmhohe Säulenhallen von Palmen. Allmählich lichtet sich auch ein wenig die ganze Welt von herrlichen Bäumen, Büschen und Blütenwälder, die mir zu einem so großen Teil bisher unbekannt waren.

Da weht einem dann doch ein Hauch wahrhafter Paradieserinnerung an. Und etwas von Adams Herrlichkeit, die im ersten Anblick und Namengeben gelegen war. Plötzlich trifft es mich aber doch drüber hinaus wie ein Stoß. Das Aufblitzen des Déjà-vu: Diese Baumgruppen auf den weiten, samtenen Rasenflächen – mythisch-verfremdet und doch ur-vertraut – die hast du doch schon gesehen! Irgendwann und vor undenklich langen Zeiten warst du schon hier! Und gerade im indischen Raum, in diesem erhöhten Zustand, hätte mich das vielleicht wirklich auf Vorgeburts-Spekulationen gebracht, wenn mir nicht rechtzeitig Ort und Zeit der Kindheitserinnerung aufgestiegen wäre, um mich vor falschen Auslegungen zu bewahren, die mir nicht zustehen, deren Ahnung und Möglichkeit mich aber doch berührt.

Mit etwas Wehmut und Rührung enthüllte sich aus den Erinnerungs-Nebeln nämlich die goldene Parklandschaft, die mir nach dem kräftigen salzburgischen Bauernland, in dem ich Kind war, bei den ersten Besuchen in Gmunden am Traunsee, in dem ich Schüler war, erst so unwirklich und paradiesisch erschienen war. Dort gab es damals noch die alten Parks, auf die der alte Adel soviele Mittel und Mühen verschwendete, weil er noch ein Gefühl dafür hatte, daß er in ihnen Abbilder des Paradieses anlegte. Nicht nur des Paradieses, aus dem wir vertrieben wurden, sondern auch des Paradieses jener Erleuchtung, der wir auf unseren Wegen und mit unseren Übungen auch wieder zustreben. Aber wer möchte darüber rechten, ob sich die Zeit nicht in unserem Rücken auch eben dort wieder trifft. Das ist ja auch das Paradies, das der sterbende Jesus dem mit ihm sterbenden Schächer »noch heute« verspricht. Und Schubert: »Dort, wo du nicht bist, dort ist das Glück«.

Doch gehört wohl auch hier der Wermutstropfen des Gedankens dazu, daß mein Kindheitsbild inzwischen längst durch banale Siedlungs- und Reihenhäuser zerstört ist. Physisch zerstört wird ja meist nur, was erst geistig vergessen ist. Und was in den Kindertagen schon gar niemandem mehr bewußt war, das haben dann die Erwachsenen mit ihrem »Aufbau« um- und untergepflügt, ohne daß noch jemand ahnte, was man überhaupt tat. Nach den Kirchen droht ja in unseren Jahren auch den Museen der große Einsturz.

Doch war diese Erinnerung überhaupt wie in der Nußschale solch ein Gleichnis unserer Tage. Der ganz normale Weg und Lauf der Barbarei. Auch ein Zeichen dafür, daß die großen Erinnerungen im Schutz und Schatten des österreichischen Kaisers, der seinen römischen Titel vergessen hatte, sich schneller verflüchtigten als etwa hier im großindischen Strahlungsbereich, den die Briten mit ihrer indischen Kaiserwürde und zur eigenen Ehre auch noch ein wenig zu schützen trachteten.

Doch wird uns auch erst in den Jugenderinnerungen späterer Jahre bewußt, wessen wir in jenen frühen Jahren – schon oder noch – an Urbildern ansichtig wurden. Oder uns ihrer vielleicht nur bei den ersten Begegnungen mit dieser irdischen Welt noch erinnerten. Dann würden wir uns im späteren Leben, doppelt gebrochen, des eigentlichen Lebens erst durch Erinnerung des jugendlichfrüheren und der ersten Erinnerungen in ihnen recht bewußt. Die unmittelbare Einsicht liegt vielleicht schon in dem Umstand, daß uns dieselben Augenblicke der Morgenfrühe, der Ausfahrt, der Arbeit, selbst des Familientisches, in der Erinnerung ebenso unergründlich erscheinen können, wie sie uns in der Vergessenheit unser selbst auch banal sein können. Alles Wesentliche ist eben nicht objektiv, sondern Ahnung, ja, wenn man will,

Offenbarung. Und die Bedingung der Einweihung ist, daß wir nicht simpel zu objektivieren, sondern im tieferen Sinn zu kommunizieren und identifizieren versuchen. Der Ursprung, die große Ahnung und Erinnerung, die neue Zeit und das Weltende, die großen Dinge so gut wie die kleinen, der Liebesblick und das Freundeswort, der Vorzug einer Begegnung und die Rührung eines Gedenkens – für sie alle ist Objektivierung bereits das Ende. Selbst dann, wenn sie der alles beherrschende Zeitgeist wäre, der schließlich nur mehr sich selbst mythisiert. Das ist heute ja auch im Osten nicht sehr viel besser als es im Westen ist: wenn man die geistigen Wahrheiten hier zu objektivieren versucht, wie man die objektiven dort zu vergeistigen trachtet, aber in beiden Fällen nur dahin gelangt, sie zu ideologisieren. Die wahre Wahrheit leuchtet nur auf und erlischt. Und ihre Aussage bleibt opak, wie hinter Milchglas, wie hinter Wolken. Diese undurchsichtige Helligkeit, dieses clair-opaque, diese eine Gleichung mit zwei Unbekannten, eignet ja allen mythischen Zeichen, Zeitaltern, Prüfungen. Die stets gegenwärtige, immer wiederkehrende archetypische Situation, doch auch das Risiko des Erkennens, Wahrnehmens, Deutens: Eben dieser Zug hier machte etwa Apoll ahnen, eben dieser Tag das Krita-Yuga. Wir erkennen und ergreifen es in einer existentiellen Entscheidung – hier und dort, jetzt und dann; doch ein anderer tut es an anderen Stellen und in anderen Augenblicken. Eben das ist aber auch das untrüglichste Zeichen dafür, daß wir an unserer Grenze stehen, an der wir uns auch selbst erfahren.

Das Licht erlischt am verläßlichsten, wenn wir uns seiner wie auf dem belichteten Film zu bemächtigen glauben. Erst muß uns an einer Einsicht gelegen sein. Dann erst wird objektiv Aufnahme möglich. Erst geschieht Offenbarung, dann erst folgt Apologetik.

Das singhalesische Olympia

Aus den mythischen Gefilden steigt man ja in die historischen, auch wenn sie noch so strahlend sind, dennoch immer »herab«.

So am nächsten Morgen schon, als wir über Matale, Dambula, durch große Wälder, Palmen- und Gummipflanzungen, nach Sigiriya fuhren. Der unregelmäßige Berg- und Turm- und Felsenstumpf, der schon von weitem über dem Busch sichtbar wird, läßt sich erst aus der Nähe als die Kulisse der historischen Ballade erkennen, die hier vor eineinhalbtausend Jahren spielte. Die Taten und Untaten des Königs Kassapa würde man ja mit merovingischen oder normannischen, auch mit Shakespearegestalten vergleichen, wenn diese alle nicht doch einem anderen und robusteren Typus, einer schwereren Gewichtsklasse gleichsam angehörten, als diese schlanken, grazilen, ein wenig arkadischen und elegischen Singhalesenfürsten. Diese Art Arier traten um die Mitte des 6. Jahrhunderts vor Christus, eben aus Indien kommend, erst die Herrschaft über die dunklen, polynesischen Weddas an, die sich im Urwald noch bis heute behaupten. Dagegen brachten die Singhalesen bereits ihre Veden mit, übernahmen jedoch dreihundert Jahre später von Mahinda, dem Sohn des großen Kaisers Asoka, den Buddhismus, den sie auch bewahrten, als die Inder ihn wieder in ihren Hinduismus einschmolzen. Und dann war eben die Geschichte dieser hellen und schlanken Eroberer durch die Jahrhunderte ein unendlicher Abwehrkampf gegen die aus dem Süden Indiens nachdrängenden, dunklen und dravidischen Tamilen, denen sie oft den Großteil der Insel räumen mußten.
Erst schon eben ihre alte Hauptstadt Anuradhapura, über die nach ihrer Eroberung und bis heute, da sie gehoben und freigelegt wird, der Dschungel wächst – wie das nach solchen Einfällen eben geht. Aber den Singhalesen blieben auch innere Kämpfe nicht erspart, denen unser Sigiriya seine Entstehung verdankt. Und ein schöner, blutiger Komet darin war eben jener junge Kassapa, der seinen Vater ermordete und seinen Bruder, den rechtmäßigen Nachfolger, aus dem Lande trieb, um selbst den Thron zu besteigen; aber doch – unter dem Druck der neuen Hauptstadt Polonnaruwa oder auch unter dem des eigenen Gewissens – nicht in der Residenz bleiben mochte, sondern diesen gigantischen Felsblock hier zu seiner neuen erkor. Doch versuchte er so der großen Abrechnung durch einen Rückzug ebenso vergeblich auszuweichen, wie der Entscheidung der Schlacht gegen den heimkehrenden Bruder durch Selbstmord.

Und etwas vom Zwiespalt des Menschen, dem Mörder aus Leichtsinn und Lebensgier, dem seine eigenen Taten über den Kopf wachsen, glaubt man heute noch an Sigiriya zu merken: eine Mischung von Phaistos und Mykene, Hohensalzburg und Hellbrunn, Felsenschanzen, die kein Blitzschlag erschüttern konnte, und offene Lustgärten, die keinen Gedanken an eine Gefährdung aufkommen lassen. Wie sich die Wege aus diesen Gärten dann an die Hänge und Felsen heranschlängeln, wirkt noch romantisch, wie sie jedoch in diese Bastion des nackt-grauen Steins dann münden und über albtraum-treibende Stege auf das eigentlich nur für Vögel zugängliche Plateau als eine letzte Zuflucht führen, das ist ein Sinnbild der Angst im Herzen der Lust, der Schlange im Rosenstrauch und des Gifts im Becher. Diesen Zwiespalt des Gefühls zu übertönen, wurden diese Galerien denn wohl auch mit den Bildern der blühendsten weiblichen Schönheit bedeckt, nackter Hofdamen, die an sich Lotusblüten, Schmuck und Kopfputz im eigenen Spiegelbild bewundern. Und glückliche Umstände haben uns die etwas kretisch und etwas pompejanisch, wohl auch etwas renaissancehaft wirkenden Malereien in ihren satten Farben über 1500 Jahre hinweg beinahe unversehrt erhalten.
Eine elegische Anwandlung, wie sie an einem solchen Orte ja naheliegt, führt dann auf den Gedanken, daß der junge König in seiner achtzehnjährigen Herrschaft die ersten Jahre vergeblich sich in der Hauptstadt zu behaupten versuchte, dann viele Jahre auf die unbeschreibliche Mühsal dieser Arbeiten in den Felsen hinein wenden mußte, um am Ende Vatermord, Usurpation, Thronangst und Aufbau des neuen bizarren Palastes hier in der Wildnis, den er der Nachwelt hinterließ, ohne ihn selbst genossen zu haben, vergeblich zu sehen. Nur eine Art von Selbstaufbahrung des gescheiterten Mörderprinzen. Salamons alte Vanitas vanitatum! Von der Höhe bietet sich freilich ein unvergleichlicher Überblick über die Weite des Dschungels, der auch symbolisch befreit.
Dabei ist Sigiriya wohl auch das äußerste Beispiel der politischen Statik und Plastizität dieses singhalesischen Reiches, von der wir schon sprachen. Nicht nur die geschlagenen, vertriebenen und flüchtigen, sondern auch die moralisch so schwer belasteten Könige wie Kassapa konnten von ihren verbliebenen Untertanen

das Letzte an Arbeit und Opfer und Mühsal und Treue verlangen. Das ist ja wahrscheinlich eine politische Grundkategorie, für welche die Singhalesen ein unübertreffliches Beispiel bieten; für das die moralisierende Anarchie jedoch kein Verständnis aufbringt. Die Qualität menschlicher Gemeinschaft liegt ja zum guten Teil an der Festigkeit, Haltbarkeit, Tragekraft, kurz, an der Statik, die nicht ganz zufällig vom lateinischen Status kommt, dem nicht nur unser Staat als spätes Lehnwort entspringt, sondern das auch gemeinsamer Herkunft mit der verlorengegangenen mittelalterlichen Tugend der Stete unserer Stetigkeit und Verläßlichkeit, ist. Wo halten aber so dünne Traversen und Spangen heute noch so viel Druck und Last aus, wie sie es etwa hier im singhalesischen Ceylon taten? Und zwar durch die Jahrhunderte – ohne Hoffnung auf eine baldige Wiederherstellung?

Daran reicht am Mittelmeer wohl nur das jüdische Beispiel unter Babylon, Römern und in der Zerstreuung oder das griechische Beispiel unter den Türken heran. Das eine Mal wirkt der Zusammenhang wie edler Stahl, der auch sehr dünn dem größten Druck noch gewachsen ist; das andere Mal wie gebackener Lehm, der auch nur fingerlang bei der kleinsten Belastung schon abbricht. Wir wissen, warum wir unseren wahren Charakter als permanente Reformen und Revolutionen beschönigen und die Staaten der Insekten so tief verachten. Sie sind allerdings für den Menschen auch ein unmenschlich-schaudererregendes Beispiel, weil sie ja dem keinen Raum lassen, was der Mensch für sich selbst als Freiheit, will sagen, als sein Gewissen empfindet. Die radikale Verneinung des festen Bandes vertreibt ihn aber auch aus dem königlich-peripatetischen Rang der Mitte, in der seine wahre Würde gelegen ist. Es treibt ihn dann in das andere Extrem des Sandes im Sturm, mit dem Geschichte zu Ende ist.

Von Sigiriya ist es nur mehr eine gute Fahrstunde bis Polonnaruwa. Das ist die neuere Residenz, die im 8. Jahrhundert nach Christus erbaut worden war. Im Rasthaus an einem der großen künstlichen Seen, die hier nicht erst zur Stromerzeugung, sondern schon seit Jahrhunderten für die Bewässerung und als Landschaftsschmuck angelegt worden waren, fällt mir ein, daß von Veltheim, auf dessen Spuren ich mich so häufig geführt fühle, hier nächtigte und berichtete, wie er durch die Jagd auf einen Leoparden, der

ums Haus strich und dort erlegt wurde, aus dem Schlaf geweckt worden war. Wie viel sich doch in den 35 Jahren seit seiner Aufzeichnung in dem heute so wohlbestellten Gelände schon verändert haben mag! Hier wohnte auch die britische Königin bei ihrer besuchsweisen Rückkehr in das entlassene Dominion.
Neue und immer neue Teile der noch immer von Busch und Rasen bedeckten Königsstadt werden ausgegraben. Als erster empfängt uns der steinerne König Parakrama Bahu, der patriarchalisch-breit mit seiner Schriftrolle immer noch auf die Reste seiner alten Bibliothek blickt, von zierlichen Affen, winzigen Eichhörnchen und kleinen Reihern umspielt, wie er es wahrscheinlich auch zu seinen Lebzeiten liebte. In der Nähe, auf dem welligen Rasen und zwischen Baumgruppen finden sich auch in großen Abständen das rosafarbige Lotusbad des Königs, Mauer- und Tempelreste, sehr bewegend dann die beiden eigentlichen Königsbauten, der Palast nämlich, trotz der kaum noch zu imaginierenden Stockwerke und tausend Räume in menschlich-maßvollen Dimensionen, reich, harmonisch und würdig, wie wir ihren menschenfreundlichen Bauherrn eben kennen gelernt hatten; dem Palast gegenüber die Audienzhalle, in der er Hof hielt und des Rats pflegte, von symbolisch-heiligen Wappentieren, Löwen und Elefanten, assistiert. Der Besucher wurde an allen Eingängen schon durch die halbrunden, reich mit Bildern und Sinnbildern besetzten Mondsteine davon verständigt, daß er nun den Boden königlicher Gegenwart betrat. Steinerne Wächter in Nischen geleiteten ihn dann ins Innere, wo ein mächtiges Steinbild im Lotussitz immer noch eine ständige Statthalterschaft innehat.
Doch Parakrama wußte auch, wem er seine, trotz aller Schläge unerschütterte Macht verdankte. Noch weitaus größer als der Palast, ist der Tempelbezirk selbst. Selbst die in Stein gegrabenen Taten des Königs sind nicht in seinem Haus, sondern sicherer und legitimer hier im Sakralbereich auf einer riesigen, aufrechten Steinplatte niedergelegt. Und ein Zeichen dafür, wie gegenwärtig noch heute die geistige Macht ist, die die zahlreichen Buddhas an allen Orten ausstrahlen, obgleich sie bereits von Erde und Dschungel verschlungen waren und auch gar nicht mehr tätig verehrt werden, ist doch die Vorschrift, sich beim Betreten der heiligen Bauten des Schuhwerks zu entledigen. »Hier ist heiliger Ort!« Die

geistliche Glorie, deren Abbild ja jede Kirche sein sollte, strahlt hier auch nach dem Verfall noch warm aus den schönen und reichen Säulen, Pfeilern, Treppen, Friesen und Standbildern. Diese Welt hat auch weder in Ost noch in West je das große romantisch-nihilistische Schisma zwischen Seele und Geist zugelassen, das im Westen dann später die große innere Kernspaltung auslöste. Der aktive, blasende, stürmische, feurige Geist, das Pneuma von pnein und das passive, atmende, hauchende, Erinnerungen und Ahnungen, tiefere Assoziation duftende Wesen der Seele, die Psyche von psýchein – das ist bei Paulus schon ein dialektisches Grundverhältnis, ein Ein- und Ausatmen, das zusammengehört.
Trotz solcher Reflexionen ahnte ich aber noch nicht, daß das alles nur eine geistige Vorbereitung sein sollte. In keiner Weise versah ich mich der Begegnung, die mir bevorstand, als wir im welligen Parkgelände, das zuweilen auch durch hervortretenden Fels unterbrochen war, in eine Senke traten, die nach der einen Seite von einem etwa 10 Meter hohen Felsfries abgeschlossen war. Ich wußte damals noch nicht, daß der Name des Orts Gal-Vihara, zu deutsch »Höhle der Erkenntnis«, bedeutet. Eben das trifft auch heute in einer atemberaubenden Weise zu, auch wenn man sich den darüber gewölbten Tempel von einst kaum mehr vorstellen kann. Aber Delphi war ja wohl vor dem Apollontempel auch bereits Delphi und blieb es auch nach dessen Verfall.
Hier also stehen sie nun und blicken dich an, blicken auch durch dich hindurch, die vier riesengroßen Gestalten am und aus Fels. Fünf Meter hoch und sitzend zur Linken ein Buddha, dazwischen dann in einer flachen Felsnische und hinter einem Schutzgitter noch ein kleinerer, aber alles beherrschend. Dann jedoch neben ihm stehend eine sieben Meter hohe Gestalt von entwaffnender Schönheit, die bei der großen Forschung bis heute als Ananda, der Lieblingsschüler des Erleuchteten galt, der hier am Totenlager des Meisters steht. Dieser liegt in vierzehn Metern Länge zu seinen Füßen und hat zum Zeichen des Todes die hieratisch-geschlossenen Füße um Spannenbreite verschoben, während sie der bloß ruhende Buddha Zehe an Zehe hat. Die Heutigen bringen hier wie anderswo neue Interpretationen vor, die auch die stehende Gestalt zu einem Buddha machen.

Sei es damit, wie es sei! Es ist eines der höchsten Gebilde, die ich bis jetzt auf der Erde erblickte. Auch Michelangelo und seine Renaissance hat nichts, was damit vergleichbar wäre. Weil es die reinste Schönheit nämlich mit unverminderter spiritueller Strahlung und Gegenwart verbindet. Und ich schüttle bei meiner Bindung an die klassische mediterrane Welt über mich selbst den Kopf, wenn ich mir eingestehe, daß mich seit dem ersten Anblick des großen Apoll vom Westgiebel des Zeustempels in Olympia nichts mehr so wie ein Blitz traf – wie diese Gruppe.

Ja, das sind Maße und Maßstäbe, deren Kenntnis die sich immer wieder erneuernde Aktualität des wirklichen Humanismus ausmacht. Um seine Definition bemüht man sich heute ja ebenso mannigfaltig wie widersprüchlich. In der technisch-perforierten Welt wird freilich die Begegnung der großen Kulturen nur allzuleicht zur bloßen »historischen Struktur«, die der uniformen »Entwicklung« dann nur im Wege steht; oder zur Ausflucht vor dem Unbehagen und kritischen Selbstverdruß im eigenen Haus; oder auch zur Gelegenheit, aus der eigenen Haut in eine andere zu fahren; schließlich zu einer Art von weltgeschichtlicher Galerie, in der man Abwechslung schon für Reichtum hält.

Und dahinter erst die Erfahrung, daß wir das eine Bild der humanen Wirklichkeit stets nur mit zwei Augen in seiner Tiefe sehen; den Anderen nämlich als ganz anders, aber zugleich auch als uns in seinem Anderssein, seiner Einsamkeit, doch vergleichbar. Wir kommen ihm ja auch erst nahe, wenn wir ihn anderes lieben und tun und glauben sehen als wir selber lieben und tun und glauben. Und unser Eigenes darüber doch nicht verlieren. Das ist die wahre historische Aporie, auf die wir schon stießen. Hinter ihr erst kommt dann Beständigeres zu Tage.

1. Ein Humanismus, der nicht die bloße Animalität (und Bestialität) des Hominiden sein soll, die nun einmal einen Großteil des Bloß-Menschlichen ausmacht, ist keineswegs selbstverständlich und keinesfalls ein beständiger Zustand, sondern stets bedroht. Normal ist er nur im strengen, wörtlichen Sinn der Norm, eines Postulats also und eines Imperativs. Einen festen Maßstab für Höheres hat aber immer nur der, der von ihm auch bereits Erfahrung besitzt. Der andere kann es nur auf Kredit akzeptieren, wie unser Leben in der Gesellschaft ja immer zum großen Teil auf

Kredit, will sagen, auf der Erwartung begründet ist, daß sie sich so verhält, wie sie uns glauben macht. Darin liegt ebenso frei wie unausweichlich erwiesenes Zutrauen.

2. Daraus folgt aber auch, wie wir schon sahen, die gefaßte Einsicht, daß die Barbarei unter immer neuen Gestalten erscheint und auch immer wieder zurückkehrt; sei's unter den höchsten Titeln der Freiheit, des Fortschritts, der Perfektion, sei's unter denen der Jugendkraft und der »neuen Zeit«; sei's unter denen der nackten Gewalt. Und sich nur einen Augenblick darüber an sich selbst und an anderen absolut sicher zu fühlen, gibt ihr bereits den verläßlichsten Zugang. Ja, diese Sicherheit ist wohl ihr sicherstes Zeichen.

3. Humanismus in seinem besten Sinne ist daher stets der Versuch, die einmal erreichten höheren Maßstäbe solange wie möglich festzuhalten oder doch wieder anzustreben, auch wenn sie längst schon nicht mehr erreicht werden. Eben dieser Versuch ist die Klassik, die bereits preisgegeben wird, wenn man sie ins Überlieferte drängt und ihr das Moderne entgegensetzt, das damit selbst seiner schönsten Hoffnung beraubt wird, in ihrem Geröll nämlich selbst auch noch klassiche Nuggets zu finden. Human im wörtlichen allgemein-menschlichen Sinn wird die Klassik dann in dem Augenblick, in dem sie die Maßstäbe, die sie im nationalen und kontinentalen Rahmen entwickelt und überliefert hat, den Maßstäben anderer Nationen und anderer Kontinente aussetzt und schließlich hinter den nationalen und kontinentalen Differenzen eine humane Gemeinsamkeit erkennt. Hier vorausgesetzt, daß man den Kontinent wörtlich als Zusammenhang und nicht allzu wörtlich als Erdteil versteht.

4. Schließlich ermöglicht auch nur ein solcher Humanismus die praktische Dialektik des Rangs in der Vertikalen, aus der der Mensch seine Würde gewinnt und der Gleichheit in der Horizontalen, aus der er auch seine Würde gewinnt, indem beides in Ehrfurcht vor dem Höheren und Niedrigeren anerkannt wird.

5. Diese Ehrfurcht, die ja nur ein anderes Wort für die Würde ist, die sich der Mensch zu verleihen vermag, setzt freilich auch seine eigene Grenzerfahrung voraus. Wo immer sie in den höchsten Stufen des Bewußtseins und der Freiheit oder auch im dunkelsten Gefühl des Über-uns-auch-und-noch-Mehr-Seienden statt-

findet, erzeugt sie den gleichen Essor, den erst eigentlich humanen Aufschwung. Er verfällt auch im selben Augenblick, als der Mensch seine Autonomie, die ihm als Pflicht und Vollmacht verliehen ist, zum Vorwand nimmt, um sich selbst zu erniedrigen - indem wenn er sich nämlich mit ihr vom Höheren abschließt, sobald er sich selbst zum Höchsten aufwirft.

6. Zu den Grenzen, die der Mensch, der ihnen gar nicht ausweichen kann, wenn er sich selbst im Schiffbruch erst ganz erfährt und verwirklicht, gehört aber nicht allein die nach oben, sondern auch die, die er neben sich hat, ohne sie überschreiten zu können; die nach unten, wo man ihn nicht mehr anzuerkennen, wo er sich selbst nicht mehr mitzuteilen vermag. Unergründlich wie das Mysterium iniquitatis, das Geheimnis des Bösen, ist auch das Mysterium inimicitiae, der Ursprung der Feindschaft, des Hasses, der Abneigung, des Erlöschens der Liebe. Wie es Gott zuläßt, bleibt sein Geheimnis. Sicher gehört es zu jeder Art Humanismus, zum Teil des Menschen schlechthin, danach zu streben und sich nach Kräften davon zu reinigen – aber auch die Versuchung, sich darüber dann wieder durch Selbstbetrug, Glattzüngigkeit und Verdrängung hinwegzutäuschen. Die Probe darauf ist vielleicht die trotz allem noch immer verbleibende Bereitschaft, mit dem anderen zu reden, so wie es dafür eine ernstliche Chance gibt; und ohne Ansehung dessen, was wir bereits an Enttäuschung und Mißverständnis erfuhren; wie sicher und klar wir uns auch in der eigenen Einsicht fühlen; wie böswillig oder unfähig einer Aufnahme uns auch der andere erscheint. Immer gibt es ja neben diesem Mysterium inimicitiae auch das andere Mysterium communicationis, der oft ganz unverhofften und fast wunderbaren Berührung.

Im indischen Heuhaufen

Als ich von meinen Felsbildern zu unserem Wagen zurückkehrte, hatte sich unsere kleine Gesellschaft schon zu einer anderen Expedition zerstreut. Nur die ganz junge, rundliche und alleinreisende Rheinländerin, die sich vor allem durch ihre erfolgreiche Eingeborenenjagd hervortat, indem sie fast jeden Abend am neuen Ort auch einen neuen Bekannten vorwies, war im Wagen verblieben. Und als ich sie fragte, ob sie ihr Pensum denn schon erfüllt habe, meinte sie, daß sie ja stets ihre Aufnahmen mache, doch dann schnell damit fertig sei. Was wollte sie denn dann noch tun? Ob ich ihr das denn nicht sagen möchte.

Dergleichen weckt fast die Hoffnung, daß mit der Massenphotographie auch wieder etwas von jenem für eine höhere Bildungsgesellschaft so unerläßlichen Analphabetentum nachwachse, dessen Schwund von Laotse bis Goethe und Nietzsche schon so häufig beklagt wurde, weil mit ihm ja das einfachste Lehrbeispiel dafür verloren geht, daß es Dinge gibt, über die nicht ein jeder mitreden kann, während das Lesenkönnen für allzuviele die Versuchung des Gegenteils mit sich bringt.

In unserer vorwiegend helvetischen Gesellschaft, die zum guten Teil ernstliche Interessen hat, setzte aber unsere ebenfalls helvetische Reiseleiterin ihrerseits auch mit größtem Behagen ein ähnliches Analphabetentum voraus, indem sie zwar immer wieder halten läßt, um zum Photographieren von Teepflückerinnen, Reispflanzerinnen und Arbeitselefanten einzuladen, doch an den großen historischen Stätten am liebsten vorbei fährt und bei der Fahrt durch Dambulla nicht einmal Zeit für den Besuch des großen Felstempels fand. Als sie schließlich auch den Besuch von Anuradhapura, der als ein Höhepunkt auf dem Programm stand, wegen Zeitmangel strich, kam es zur Abspaltung einer Gruppe, die ihn auf eigene Faust machte.

Das Schlimmste daran war, daß sie mich von der Teilnahme mit der Drohung abhielt, sie könne dann keine Gewähr mehr dafür übernehmen, so rechtzeitig nach Colombo zurückzukehren, daß ich das Flugzeug nach Indien erreichte. Und das Zustandekommen der ganzen Indienreise, an der ja nur wenige einzelne teilnehmen sollten, erschien mir in diesen Tagen nach allen Erfahrungen schon höchst ungewiß. So pries ich mich denn auch glücklich, als ich nach unserer Rückkehr nach Mount Lavinia dann doch den zuständigen Agenten vorfand, der zwar seine eigene Verläßlichkeit hervorzuheben versteht, sich aber über den weiteren Lauf der indischen Reise höchst unsicher zeigt und uns mitteilt, wir hätten uns eben zu siebent auf eigene Faust durchzuschlagen. Er hoffe jedoch, daß uns in Madras am Flughafen ein Vertreter des indischen Fremdenverkehrs empfange.

So habe ich denn, als wir dann über die Wasserstraße von Palk den indischen Kontinent erreichen, auch das Gefühl einer Stecknadel, die gerade in einen Heuhaufen fällt. Veltheim spricht aber ja doch immer von seiner Mother India. Sei sie uns gnädig!

Und der gläubige Claudel hat auch wieder einmal recht. Nicht immer trifft das Schlimmste zu! Als uns ein junger, gepflegter und vorzüglich englisch sprechender Inder am Flughafen empfängt, glauben wir in ihm schon einen neuen Reiseleiter zu haben. Er ist jedoch der Manager des staatlichen Fremdenverkehrs von Madras überhaupt und eben das ist auch der Beginn einer so sorgfältigen, verläßlichen, komfortablen und bildungsbeflissenen Betreuung, wie wir sie von Schweizern und Deutschen auf Ceylon nur hätten wünschen können; wie man sie auch in Europa daheim nur wünschen mag.

Erste Betrachtungen bei der Einfahrt über die riesigen Avenues der südindischen Viermillionenstadt. Man kann gar nicht sagen, wie abträglich diese zwar gut gemeinte, doch ahnungslose negativ-superlativische Propaganda und Ideologie der Entwicklungshilfe dem Image des Landes ist. Die Zahl der täglichen Hungertoten immer noch höher und höher steigernd, hofft man damit auch den moralischen Druck zur Hilfe zu steigern. Und das Ergebnis ist, daß in Benthota und Mount Lavinia auf Ceylon drüben bereits das fashionable westliche Reisepublikum sitzt und meint: »Nein, nach Indien würden mich keine zehn Pferde bringen. Ich bitte Sie! Dieses Elend und dieser Schmutz!«

So töricht machen törichte Slogans. Dann muß man schon auch mit gutem Willen einige Zeit durch indische Länder fahren, um derlei Generalurteile zu verlernen. Vor allem die Vorstellung, daß Indien ein Land sei wie Deutschland oder Frankreich, von dem man trotz seiner inneren Unterschiede doch irgend etwas Bestimmtes sagen kann, ohne daß auch sein Gegenteil wahr wäre. Das britische Kaiserreich Indiens bestand ja auch noch vor einem Vierteljahrhundert aus 562 Fürstentümern, das eine so groß wie Deutschland, das andere so groß wie Liechtenstein. Und ihre Traditionen sind immer noch stärker als alle neue Verwaltung.

Aber noch weniger als ein Land ist Indien etwa ein Volk. Die Zahl seiner Sprachen schätzt man auf 845, unter denen natürlich einige wie das Hindi und Urdu im Norden oder das Tamil im Süden hervorragen. Aber das parlamentarische Englisch, das als einziger dünner Faden alles verbindet, erfaßt seinerseits auch nur etwa 2 Prozent der wohl bald 600 Millionen Einwohner. Und selbst von diesen zwei Prozent spricht dieses Englisch auch nur ein Teil recht verständlich und differenziert. Als vor einem halben Jahrzehnt aber der Kongreß in Neu-Delhi durchzusetzen versuchte, Hindi auf lange Sicht als völkerverbindende Reichssprache, als eine Art von indischer Lingua franca, zu akzeptieren, war das für Tamil Nadu, unseren Staat Madras, dem stärksten und selbstbewußtesten hier im Süden, der rechte Anlaß, um unter seinen fünf Schultypen mit Tamil, Englisch, Hindi, Regional- und Lokalsprache als je verschiedenen Unterrichtssprachen die Type mit Hindi überhaupt zu streichen.

Indien ist eben reicher und ärmer als so schnell kein anderes Land. Es ist heiß und kalt, trocken und naß, wüst und fruchtbar, höchste Kultur und Steinzeit, reinste Geistigkeit und Animismus, weiß wie Italien und schwarz wie der Kongo, berstend vor Menschen und menschenleer. Es ist ein Universalreich, unter dessen Kuppel alle Gegensätze Raum finden müssen. Die Zentralregierung ist trotz ihrer Mehrheiten fern und schwach, doch liegt ihre Stärke in ihrer Schwäche, indem sie sich nämlich mit möglichst wenig Gewalt zum Anwalt der allmählich vordringenden technischen Zivilisation macht. Doch liegt ihre Schwäche auch in ihrer Stärke, indem sie jedesmal unterliegt, wenn sie im Inneren etwas mit Gewalt zu erreichen versucht. Das ist seit Indira Gandhis Wahlsieg keine kleine Versuchung für sie.

Freilich ist in ihr auch der eigentlich geistige Magnetismus des Staatsgründers Gandhi erloschen. Sowohl Nehru wie seine Tochter bekannten und bekennen sich zu einem aufgeklärten und religiösneutralen Atheismus, einer Art indischen Josephinismus, der eben durch seine geistige Resignation dem Hinduismus wieder viel von der Macht zurückgab, die der Hindu Gandhi auch auf sich und seine Mission versammelt hatte. Zu den Widersprüchen der Lage gehört es dabei, daß gerade die am meisten anglisierten Inder die englandfeindlichsten und die westlichsten die dem Westen abgeneigtesten sind. Daher wird man denn auch auf die Frage, was diese ganze vielgestaltige und widersprüchliche Welt heute noch immer zusammenhalte, ohne zu zögern, antworten dürfen, daß es der Hinduismus ist – für sein indisches Universalreich immer noch etwas Ähnliches wie die Christenheit mit ihren Gruppen, Strömungen, Kämpfen, Parteiungen, Orden und Sekten für das alte Abendland. Und das überwältigende Votum der letzten Wahlen galt vielleicht auch noch mehr der Sorge um den bedrohten Zusammenhalt dieser indischen Universalgemeinschaft, als eben Frau Indira, die ihn symbolisiert.

Die ersten Eindrücke in Madras freilich entsprechen schon ziemlich stark der im Westen herrschenden Vorstellung, als wir das sehr komfortable und wohlklimatisierte Hotel betreten, dessen Luxus für einen Europäer darin besteht, daß er auf Schritt und Tritt von einem Schwarm mit Turban und Uniform geschmückter Diener umgeben ist, die sich seinem Wink erbötig zeigen.

Als wir dieses Hotel verlassen, bemerken wir auf unseren Streifzügen, daß die offiziellen und besseren Viertel nach dem Verrauschen der automobilistischen Stoßzeit noch verlassener und menschenleerer sind, als wir es im Westen gewöhnt sind, daß sich jedoch in den Zentral- und Vergnügungsvierteln ein ziemlich armseliger Menschenstrom drängt, der sehr wohl die mystische Geburtenlawine darstellen könnte. Auch die Hungersnot mit den bettelnden Kindern, die dem Gast kilometerweit folgen. Am stärksten berühren mich vier- und fünfjährige Jungen, die ihre wenige Monate alten, schlafenden oder erschöpften Geschwisterchen über der Schulter hängen haben und hinterher laufend mit der freien Hand und klagenden Rufen Gaben erheischen. Da ich meine Rupienscheine erschöpft hatte, stellten sich aber nach den abgefertigten Empfängern immer neue und neue ein und der letzte lief so lange neben mir her, bis ich schon an eine größere Banknote dachte – als er eben abfiel und mich so zwar vor der größeren Ausgabe bewahrte, aber denn doch auch belastete. Zwar kann man dazu wohl hören, wie lächerlich und hoffnungslos es sei, auf solche Art etwas zur Lösung der sozialen Probleme beizusteuern. Aber wer glaubt denn das auch? Dennoch ist es immer noch eine elementare, ja die einzig verläßliche Regung, dem unmittelbar und gegenwärtig Bedürftigen mitzuteilen.

Übrigens ist die Beharrlichkeit, Häufigkeit und Hartnäckigkeit der Bettler auf Ceylon weit größer als hier in Madras. Nur daß sie hier sehr viel ernster wirken, während es auf den Überlandfahrten drüben die Jungen fast sportlich und jedenfalls bei bester Laune treiben. An beiden Orten fällt mir nur auf, daß sie alle Kraft auf das Bitten, auf den Dank aber keinen Gedanken, nicht einen Blick, nicht die winzigste Geste verwenden. Vielleicht herrscht die Vorstellung, daß der Spender mit seiner Gabe sein eigen Teil ohnedies schon am Kharma weghabe.

Der geistliche Ozean

Über Massendunst und -trübsal wie mit einem Blick auf die freie See hinaus erhoben fühlen wir uns am nächsten Morgen, als wir unsere Fahrt nach Kantschipuram und Mahabalipuram antreten. In unserer Taxe haben wir eine gebildete, vorzüglich englisch sprechende und kultivierte Führerin, Mrs. Narayan, die uns im prächtigen Sari, mit der hinduistischen »religious mark« auf der Stirne und dem tamilischen Goldschmuck im Nasenflügel sehr wohl ein Stück Indien verkörpern kann. Das konnten wir nirgends besser gebrauchen als eben hier in Madras, der Stätte der allerengsten und stürmischsten ost-westlichen Geistesbegegnung in unseren Zeiten, in der sich die großen Gurus und Saddhus sammeln und an der schließlich auch die große westlich-russisch-angelsächsische Rückstrahlung des Buddhismus in der Theosophie ihr Zentrum gefunden hat. Unweit von Madras, im Süden, im ehemals französischen Pondichery, sitzt Aurobindo. Hinter Kantschipuram, auf das wir jetzt zustreben, saß der große Maharschi in Tiruvannamalai. Ich selbst war während meines kurzen Aufenthalts im Zwiespalt zwischen den Adressen, die mir für direkte Kontakte mitgegeben worden waren – und den Tempeln. Und entschied mich dann für die Tempel.

Ein wenig kompensierte diese, wie immer einseitige Entscheidung aber dann eben doch Mrs. Narayan, die ihre Führung für uns Westler sehr pädagogisch mit den hier an Indiens Ostküste ja nur seltenen christlichen Ansätzen begann. Da ist vor allem der Thomashügel, auf dem der Apostel am Ende seiner indischen Laufbahn der Überlieferung nach den Märtyrertod erlitten haben soll. Und die Portugiesen, die als erste westliche Eroberer hier Fuß faßten, errichteten über der so oder so gewiß erinnerungsschweren Stätte eine sehr eindrucksvolle Kirche. Sie vermag auch im alten Stil noch die geistige Aussage ihrer Botschaft in einer Art zu machen, die den indischen Heiligtümern gewachsen ist, während die späteren Missionsbauten ihre geistigen Schwächen oft auch schon architektonisch so deutlich verraten.

Solche Erinnerungen waren Mrs. Narayan jedoch, als ich das Gespräch mit ihr suchte, nur zur Einführung recht, um mich ganz sachte darauf hinzulenken, wie leicht doch alle Tiefe und Weite des Christentums im Hinduismus Raum finde. Dieser sei ja auch gar keine bloße Religion, sondern eine Philosophie, eine Art Ozean, in den die großen Ströme der Weltreligionen zu münden vermöchten, ohne dabei etwas aufzugeben. Er müsse sie auch nicht bloß dulden, sondern vermöge sie ganz und gar aufzunehmen, denn die Dreieinigkeit sei ihm als die von Brahma, Wischnu und Schiwa so gut bekannt wie den Christen die Dreieinigkeit von Vater, Sohn und Heiligem Geist.

Dabei war mir einen Augenblick wieder so ähnlich zumute, wie der Stecknadel, die in den Heuhaufen fällt und die mir auf dem Flug über die Straße von Palk in den Sinn gekommen war. Wo ist aber dann noch Identität an Lehren, die sich als Atheismus und Monotheismus und Polytheismus und Pandämonismus gleichzeitig darstellen, und in Gestalten, mit denen sich alle in alles verwandeln können, vergessenmachend, daß die Wahrheit ja für den Menschen in seiner Enge nur eine sein kann. Vor diesem Horizont des Unendlichen könnte ja alles, was rund ums Mittelmeer als mosaische, christliche und islamische Religion erschien, auch als höherer und gewaltsamer Provinzialismus erscheinen. Nur daß uns dieses Grenzenlose am hinduistischen Horizont, das sich mit seiner Universaldimension ins Unabsehbare ausdehnt auch der Grenzerfahrung beraubt, in der wir eben die Grundeigenschaft unserer selbst, eben die Begrenztheit, an der Antinomie, der Widersprüchlichkeit im Zu-Ende-denken und Zu-Ende-sein unser selbst erfahren. Erst indem wir das Unendliche denken, das *im*

Entwurf zu denken wir ja nicht vermeiden können, und das in diesem Sinne zu denken, uns erst zum Menschen macht, das *im Vollzug* zu denken, jedoch auch alle Zeit über unsere Kräfte geht, erfahren wir an ihm unsere Endlichkeit. Nicht weit genug denken ist die Voraussetzung dafür, auf seinem Leitstrahl des Unendlichen keinen Widerspruch als eine Grenze zu treffen.

Dies erfahren wir auch in praxi, im Widerspruch, daß wir nicht anders können als die Wahrheit als eine und allgemeine zugleich zu denken und eben dabei auch zu erfahren, daß es für den anderen auch eine andere Wahrheit gibt, die er seinerseits ebenso allgemein denken muß. Ja, daß wir diesen anderen so lange nicht verstehen, als wir ihn nicht mit demselben Widerspruch zwischen der einen und dennoch vielgestaltigen Wahrheit verstehen, die dem Liebeserlebnis, wie wir schon sahen, darin vergleichbar ist, daß wir es nur im Konkreten wirklich erfahren – an einem anderen als Einzigen; aber auch wieder am dritten nur ganz verstehen, wenn wir ihm zugeben, daß auch für ihn sein anderer wieder der einzige sein muß. Noch einmal und erst recht hier in Indien. Der alte und längst vergessene wörtliche Ursprung aller religio aus dem religere, das mit dem eligere und diligere, dem Wählen und Lieben, die gemeinsame Grundbedeutung des Erkürens, Sich-für-das-Eine-Entscheidens hat, leuchtet auch an seinem Ende wieder auf.

Und hier liegt wahrscheinlich das Eigentlich-Eigene des griechischen, christlichen, westlichen Denkens, das nicht im Grenzenlosen aufgehen kann, sondern das Eine eben gerade an der eigenen Grenze erfährt. Freilich versucht es das eben heute mit aller Macht zu vergessen. Welche östliche Botschaft würde im Westen von heute auch nicht viel leichter und widerstandsloser empfangen als die höchsten eigenen Einsichten: Kants Antinomie im Denken und der Skandal des Kreuzes im Glauben – Grenzerfahrungen dort wie hier. Für diesen gegenwärtigen Westen empfiehlt sich der große Osten ja auch nicht nur durch seine geistige, geographische und historische Ferne, welche die Unverbindlichkeit ganz allgemein erleichtert, sondern auch durch dessen Neigung, in der Dialektik von Universalismus und Radikalismus auf den ersten zu setzen. Das ist auch der eigenen Evasion sehr dienlich und erlaubt noch, jene Gerade des Denkens entlang zu laufen, die weder

gekreuzt noch gekrümmt wird. Nur freilich – was ist auch schon diese Grenzerfahrung des reinen, theoretischen Denkens, wenn ihr spiritueller Ursprung als Wunder so gut wie vergessen ist.
Wie durch eine selbstverständliche Grundströmung ist mit uns auch der eklektische Universalismus verbunden, der das neuere indische Denken beherrscht. Er ist wohl auch nur eine Antwort auf die christliche Herausforderung.

Die Schudras im Tempel

Alle Spekulationen verflogen freilich aus unseren Gesprächen, als wir auf unserer Fahrt über Land – und noch lange bevor wir in die großen Tempelstädte gelangten – in einem Dorf am Straßenrand auf den ersten Tempelwagen stießen. Er war nur eben zum Gebrauch beim nächsten Fest hier abgestellt, ganz natürliches, unbefangenes Dorfleben. Das verstand ich denn auch sofort. Die überquellende, ländliche Schnitzerei, die barocke Fülle, der ganze Götter- und Heiligenhimmel, der breite Turm auf den klobigen Rädern – was wehte mich da nicht alles an! Die wußten doch hier wahrhaftig noch ebenso gut und noch besser als wir, was in der katholisch-bajuwarischen Welt »Prangen« heißt: die Prangstangen am Palmsonntag in Irrsdorf, der lange Samson zu Tamsweg im Lungau, der Leonhardiritt und die Feldprozessionen, die Pracht, die ja eben von Prangen kommt, zu Fronleichnam.
Natürlich war diese erste Begegnung auch eine Vorbereitung für das, was uns eine gute Stunde später bereits bevorstand und dann doch immer noch überwältigend, ja, betäubend wirkte. Das tat es schon einmal durch seine bloßen, für uns ganz ungeheuren Dimensionen, da wir ja Madurai noch nicht kannten und keinesfalls darauf vorbereitet waren, daß vor diesen indischen Tempelstädten fast alles einschrumpft, was man aus den großen christlichen und islamischen Kultstätten kennt.
Doch warum machte mir dann von weitem bereits der riesige, stumpfe, skulpturbeladene, an eine schlanke Pyramide gemahnende Turm einen so lastenden Eindruck? – Wir erfahren ja frei-

lich auch oft an christlichen und islamischen Wallfahrtstätten, daß das Übermaß fremder Andacht die eigene lähmt, wie das auch mit der fremden politischen oder sexuellen Erregung gehen kann, wenn unser eigenes Organ dafür überkuppelt wird. Oder nähern wir uns den indischen Stätten, deren Jahrtausende-Alter uns wohl bewußt ist und die mit ihren Säulen, Hallen, Skulpturen, in manchem ja auch die Vorstellung ansprechen, die wir vom antiken Mittelmeer mitbringen, etwa mit der halbbewußten, doch selbstverständlichen Vorstellung, daß sie natürlich ihrerseits auch verlassen, verfallen, von der Würde und Wehmut und Einsamkeit aller Vergänglichkeit angehaucht, jedenfalls durch einen zeitlichen Abgrund von uns getrennt sind? Und nun treffen wir sie aber doch in Wahrheit überquellend von Menschen, ihrem Gedränge und ihren Geschäften. Wie würde uns wohl auch zumute sein, wenn wir unverhofft Delphi, Olympia, Ephesus, Heliopolis, voll von Menschen und Lärm und Schmutz und Dunst ihres alten Betriebs fänden? Ja, erstaunlicher wird uns der Unterschied zwischen unserer westlichen und dieser indischen Welt wohl niemals als bei dem Gedanken, daß sie ja doch noch in einem Zusammenhang lebt, als ob in unseren Städten noch immer die antiken Tempel in ununterbrochenem Kult stünden. Das können wir uns eben nicht einmal recht am Dom von Syrakus vorstellen, der doch der beinahe rein erhaltene Tempel der Pallas Athene ist.

Oder jedoch – kommt etwa als Drittes hinzu, was erst aus unseren Tagen stammt und wovon ich im Westen niemals gehört hatte, was mir in Maisur drüben jedoch ein junger Brahmane dann als entscheidende Wendung hinstellte? Daß nämlich Gandhi als eine der ersten Gaben und Taten der neuen Freiheit die Schudras, die zahlenstärkste und niedrigste Kaste, die dreitausend Jahre lang aus den Tempeln verbannt war, nun in sie einließ? Das war gewiß die schwerste Erschütterung der alten Kastenwelt überhaupt. Doch es stellte wohl auch für das Niedervolk ein ganz unvergleichliches Status-Symbol dar, das die Scharen nun in die Tempel treibt und das dem ohnedies noch lebendigen, alles verbindenden religiösen Leben einen ungeheuren Aufschwung gibt. Einen Aufschwung schon gegenüber der buddhistischen Welt auf Ceylon, aber erst recht der westlichen Welt gegenüber, zu der diese Massenfrömmigkeit wohl den bedeutendsten Klimaunter-

schied darstellt. Eine fast unbemerkte, doch unabsehbare Revolution. Vielleicht auch nur deshalb, weil hier eben noch etwas Ernstliches abzutragen ist?
Kantschipuram ist eine der sieben heiligen Stätten der Hindus: Benares, Hardvar, Udschayni, Muttra, Ayodhya, Dwaraka – und eben Kantschipuram. Drei Schiwa- und drei Wischnu-Tempel sind in der Stadt vereint. Oder umgekehrt eher: Die Stadt selbst ist bloß die Siedlung zwischen diesen sechs Heiligtümern. Die Tempel selbst, von denen ein jeder aus einer Vielzahl von Türmen, Hallen, Höfen, Teichen und Säulengängen im riesigen Mauergeviert besteht, sind die Stadt – nicht allein das Zentrum des kultischen, geistlichen, künstlerischen Lebens, sondern auch das der Sicherheit, der Gesellschaft, der Bildung, der Schule, des Handwerks.
Der Schiwa-Tempel, den wir als ersten betreten, hat eben auch schon beim ersten Anblick des pyramidenstumpfen Ekambaranather etwas Zermalmendes; Hunderte, Tausende von Gestalten ziehen den Blick von einer zur anderen, lassen ihn dann von Stufe zu Stufe bis zu den Zinnen steigen und den Kopf im Nacken erstarren – bis man sich löst und entmutigt erkennt, daß das ja doch nur einer von mehreren solcher Türme ist und daß sie alle zusammen ihrerseits auch nur die Pforten zu noch viel größeren und noch viel reicheren Hallen und Gängen sind.
Dann vertraut man sich, an der eigenen Orientierung verzweifelnd, dem Strom der Besucher an, wird auf eine Säulenhalle zugeführt, in deren Mitte ein Altar steht, vor dem die Andächtigen schon in lockerer Reihe warten, bis der Priester dann mit Feuer und Räucherwerk hervortritt und die Stirnen mit den heiligen Zeichen bedeckt – ein Ritus, der in der westlichen Welt eben nur noch bescheiden in den katholischen Aschermittwoch-Gebräuchen des Einäscherns bis jetzt erhalten ist, hier aber täglich und mehrmals täglich geübt wird.
Im Schiwa-Tempel sind es zur Weihe des Weltherrn drei waagrechte Striche untereinander. Wischnu zeichnet die Seinen dagegen mit drei senkrechten Strichen. Das eine das Meer, die Welt, das unendlich und grenzenlos flutendene Leben, das andere der aufwärtsstrebende Geist, der Rang, die Ordnung, die alles erhält – und erhalten muß. Nicht zufällig blickt daher Schiwa ohne An-

sehung der doch immer wieder versinkenden Ordnungen auf den unendlichen Kreislauf und Umschwung, auch an der Staaten, auch an den Kasten; und darauf, daß ihre Träger oben und Träger unten bereits im nächsten Augenblick – bei der nächsten Wiedergeburt – verwandelt und umgekehrt sein können. Darum ist es ja auch sein Name, den das breite Volk am allerhäufigsten anruft, gewiß, daß auch kein Brahmane an Schiwas Höhe und Würde auch nur einen Augenblick zweifeln kann; aber auch wissend, daß eben der Wandel, das Weiterfluten, seine eigene beste Hoffnung ist: Anders ist besser. Auch die Kschatryas wissen, daß von ihm ihr Kriegsglück und ihre Macht, die Vaischas, daß von ihm ihr Erfolg und Verlust abhängen.

Getragen wird aber immer von unten nach oben, in der Senkrechten, die die Striche Wischnus bedeuten: die Ordnung eben, den Rang, die Kaste, die Verantwortung, das Erhaltende und Bewahrende, zu dem sich die höheren Kasten, vor allem die Brahmanen auserwählt wissen; da sie auch im Opfer ihr Priesteramt zu diesem Blick und Griff nach oben verpflichtet; und da dieses kein irdischer Wechselfall anrühren darf, weil von ihm auch die Ordnung und Sicherheit alles anderen abhängt. Ob sich Nietzsche, der im Westen mit seinem Willen zur Macht diese Schiwa-Welt einst so grell beleuchtete – »als Kraft überall, als Spiel von Kräften und Kraftwellen, zugleich eins und vieles, hier sich häufend und zugleich dort sich mindernd, ein Meer in sich selber stürmender und flutender Kräfte, ewig sich wandelnd, ewig zurücklaufend, mit ungeheuren Jahren der Wiederkehr ... diese dionysische Welt des Ewig-sich-selber-Schaffens, des Ewig-sich-selber-Zerstörens, diese Geheimniswelt der doppelten Wollüste« – ob dieser Nietzsche, der sein eigenes Jesus-Bild ja auch aus Indien holte, sich hier des Widerspruchs zu seinen eigenen, steilen und aristokratischen Idealen bewußt war? Zu seiner eigenen Frage: »Was ist vornehm?« – Zu seinem »Wohlgefallen an den Fürsten und Priestern, weil sie den Glauben an eine Verschiedenheit der menschlichen Werte selbst noch in der Abschätzung der Vergangenheit zum mindesten symbolisch und im ganzen und großen tatsächlich aufrecht erhalten«. Hier steht er mit seiner Generalkonfession auf der Gegenseite von alledem, was er gerne sein möchte: vornehm, verantwortlich und von unzugänglichem Rang, geborener Herr.

Da tauchten wir wieder ganz anders in die Welt Schiwas ein, als wir aus unserer Säulenhalle in den großen Tempelhof traten, dessen Mitte ein mächtiger Teich einnahm. Sein grünes Wasser war von Algen, Fischen und Pilgern erfüllt, die größtenteils in Kleidern hineinstiegen. Vor allem Frauen. Und der Priester bestand zum Teil mit Humor, zum Teil mit Strenge darauf, daß die Widerstrebenden so weit untertauchten, daß auch der Scheitel versank. Die geistige Macht der symbolischen Reinigung, die auch die christliche Taufe erfüllt, beherrscht hier noch alles. Und etwas von ihr strahlt auch auf häufige Waschungen aus, die man eben auf Überlandfahrten an Flüssen, Seen, Teichen und oft den lehmigsten Tümpeln trifft, deren trübes Wasser auch in Kleidern betreten wird. Noch einmal gibt mir zu denken, wie bei uns doch die möglichst perfekte physische Reinigung als eines der wenigen unbezweifelt gebliebenen Wertgefühle und Statussymbole wie selbstverständlich moralisiert wird, während die symbolisch-moralische Reinigung hier auch als physisch wirksam empfunden wird. Wir fühlten uns selbst auch aller Läuterungen bedürftig, als wir an den heiligen Mangobaum traten, unter dem Schiwa einst seiner Gattin erschienen war. Und wir fühlten uns etwas erleichtert, als wir dann der großen Tempelstadt Schiwas, in der allein an die hundert Priester ihrem Herrn und den Massen dienen, in den fast einsamen nahen Kailasanather-Tempel traten, der Wischnu geweiht ist. Er begegnete uns nämlich, wie wir es eben gewohnt sind, daß uns große Geschichte und klassische Schönheit begegnen, – als Ruine oder Beinahe-Ruine oder eben nur wunderbar erhaltene Vergangenheit. Natürlich ist er in seinem Hauptteil wesentlich älter als der Schiwa-Tempel, der aus dem vierzehnten nachchristlichen Jahrhundert stammt, an dem seither immer weitergebaut wurde, während dieser hier schon im späten 7. Jahrhundert entstand und fast unverändert blieb – eine der reinsten Verkörperungen des großen Stils der Pallavan-Dynastie, trotzdem es keinerlei stilgeschichtliche Bezüge gibt, etwas an die späte Romanik erinnernd, vor allem in seinem kostbaren Innenhof und dessen Kreuzgang. Hier wirkt das Heilige noch um so überzeugender, als es in seiner Stille und Einsamkeit wie verschlossen liegt. Daß es immer noch da ist, merken wir wohl an der Strenge, mit der auch Mrs. Narayan darauf achtet, beim Betreten des Gevierts die Schuhe abzulegen.

Lebendig für uns und für Indien erst recht ist freilich auch der Konflikt, der sich hier zur Zeit des Reformators Ramanuja in diesem Wischnutempel zwischen den Turkalais und den Warakalais entspann, von denen die einen dem Katzen- und die anderen dem Affen-Weg folgten. Katzenweg für die einen, weil sie sich sicher fühlten, die Gnade würde sie ohne eigenes Zutun fürsorglich wie die Katze ihr Junges im Maul zu ihrer Bestimmung führen; Affenweg für die anderen, weil sie meinten, das Zutrauen ganz allein sei nicht genug, man müsse sich an seine Führung auch mit aller Macht anklammern, wie sich die Affenkinder an ihre Mutter klammern. So kam der Mensch hier ein halbes Jahrtausend früher an den Scheideweg, der in der westlichen Reformation die Geister so bitter zwischen der gratia sola Luthers und der katholischen gratia sufficiens trennte, der wir mit Taten nachhelfen sollen.

Immerhin war dieser Tempel für uns die rechte Atempause, um uns nun erst ins allergrößte heilige Gedränge zu stürzen, als wir durch die von Menschen überquellenden Straßen, an riesigen Tempelwagen vorbei, vor denen der kleine dörfliche ganz verschwunden wäre, die ihrerseits aber für uns jetzt im Übermaß der Dimensionen und Massen beinahe verschwanden – so also nun zum großen Wischnu-Tempel Varatharaja Tirunal kamen. Er ließ es denn auch an Besuchern so wenig wie der Schiwa-Tempel gebrechen und übertraf ihn noch als ein erstes Beispiel der indischen Weltwunder an Zahl und Kunstfertigkeit seiner Werke. Als wir in der tunnel-ähnlichen Einfahrt des großen Turms standen, um auf die Reisegefährten zu warten, die sich im großen Bazar vor dem Tor verloren hatten, empfand ich mich trotz unserer getreu-gelehrten Begleiterin doch ein drittes Mal wieder wie die berühmte Stecknadel, die in den Heuhaufen fällt und die niemand mehr finden wird, wenn sie nicht glücklich wieder herausfällt. Da paßte es denn auch nicht übel, daß wir von unserem Standort aus auf den großen Tempelbrunnen zu blicken vermochten, von dessen Fries seltsame Kettenstücke herunterhingen, deren Glieder gut daumenstark waren und den Durchmesser einer kräftigen Spanne hatten. Von ihnen erfuhr ich nun, daß sie, so wie die Glieder hier locker und frei aneinander hingen, doch als Kette aus einem einzigen Stein gemeißelt waren. Das erinnert schon etwas an das keltische Märchen, in dem ein Waldvogel ein Gebirge aus

Diamant abträgt, indem er alle hundert Jahre einmal daran pickt. Da übersteigt es auch schon meine Aufnahmefähigkeit, als wir in der großen Tempelstadt dann ohnedies nur mehr in die eine Halle der vierhundert Säulen geführt werden, von denen jede mit anderen und teils mehreren Figuren besetzt ist, die wie aus Erz wirken, aber ebenfalls aus einem einzigen Steinblock gehauen sind. Immer wieder die klassichen Szenen des Tanzes, des Kampfes, der Gotterscheinung, des Liebesspiels und der Verwandlung von einer beinahe vollkommenen Schönheit. Nebenan stehen in ihrem Gehege die Elefanten, die zu den Tempelfesten zu tanzen pflegen.
Doch gibt es auch ein Erstaunen, das uns nicht mehr erweckt und erhellt, sondern lähmt und betäubt. Dazu paßt es dann, daß wir hören, in Maisur drüben würde wir auch noch Tempelhallen zu sehen bekommen, die mehr als doppelt so groß als diese hier seien und tausend Säulen von solcher Art hätten. Wieviele kleinere Massen haben im Vatikan schon humanistische Pilger betäubt!
In dieser Verfassung fahren wir etwas erleichtert und aufatmend dann über Land, ohne großes Bedauern vorbei an anderen Tempeln, Burgen und Wallfahrtstätten, zu denen ich sonst wohl von weither gepilgert wäre. Statt dessen begrüßen wir jetzt die Küste des bengalischen Golfs – und das Restaurant, in dem wir uns an dem Anblick des Ozeans laben. Und nach der Siesta erst recht an der Brandung, in die wir immer wieder hinausschwimmen, nur mit einem Blicke gewahrend, daß auf dem kleinen Vorgebirge schon wieder ein anderer Tempel steht.
Wir waren ja auch schon im Feld von Mahabalipuram. Und das ist wohl eine der seltsamsten Stätten, Lehrstätten, Werkstätten und Versuchsstätten der Welt. Man mag an die unvollendeten Sklaven Michelangelos in Florenz denken oder auch in Siziliens Nordwesten an das einsame Segesta auf seinem trockenen Hügel, das ja der reinste und edelste griechische Tempel erscheinen könnte, wenn man nicht erfahren würde, daß er es gar nie war und als eine vollkommene Kulisse stehen blieb, ehe er eingeweiht wurde. Das verleiht einem solchen Gebilde dann freilich etwas Puppenhaft-Taubes. Das Kunstwerk ohne den Geist, dem es dienen sollte, bleibt leer.
Aber das alles sind auch nur kleine, schiefe und unvollkommene Entsprechungen dessen, was uns nun hier an Tempeln, Burgen,

Skulpturen und riesigen Felsbildern begegnet, die alle aus dem lebendigen Stein zur reinen Übung der Meister herausgeschlagen wurden und gar nie für einen ernsten Gebrauch bestimmt waren. Da werden dann eben auch Michelangelos titanische Entwürfe klein. Und während uns das von den Jahrtausenden aufgebaute geistliche Urgebirge von Kantschipuram noch eben durch seinen graniten Ernst und Druck beklemmt hatte, nimmt uns hier nun das L'art pour l'art, die spielerische Freiheit, der alexandrinische Aufwand, die bedenkenlose Verschwendung von Kraft und Genie, die absolute Ästhetik, den Atem. Welche Menschheit und welche Gesellschaft muß das gewesen sein, daß sie eine Herrschaft wie die der reichen und glückhaften Pallavas ertrug, die im 7. und 8. Jahrhundert nach Christus ihren fast souveränen Meistern und ihren Heeren von Werkleuten eine Probierstätte einrichtete, in der zur bloßen Übung Werke geschaffen wurden, die andernorts nur für die heiligsten Zwecke und die Jahrtausende vollbracht wurden.

Nun zeigte sich aber, daß sie auch hier für die Jahrtausende stehen. Doch eben von vorneherein ohne auch nur den Vorwand geistigen Ernstes, der in Baalbeck oder am Vatikan für die Massen gebraucht wurde, die das Spiel des Schönen, den Tanz vor der Bundeslade, nicht so ohne weiteres verstanden. Auf einem Feld sind fünf monolithische Tempel versammelt, die so aus den Felsen geschlagen wurde, daß damals die riesigen freigewordenen Steinmassen und zu Beginn unseres eigenen Jahrhunderts der vom Seewind wieder herangeführte Sand beiseite geräumt werden mußten. Sie mußten also gar nicht gebaut, sondern freigelegt werden. Und wenn man ihre Hallen, Stockwerke, Schreine, Kuppeln, Säulen und Standbilder betrachtet, übersteigt es fast jede Vorstellung. Immer noch bewunderungswürdig genug, aber doch auch schon spielerischer und ästhetischer wirken zwischen ihnen die haushohen Skulpturen von Elefanten, Bullen und Löwen, die ebenfalls monolithisch aus dem Felsen gehauen wurden, naturalistisch-charakteristisch, selbst wo sie auch noch etwas heraldisch wirken, doch das Typische der Bewegung und Haltung der Tiere wie der Jäger sein Wild treffend. Das alles scheint etwas super-alexandrinisch, von den großen Mythen zwar noch genährt und gewärmt, aber doch auch schon ästhetisch-frei, mit ihnen als bloßen Motiven schaltend. In der Mahischasarunardi-Höhle hat man sich damit begnügt, eine mächtige Nische in den Felsen zu sprengen und ihre Wände mit großen mythologischen Skulpturen zu bedecken; den Kampf der Gottheit mit dem Büffeldämon darzustellen, Wischnu in Ruhe das heroische Tod-Leben-Spiel auf seinem Schlangenlager verfolgend.

Das größte und geistig Bedeutendste ist wohl in eine mächtige, freie, nur in der Mitte durch ein Wasser-Rinnsal gespaltene Felswand gegraben: Arjunas Buße. Für sie ist ein gewaltiges, himmliches und irdisches Theater aufgeboten, in dem Arjunas göttlicher Schirmherr Schiwa selbst die Hand über ihn hält, umwogt von himmlischen Heerscharen der Kinnaras und Sandhavaras, von unten durch die Andacht der Anachoreten in ihrer Kapelle getragen, deren franziskanischen Frieden mit dieser Welt Hirsch und Hunde zu ihren Füßen andeuten. Wie weltbewegend die Buße des seine Hände erhebenden, ringenden, zum Skelett abgemagerten königlichen Asketen aber auch sei, sie ist vor allem dadurch bedeutungsvoll, daß sie fast unmittelbar am Weltspalt stattfindet, eben dem vom Wasser in den Felsen gegrabenen Rinnsal, das Nagas und Lagunas, Halb-Mensch-Halb-Schlangen-Geschöpfe, zum symbolischen, lebenspendenden Ganges erheben. Zu ihm eilen, alles schon durch ihre Größe beherrschend, von der anderen Seite des Spalts her, die frömmsten Tiere der Erde, die Elefanten, deren bukolischer Friede gegenüber den geistigen und politischen Dramen des Menschen durch das ironische Lichtlein einer Katze pointiert wird, die, abgemagert und aufgeregt, vor dem Rüssel des Leitelefanten in der Haltung Arjunas ihrerseits auch Buße spielt. So idyllisch ist das Ringen der Geister und Mächte hier schon geworden. Für diese Welt ist die Bhagavadgida etwas ähnliches wie Homer für Kallimachos im Alexandrien des dritten Jahrhunderts vor Christus. Man versteht es auch besser, wenn man von der anderen Seite auf Stufen denselben Felsen erklimmt, der mit einer Art von Tempelburg gekrönt ist, von der man im kühlenden Seewind über das Land auf das Meer und den Küstentempel hinausblickt. Das ist für unsereinen beinahe Luft von der Luft Kap Sunions. Attische Frische und Freiheit, Kühle und Fülle. Nur daß das Schönwetter und die Windstille selten sehr lange vorhalten. Und wenn man die Wirkung bedenkt, die griechische

Kunst einst nach Alexander auf Indien ausübte, wenn man auch die Wirkung bedenkt, die indischer Geist schon seit langem und für uns eben wieder ausübt, ist die große, verwandelnde, umgestaltende Begegnung mit indischer Kunst im Westen trotz aller Sammler und China- und India-Shops doch erstaunlich bescheiden geblieben; vor allem exotisch, von der Aneignung kaum schon zu sprechen erlaubend.

Ein dravidisches Arkadien

Am nächsten Morgen sprangen wir mit den Indian Airlines von Madras nach Bangalur. Und nicht so sehr auf dem etwas umwölkten Flug als vielmehr an dem freieren Atmen bei unserer Landung merkten wir dann, daß wir runde tausend Meter höher als an der Küste waren. Am Flugplatz empfing uns ein junger und liebenswürdiger Mann, der sich mit den beiden wartenden Taxen als unser Reisebegleiter präsentierte. Und wenn er auch ein etwas hartes Englisch sprach, so erwies er sich auf der Reise doch als ein Schlüsselinhaber des Landes, das sein Verwaltungzentrum aus Maisur, der Residenz des Maharadschas, in sein Handelszentrum nach Bangalur verlegt hatte. Die Stadt stellte sich mit ihren sauberen, breiten Avenuen, großzügigen öffentlichen Bauten, Kasernen, Schulen und Hochschulen, gepflegten Geschäftsvierteln, seinem Verkehr und Gewerbefleiß, als eine Kapitale dar, die jedem mittleren westeuropäischen Land zur Ehre gereichen würde. Mochte die Landschaft selbst in ihrer behaglichen Fülle und Fruchtbarkeit auch arkadisch wirken, Siedlungen, Städte und Anlagen wirkten in ihrer nicht minder behaglichen, wohlgeordneten Tüchtigkeit eher oberösterreichisch oder savoyisch. Ein ordentliches und wohlhabendes Land, das auch Sinn für seine eigene Repräsentation hatte, das reine Gegenteil des Klischees vom Hunger-Indien. Ohne Erstaunen trifft man in den Hotels und Geschäften auch viele Deutsche, Schweizer und Engländer.

Doch unser Weg führt uns rasch weiter, ins namengebende historische Zentrum des Landes, nach Maisur, durch wohlbestelltes

Land mit seinen Höfen. Vor einem Flecken halten wir bei einer großen Seidenraupenzucht, in deren Geheimnisse wir von biologisch-geschulten Kräften eingeweiht werden. Tempel und Kultstätten passieren wir wieder mit dem Hinweis, daß uns viel Größeres noch bevorstehe.

Der schönste Gewinn auf der langen Fahrt sind die Erzählungen unseres jungen Begleiters, der sehr persönlich aus sich heraus geht, nachdem er sich einmal – beiläufig auf eine Frage antwortend – als Brahmane enthüllt und ich ihm bekannt hatte, daß uns ein solches Geleit zur Ehre gereiche. Und ihm verdanken wir dann einen realistischen und unprätentiösen Einblick in das, was von der Kastenwelt heute in Indien noch blieb. Am ehesten macht man sich davon wohl eine Vorstellung, wenn man an die Lage des Adels in unserer Gesellschaft denkt. In der Arbeits- und Berufswelt spielen die Unterschiede der Kasten offiziell ja gar keine Rolle mehr. Am wenigsten dort, wo der Arbeitende im Großbetrieb anonym bleibt. Etwas mehr aber dort, wo die menschlich-persönlichen Umstände doch noch ein größeres Gewicht haben. Immerhin bleibt den Brahmanen wohl das Bestreben, ihre alte priesterliche und geistliche Funktion wenigstens auch in geistigen oder doch intellektuellen Lehr- und Intelligenzberufen weiterzuverfolgen. Und als solchen sah unser Begleiter wohl auch seine eigene Aufgabe an.

Dagegen kann man sich die eigentlich gesellschaftliche und familiäre Bindung kaum fest genug vorstellen. Unser Führer verhehlt auch nicht, daß in seinem Vaterhause kein Angehöriger einer minderen Kaste Zugang findet. Und wenn er auch selbst durch seinen Beruf gelegentlich dazu gezwungen oder doch verführt wird, einen Bissen Fleisch zu essen, so wagt er das seinen Eltern, die sich ans brahmanische Fleischverbot noch aufs strikteste halten, nicht zu gestehen. Mythus oder Erinnerung – in seiner Familie wird jedenfalls auch noch überliefert, daß sie aus dem Norden Indiens stamme und von dort einst durch die Arier vertrieben wurde, was wohl auch offen läßt, daß sie selbst mit diesen nach Süden kam, aber dann mit der Übernahme des Dravidischen diese Auslegung günstiger fand.

Auch kontrastiert sein unverhülltes Interesse an modernen Magazinen und den Größen des indischen Massenfilms merkwürdig mit den strengen Lesungen der heiligen Veden in seinem Hause, zu denen auch er sich unvermindert verpflichtet fühlt. Hier lebt auch noch die Erfahrung der rituellen Lesung als geistiger Übung, die im Westen ja mit dem Abbau des katholischen Breviers fast ganz in Vergessenheit zu geraten droht. Ganz naiv, so wie seine Vorliebe für Magazine und Filme, gesteht er ja auch, daß er sich glücklich preise, Brahmane zu sein. Gewiß wird auch das in der ungeheuren indischen Welt sehr verschieden sein. Da in ihr aber noch immer rund 80 Prozent der Bewohner auf dem Dorfe leben und unser Freund aus dem städtischen Milieu im zivilisierten und industrialisierten Maisur stammt, auch zur jungen Generation zählt, liegt seine Bindung wohl eher unter dem allgemein-indischen Durchschnitt. Mit Stolz und ein wenig Sorge und Dankbarkeit für seine Eltern, die das für ihn und seine Geschwister aufbringen müssen, erwähnt er auch, daß eine standesgemäße Hochzeit für seinesgleichen einige tausend Rupien koste. Und das ist Ehrensache. Niemand denkt auch nur an die Möglichkeit, eine Ehe »formlos« zu schließen.

Wenn ein Schiff untergeht, wie es die herrschende Meinung über die indische Kastengesellschaft ist, dann denkt natürlich ein jeder daran, daß ja noch jedes Schiff schließlich unterging. Der Weltgeist lockt jedoch seine neuen Seefahrer dann mit dem Horizont der unendlichen Gleichheit wieder hinaus und gewinnt sie für neue Klassen und Kasten erst, wenn sie auf hoher See sind. Eben in dieser Zwischenzeit schwebt dann die Fata Morgana der machbaren Vollkommenheit und der vollkommenen Machbarkeit vor, die ihre Ordner zunächst mit Gewalt tabuiert, bis diese gewalttätigen Hordenführer und Häuptlinge, Kommissare und Sekretäre, im Laufe der Generationen ihren Terror zu einem Sanctum und ihr Sanctum zu einem Sacrum sublimiert haben. So wird diese eingeebnete Welt nach ihrer Erosion wieder tektonisch gewölbt und die Geschichte gewinnt auch als Wert- und Rangordnung ihre Perspektive zurück.

Und hier liegt wohl auch die Koppelung der menschlichen Gesellschaftsordnung mit dem Großen Weltjahr: die Zuordnung, die der geistliche Stand der Brahmanen dem Kritajuga, die kriegerisch-politischen Kschatryas dem Testajuga, die Gewerbe, Handel und Landwirtschaft treibenden Vajschas dem Dwaparajuga und die

Schudras, die Masse, dem Kalijuga verbindet. Im Raum des Mittelmeers wird diese Abfolge ja auch bei Ovid noch als goldenes, silbernes, ehernes, eisernes Zeitalter überliefert: »Aurea prima sata est aetas – Im Anfang war das goldene Zeitalter«.

Doch lassen sich diese Visionen ohne Einbuße eben gar nie mit einem bestimmten Abschnitt vollkommen gleichsetzen, womit ja auch ihr Charakter als Idee, als Vernunftsbegriff, hinfällig und durch ein flaches Schema ersetzt würde. Worauf es ankommt, das ist, den Charakter einer Zeit, allermeist *seiner* Zeit, zu erkennen, wie man auch an einem Einzelmenschen den Charakter im Fluge gleichsam, in einem entscheidenden Augenblick, als Idee von ihm wahrnimmt, was freilich nie ohne divinatorisches Risiko, Urteilsverantwortung für uns selbst, geschehen kann. So werden submarine Zusammenhänge, Schattierungen der Erde und ihres Bewuchses aus dem Flugzeug erblickt und verschwinden wieder, so wie sich der Berechnungswinkel des Lichts verschiebt. Manchmal erscheint auch dieselbe Folge des Ablaufs in größeren, manchmal in kleineren Kreisen.

Ähnlich geht es gewiß auch mit dem Wiedererkennen an anderen Orten. Man kann in der früheren griechischen Geistesgeschichte brahmanische Züge erkennen. Am reinsten wohl an Pythagoras und Empedokles, vielleicht auch an Heraklit noch, wenn man daran denkt, daß er als Anachoret in den Wäldern endete, auch seinen unbändigen Propheten-Trotz mit der Einsicht zusammenbringt, welche Ansätze hier in den Aufständen und Bürgerkriegen seiner Zeit erstickt wurden. Und dann Platon, der wohl selbst das war, was er verkündete: Anamnese, Erinnerung; mit dem Fall, der Sünde, dem Kharma, der Läuterung, auch dem Kastenstaat; mit seinen Weisen, Kriegern, Gewerbetreibenden, Massen, als seinen Brahmanen, Kschatryas, Wajschas, Schudras. Und wenn auch sein Versuch, eine solche Ordnung mit der großen Expedition in Sizilien durchzusetzen, scheiterte, so wirkte er als Idee doch über die Jahrhunderte und Jahrtausende.

Am stärksten und nächsten wohl mit dem neuen Zyklus, den das germanisch-eroberte Abendland antrat. Eben hier läßt das aus verschiedenen Wurzeln sprießende Humanum, der Makros Anthropos, eben sein Eigenes und Gemeinsames, seinen durchgehenden Charakter, erkennen.

Denn schärfer wurden ja, wie wir schon sahen, auch im Westen die Stufen des geistlichen, ritterlichen, bürgerlichen und Massencharakters kaum einmal ausgebildet als eben in den Jahrhunderten vor dem Jahrtausend, das uns die neue Umdrehung anzeigte, indem sie die gesellschaftliche und geschichtliche Vierzahl wieder von vorne begann. Eben das ist auch heute noch unsere tiefste Phylanamnese. Und nicht nur die Restaurationen, sondern auch die Revolutionen bestätigen sie, indem sie sich immer noch daran orientieren. Beide kommen jedoch nicht darüber hinweg, daß der geistliche Stand, daß die Brahmanen der frühen abendländischen Christenheit, allzu rasch in die Kschatria-Pflichten des Herrschens und Kämpfens verwickelt wurden, obgleich man doch meinen müßte, das ihnen eben das christliche Sakrament eine noch höhere Opferfunktion hätte zuweisen müssen, als dies die Veden in Indien taten.

Dieser Verfall der Theo-Archie, die in Gott ihre Arche, ihren Ursprung hatte, in die Theokratie, in der die Kirche trotz aller, immer wieder aufbrechenden Läuterungsversuche zu regieren versuchte, löste denn auch den Kampf der zwei Schwerter zwischen Kaiser und Papst als Rivalen aus, mit dem gerade der siegreiche Papst seinen wahren Rang einbüßen mußte. Vielleicht aber wird damit auch erst die für uns alle empfindliche Grenze Platons offenbar, der den vollen brahmanischen Rang seiner Philosophie bereits aufgab, als er ihnen die mindere Pflicht des Regierens, des Königseins, zuwies oder jedoch die Regierenden zu Philosophen erheben wollte. So wird einer der wirklichen Rangunterschiede zwischen der indischen und der Welt des Mittelmeers offenbar. Und gegen diese Kastenverwerfung erhob sich ja zunächst eben in Byzanz mit seinem Caesaropapismus auch eine übermächtige Mönchsbewegung der »heiligen Männer« zur Wiederherstellung der Ordnung. Eben sie war dann auch die kostbare Frucht, die das Westreich nach dem Zusammenbruch der karolingischen Gründung übernahm. Und um das volle Jahrtausend schien das einzige Mal eben die Ordnung der vier Stände fast unbestritten. Die Stunde des mystischen Jünglings und Kaisers Otto III. und seines Meisters, des heiligen Ulrich.

Nur der ahnungsvolle Schiller versuchte das Thema dann noch einmal in der Ballade bildhaft zu machen, in der sich nach dem historischen Restaurationsversuch des alten Reiches der erste Habsburger unwürdig nannte, nochmals das Pferd zu besteigen, das er dem kleinen ländlichen Brahmanen, dem Kaplan, auf seinem Versehgang, für den Opferdienst geliehen hatte.

Das Gästehaus des Maharadscha

Auf dem Weg von Bangalur nach Maisur kommt man auch über eine der großen historischen Schwellen, über die Indien in seinen letzten großen, inzwischen verlassenen Geschichtsabschnitt eintrat, nämlich das britische Kaiserreich Indien. Und wenn man auch in unserer Generation über das allerorten entfachte Freiheits- und Fortschrittspathos hinaus noch nichts deutliches Weiteres aussagen kann, so verdankt doch der große Raum in neuerer Zeit vor allem diesem Reichsgebilde den inneren politischen Zusammenhalt, der sich auch mit den Wahlen des Jahres 1971 so eindrucksvoll bestätigte.

Und dieser Eintritt ins britische Kaiserreich knapp vor Maisur heißt Seringapatam, der Ort der großen Ballade, an welchem der Maharadscha hinter mächtigen Wällen und Gräben, die aber selbst schon ganz schottisch wirken, einen letzten Rest indischer Freiheit gegen den allerorts weiterdringenden, britischen Leviathan zu verteidigen gedachte; aber dann, wie das eine jede Ballade verlangt, durch Verrat zu Fall kam. Um sich aber zu überzeugen, daß das Land damit nur aus dem Bereich des einen Eroberers in den des anderen trat, und sich im einen so gut etablierte wie im anderen, muß man nur gleich darauf nach Maisur selbst kommen. Derselbe Maharadscha, der als letzter Indiens Freiheit gegen England verteidigte, war doch auch selbst schon ein Träger der islamischen Herrschaft, die auch so tief in den indischen Süden gedrungen war. Und zwar nicht etwa nur so wie die ungarischen Vorstöße nach Thüringen oder die türkischen bis vor Wien gelangt waren, ohne dort bliebende Spuren zu hinterlassen, sondern sehr wohl und sehr lange den Stil der Herrschaft bestimmend. Selbst der aufgeklärte und fortschrittliche Vorgänger des nun entmachteten, aber

auch jetzt noch hier residierenden Maharadschas Sri Krischnajara Wadiyar Bahadur, baute seinen ungeheuren neuen Palast noch ganz im turko-islamischen Stil, übte in ihm auch sein Regiment aus, umgab sich mit einem beinahe allmächtigen islamischen Divan, der sich nach seinem Tode für einige Zeit auch zum Nachfolger aufwarf. Die Herrscher des Morgenlands, die ihr Gewicht in Gold aufwiegen lassen und auch für Indien so typisch waren, trugen offenbar beinahe unausweichlich islamische Züge. Und sie überdeckten damit seit einem und einem halben Jahrtausend auch die Gestalt Aschokas, der im dritten Jahrhundert vor Christus als eine Art von Replik auf die Herausforderung Alexanders des Großen und als eine Art von vorweggenommenem Karl den Großen Indien einmal auf indisch einigte und für Jahrhunderte der Lehre Buddhas gewann, die sich in ihrem hinduistischen Ursprungsraum aber dann wieder wie der Kristall in der Mutterlauge auflöste, während sie doch das übrige Asien dann erst erfüllte. Aschoka verkörperte wohl am reinsten und beinahe einzigartig das Kschatryabild jenes Herren der Welt, über dem freilich immer noch haushoch der unterste aller Brahmanen stand und das 800 Jahre nach ihm Harscha noch einmal erneuerte.
Man spürt auch heute noch etwas von dem staufischen, überstaufischen Glanz, der sich sodann aus dem Amalgam der kriegerischen Eroberer mit dem indischen Geist erhob; so ähnlich wie ihn Franken und Normannen drüben im Westen mit dem Römischen Reich erzeugten. Von den hunnischen Angriffen aus dem Norden, die auf Indien wie auf Europa drückten, über die Einfälle der Radschputen, die noch fast mühelos hinduisiert werden konnten, steigerte sich der Druck der Eroberer aber auch hier von dem Augenblick an, da sie bereits als Muslim einherkamen. Mahmuts berühmter Raubzug bis zum Tempel von Somnath, wo er, wie J. D. Brown zitiert, unter dem Wehklagen der Brahmanen und dem Trompeten der Elefanten im innersten Heiligtum mit seiner Keule das Bild Schiwas zerschmetterte und »... hervorquoll eine Flut von Rubinen, funkelnd wie Eissplitter, von Smaragden, glänzend wie Myrthenschaum, und von Perlen, so groß wie Taubeneier«.
Das war nur die Ouverture. Mohammed von Ghor setzte im späten 12. Jahrhundert nach seinen Einfällen in Delhi bereits

einen Statthalter ein, der sich selbst zum Sultan aufwarf und ganz Nordindien unterjochte. Nur erlag seine Gründung nach 200 Jahren den neuen Stürmen Tamerlans, der das Reich nicht allein zerstörte, sondern es dann auch für ein Jahrhundert in der Zerstörung liegen ließ, bis sein Nachkomme Barbur aus Afghanistan einfiel und den Grundstein des großen Mogul-Reichs legte, das sein Enkel Akbar zur höchsten Blüte führte. An seine Pforten klopften dann erst die portugiesischen und britischen Seefahrer, um Handelsgerechtsame zu erflehen.

Der sich heute politisch emanzipiert empfindende Inder mag diese mehr als tausendjährige Fremdherrschaft ähnlich empfinden wie der sich lateinisch fühlende Romane die auch jahrhundertelange fränkische, langobardische, gotische Herrschaft in seinem Land, der alten lateinischen Provinz. Und beide mögen die geistige Überlegenheit darin erkennen, daß sich das höhere Leben auch unter der fremden Gewalt behauptete, durchsetzte und sie schließlich sogar überdauerte. Keinesfalls aber kann sich der Inder in dem heute herrschenden Vorstellungsklischee bestätigt sehen, daß sein intaktes Land nur von dem einen, neuen, westlichen Kolonialismus allein überfallen wurde.

Nun vor dem ungeheuren neuen Maharadscha-Schloß in Maisur! Auch wenn ich mich wohler fühle, seit ich das jugendliche Ressentiment gegen des Staatshistorismus des Fin de siecle überwunden habe und die Kaiser-, Fürsten- und Exulantenschlösser aus jenen Jahren nicht ohne ein wenig Rührung und »auf der Suche nach der verlorenen Zeit« betrachte, so hinterlassen hier diese riesigen Dimensionen, dieser astronomische Aufwand, dieser überladene Prunk angesichts der geistigen Dichte, die wir doch sonst hier zu treffen gewöhnt sind, ein schales Gefühl. Wie überlebensecht diese Leiche! Wie gespenstisch aber auch, daß dies alles, wie wir es auch den Worten unseres Begleiters entnehmen, von den Getreuen noch voll und echt genommen wird. Vergeblich trachte ich mir freilich auch die riesigen Gärten, Höfe und Räume mit der Herrlichkeit des Daschahara-Fests auszufüllen, das von Veltheim-Ostrau in seinem »Atem Indiens« so blühend und glühend beschreibt.

Da wirkt gleich darauf dann der Anblick des verschlossenen Tschamudi-Tempels auf seiner Höhe über der Stadt, die naive Plastik des Siegers über den Büffeldämon Mahischa und vor allem Nandi selbst, der heilige Bulle, an dessen Seite wir einen Saddhu in seiner Zelle treffen – da wirkt das alles schon viel reeller, doch wenigstens noch vom Glauben des Volkes gedeckt. Veltheim entnehme ich auch, daß hier am zehnten Tage des Daschahara-Festes noch immer eine Menschengestalt aus getrockneter Molke geopfert wurde – die wirklichen Menschenopfer vertretend, die bis ins letzte Jahrhundert an dieser Stelle gebracht und mit gewissen Ritualmorden bis in unsere fortgesetzt wurden. Der große Schik-Griu Singh habe selbst einen seiner Jünger am Altar der Durga geschlachtet. Hier ist Iphigenie noch ganz nahe.

Doch aus solchen dunklen Gründen in die heiterste Scheinwelt versetzt fühlen wir uns in dem prächtigen Gästehaus des Maharadscha, das jetzt Hotel geworden und unser Quartier ist. Sri Krischnajara Bahadur, der aufgeklärte und menschenfreundliche Potentat, hatte hier einen mächtigen See angestaut, an ihm ein Kraftwerk zur Versorgung von Stadt und Industrie gebaut und hinter der kilometerlangen Staumauer, die in dieser Umgebung selbst schon ein wenig romantisch-mittelalterlich aussieht, wahrhaft paradiesische Gärten mit neuen Seen und Springbrunnen, theatralischen Terrassen, verschlungenen Kieswegen und einer unvergleichlichen Blütenpracht angelegt, die zur Abendstunde dann noch in ein farbiges Lichterspiel eingetaucht werden. Zu ihm strömt aus der Stadt auch bewunderndes Publikum in die offenen Anlagen. Das ist hier nun so ähnlich wie auf der Krim. Die emanzipierte Masse weiß sich nichts besseres als den Anblick und Genuß der alten feudalen Herrlichkeit. Nur daß ihre Bewegungsfreiheit hier im bürgerlich-wohlsituierten Maisur in Grenzen bleibt. Wir fühlten uns aber fast selbst als kleine Maharadschas, wenn wir von den Balkonen unserer fürstlich-geräumigen Appartements auf die orientalische Herrlichkeit, die festliche Bewegung, die traumhaft-bestrahlte Kulisse blickten. Allerorten begleitete uns auch hier geräuschlos-erbötige Dienerschaft in exotischen Uniformen und Turbanen. Der Speisesaal, in dessen Mitte für uns gedeckt war, ist nur in einigen Nischen von Hochzeitspaaren besetzt, die den Ort gerne zur festlichen Erhöhung ihres Tages wählen. Und wenn wir uns auch ein wenig traumhaft empfanden, ich selbst auch halb in dem Festbericht Veltheims lustwandelte, wollten wir es auch an stilgemäßen Aufwand nicht fehlen lassen und bestellten indischen Wein und »Non-vegetarian dish«. Der eine überraschte uns durch seine dicke, tintige, würzige Süße, für die ich nur den sizilianischen Zibibo zum Vergleich anzuführen wüßte. Doch das von mir gewählte Gericht, das ich unter dem Namen »Gisli« im guten Glauben auf die Auskunft hin ausgesucht hatte, daß es echt indisch sei, und das mir dann in seiner Gewürzsoße doch nicht sehr eindrucksvoll, aber dafür durch seine winzigen Knöchelchen in den kleinen Fleischstückchen dafür höchst auffällig war – es schockierte mich hinterdrein um so mehr, als ich auf nähere Nachfrage hin erfuhr, daß ich kleine Vögelchen gegessen hatte. Und dieser Beinahe-Kannibalismus mußte mir eben in Indien hier unterlaufen.

Wallfahrt nach Belur

Etwas von einer Wallfahrt hatte trotz eines nur halb verhohlenen Widerstrebens der jüngeren Reisegefährten am nächsten Tag dann die Fahrt zu den großen Tempeln von Belur und Halebid. Im Wagen schätze ich wieder das Gespräch mit unserem jungen, brahmanischen Begleiter. In den Dörfern, die wir in dem fruchtbaren, wohlbestellten Land durchqueren, lebten, so meint er, vorzüglich Vaischas und Schudras. Nur von weitem sieht man gelegentlich kleine Dagoben. Die größeren Siedlungen mit Bazars und ein wenig Industrie könnten auch ähnlich in Mähren oder Süditalien stehen.

Bei einem Halt komme ich dann aber doch wieder zu ein paar Seiten Studium. Hier, da mir die festen Verhältnisse und ihre Ordnung nach einem ersten flüchtigen Eindruck doch etwas näher kommen, stoße ich bei der Lektüre auf die unvergleichliche Veden-Stelle, wie der Geistig-Strebende zu seinem Meister kommt, um ihn zu bitten, ihn in seiner Schule aufzunehmen. Und dieser richtet die rituelle Frage an ihn, wer sein Vater sei und ob er denn auch brahmanischer Abkunft sei. Der Bewerber antwortet darauf jedoch, daß er seinen Vater nicht kenne, weil seine Mutter Magd bei Hofe gewesen sei und dort vielen zu Willen sein mußte.

Darauf der Meister: »Du bist willkommen! Dein Freimut zeigt schon, daß du Brahmane bist!« So unüberwindlich die Kasten, in die der Schicksalsengel die Menschen wirft, voneinander getrennt sind, so offen sind sie nach oben. Wer auf dem Weg zur Vollkommenheit als Sannyasi schon an der Schwelle steht, läßt nicht allein die Götter, sondern auch die Kasten unter sich. Der große Schüler Rama Krischnas hieß als Mönch zwar Swami Vivekananda, von seiner Geburt her jedoch Narendranath Datta und war ein Schudra. Und auch im letzten Jahrhundert, als die Schranken gewiß noch viel strenger als heute waren, hielt ihn nichts auf, zu einem der großen geistigen Führer Indiens zu werden.

Die Schranken waren gewiß auch vor einem Menschenalter noch viel höher, wie man den Schilderungen von Veltheims entnehmen kann, die in den Dreißigerjahren entstanden. Die Frage ist nur, ob die materielle Milderung die mit den moralischen Anstößen Gandhis und der Aufklärungspolitik der Nehrus verbunden war, dazu führt, hinter den großen und grausamen Versteinerungen der Tradition wieder die Zeichen, Chiffren, Empor-Impulse des Menschseins zu erkennen; oder ob auch sie nur – ein wenig verspätet – zu der allgemeinen Einebnung führt.

So habe ich mich doch wieder ein wenig auf den spirituellen Druck vorbereitet, der uns erwartete, als wir über den Feldern und den Konturen der Siedlung die Türme von Belur erblickten, von denen wir in den Tempelgebirgen von Kantschipuram gehört hatten, daß diese hier um noch so viel größer seien und daß wir dabei auf die Hallen der tausend Säulen stoßen würden. Wir stießen auf sie. In einem der schlecht gedruckten, doch schätzenswerten Führer lese ich denn auch, daß der Tempel in nahezu allen Teilen von tausenden eigener Bildwerke erfüllt sei. Und viele von ihnen verdienten eingehendes Studium. Die besten davon wären wahre Meisterwerke.

Das alles könnte gleich wieder den Druck und Überdruck solcher Fülle erzeugen, wenn mir nicht doch seither bereits aufgegangen wäre, das diese hundert- und tausendfache Wiederholung von ganz ähnlichen doch nicht ganz gleichen Bildern der Götter, Helden und Tänzerinnen an ihren Säulen, von Löwen, Pferden, Drachen und Elefanten, an ihren Fliesen und Sockeln zu einer geistlichen Übung einladen, deren Wirkung eben gerade von der Wiederholung ausgeht und hier im Stein nur das betreibt, was in Ton, im Gebet, in der Anrufung, im Gesang, im Rhythmus auch sonst allerorten das verläßlichste Mittel der Versenkung ist – oder doch wenigstens jener Kenosis, jenes Leerwerdens, das die Voraussetzung für den Einbruch geistiger Fülle ist. Man muß nur einige Zeit in ungestörter Betrachtung von einem der Bilder langsam zum anderen schreiten, um einen ersten Anhauch der Trance zu spüren, in die sie uns ziehen wollen. Gewiß – ein unendlicher Weg! Und die Kurzatmigkeit, mit der wir abbrechen, gleicht ein wenig dem Rosenkranz, wie er im Reformkatholizismus von heute auch dort und da noch gebetet wird: für jede der fünf Stationen nur ein einziges Ave, während doch eben die zehnfache gleichmäßige Wiederholung für jede Station erst die Wirkung hervorbringen kann, in der ihr Sinn liegt.

Doch immerhin spüren wir einen ersten Sog. Wir ahnen, wohin er uns ziehen möchte. Und hier im Tempel wissen wir ja auch, daß es den Mittelpunkt des Labyrinths gibt, auf den wir uns nicht allein in verschlungenen Wegen, sondern auch geistig mit der Betrachtung jeder Säule zubewegen – um so schneller, je langsamer wir voranschreiten, weil wir tiefer und tiefer in die Betrachtungen sinken; um so weniger, je rascher und oberflächlicher vorbereitet wir schließlich in dem kleinen Zentralgeviert auf den niedrigen, abgerundeten Säulenstumpf stoßen, der das Symbol Schiwas und mehr als Schiwas ist. In ihm gibt das alte Indien vielleicht sein innerstes Geheimnis preis, das mit der üblichen Übersetzung des Lingam als Phallus nicht ausgefüllt wird. Auch wenn das heilige Zeichen kaum noch daran erinnert, so mag zwar der Phallus auch eine Verkörperung des drängenden, sprengenden, fruchtbarkeitssprühenden Sprosses sein. Doch er verköpert sich tausendfach anderswo auch als Keim und Trieb und Muntu, als der unsterbliche weitertreibende Kern des Lebens, des Quick. Und seine Heiligung als eine allumfassende Kraft hebt erst den Blick über die Vergänglichkeit, Anfälligkeit, das Mißglücken des Einzelnen weg.

Das ist unserer heutigen Welt eine harte Lehre. Doch gerade, weil sie im Tempellabyrinth von den tausenden Göttern und Helden und Tänzerinnen bezeugt wird, die in ihrer Urgestein-Beinah-Unsterblichkeit-und-Vollkommenheit keinen Gedanken mehr an die Menschen verschwenden, die sie in jahre- und lebenslanger

Mühsal und Andacht gebildet und verehrt haben, tritt auch der Besucher dann erleuchtet und erleichtert ins Freie.
Unser Guide, der seine Leute kennt, führt uns dann freilich an den vielen tausenden Plastiken, die auch die Tempelmauern noch zieren, vorbei, nun zu einem mit dem Gruppen-Liebesspiel, das hier so gut wie in der etruskischen Welt unter den vielen Motiven ohne besonderes Aufsehen eben auch dargestellt wird. An den kleinen Treppen, die überall zu den Säulengängen hinaufführen, fällt mir jedoch viel mehr das ständig wiederkehrende Motiv der großen Schlange auf, die den Wolf verschlingt. Ob es im tiefen indischen Süden hier noch Vettern der Midgardschlange und des Fenriswolfs gibt?
Das mythische Getier begegnet uns aber nicht nur im Stein. Als wir im Wagen nach Halebid weiterfahren, frappiert uns, obgleich wir doch schon gewöhnt sind, daß sich in Indien hier die Tiere nicht von der Fahrbahn bewegen, wenn sich das Fahrzeug nähert, ein mächtiger Vogel, den wir unfehlbar überfahren hätten, wenn er sich nicht im letzten Augenblick doch mit einem lässigen Flügelschlag erhoben hätte. Und als er auf Armeslänge an unserer Windschutzscheibe vorübergleitet, erkennen wir bis auf die Federmusterung einen gewaltigen Adler. Ein wenig erinnert er mich an die Adler, die in Delphi so gern um die Phaedriaden kreisen. Und Halebid in seiner Einsamkeit verdient wohl auch eine solche pathetische Ouverture. Die alte Residenz der Hoysalas, des bau- und kunstfreudigen Fürstengeschlechts, das die Tempelstadt um 1100 hier erbaut hatte, wurde von ihnen zu Anfang des vierzehnten Jahrhunderts bereits wieder vor den muslimischen Einfällen geräumt, die damals schon bis in die Südspitze Indiens drangen. Der letzte Hoysala Balalla III. fiel im Kampfe gegen den neuen Sultan von Madurai bei Tiritschurapalli. Die großen Werke verfielen. Erst im siebzehnten Jahrhundert wurden bei Belur der neue Palast und der neue Tempel errichtet.
Der Hoysala-Tempel in Halebid hier, der heute sehr wohl ausgegraben, wiederhergestellt und gehalten ist, scheint uns vielleicht aber auch wieder eben deswegen besonders eingängig, weil der Abstand des Ruins zwischen uns und ihm liegt. Auch wirkt er überschaubarer und in seinem heiligen Mauerbezirk geschlossener. Vielleicht hat er auch etwas venezianisches, etwas von San Marco

oder auch ein Korn von Mahabalipuram an sich, wirkt als das Monument eines glücklich-blühenden Reiches, das auf seiner großen Staats- und Repräsentationsarche das ganze Kulturgut seiner Zeit mit sich führen und es gerade deshalb so glanzvoll anbieten konnte, weil die Kunst, der Reichtum, der gute Geschmack die spirituellen Ursprünge schon in den Hintergrund drängten.

Dürfte man auch die beiden großen Nandi-Bullen an der Seite des Tempels und vor den beiden Lingams – bekränzt, beherrschend und lebensspendend – etwa auch mit dem Markus-Löwen vergleichen? Dieser hat aber trotz seiner Zähmung durch den Evangelisten samt seiner See-Republik noch genug vom sprungbereiten, aus- und angriffslustigen Raubtier an sich. Dagegen ist Nandi die lebensspendende, fruchtbarkeitsstrahlende, menschenfreundliche Macht, die mit ihren unblutigen Sprüngen über die Kühe selbst den Fleischverächtern noch Milch als Nahrung zukommen läßt.

Die Bildkunst an den Säulen, Sockeln, Friesen und Wänden ist zwar auch hier in Halebid unabsehbar, doch der beherrschende Eindruck nach der Fülle, die schon hinter uns liegt, ist ihre formale Vollkommenheit. Der ganze mythologische Himmel schlingt sich um und durch den heiligen Bau. Wie die unendliche Lust der sich stets und doch nie ganz genau wiederholenden Meeresbrandung dieselbe unendliche Lust des heiligen Tanzes der tausende hochbusigen, rundhüftigen, ganz ihrem Dienst und Rhythmus hingegebenen Frauen, Göttinnen, Bajaderen; auch die Kämpfe der Götter, Helden, Dämonen, nur als Figuren des Tanzes, die wie in einer Quadrille stets wiederkehren. Vergeblich bemüht man sich zwar und fühlt sich dabei doch sicher, daß hier ein Wiedererkennen möglich sein sollte; daß es gelingen könnte, in den festen Gesten und Attributen irgendeiner vertrauten Heiligen Michael, Georg und Florian zu entlarven.

Doch dieser Zwiespalt von fremd und vertraut gehört wohl auch zu jener unausdenkbaren Ahnung des Generalhumanismus, von dem wir schon sprachen und der so Ähnliches aus so verschiedenen und so entfernten Wurzeln erkennen läßt. Und wie seltsam! Das ist nun das vierte oder fünfte Mal, daß ich schließlich am Lingam im innersten Heiligtum lande. Und was mir zum ersten Male so fremd und leer erschien, wirkt nun bereits vertraut und erhellend, als Punkt, von dem aus sich die verwirrende und bedrängende Fülle ordnet. Ob die scheinbar so offene christliche – und vor allem katholische – Mission der Neuzeit nicht etwa dadurch frustriert wurde, da sie sich außerstande zeigte, diese ungeheuren spirituellen Realitäten auf sich selbst zu beziehen und zu bewältigen – kurz, zu taufen?

Je tiefer man in diese ganze Welt dringt, umso näher kommt mir wieder der Gedanke, ob denn in diesen Praktiken hier in Indien nicht auch ein Ursprung zukunftsweisender Techniken liegt. Was Suzuki in seinem Zen-Buch als eine Art von entlegener, ausgefallener Anekdote erzählt, ist vielleicht auch eine Formel der neuen technisierten Massengesellschaft. Der Zen-Meister hat dort mit seiner Strenge den Jünger so tief verbittert, daß dieser, während der Meister am Herd in der Pfanne die Eier brät, von rückwärts an ihn herantritt und das Schwert hebt, um ihm das Haupt zu spalten. Der Meister jedoch, der den Schatten des Hiebes bemerkt, hebt nur die Pfanne und fängt mit dem Stiel den Hieb auf – nicht ohne dann dem Jünger noch einzuschärfen, wie begründet doch seine eigene Strenge sei, wenn die Sammlung des Lernenden noch nicht einmal dazu ausreiche, um sich im Angriff auf den schnellen Hieb zu konzentrieren.

Und diese schnelle Reaktion aus der geistigen Sammlung heraus ist eben nicht allein die alte Schule des Zen, sondern erst recht die neue Schule der Technik, des schnellen Verkehrs in der Luft, zur See, auf der Erde, der gedrängten Massengesellschaft, die von tausend und abertausend individuellen Entschlüssen schwirrt. Von Entschlüssen, die ihrerseits für den scheinbar unbetroffenen Anderen höchst relevant, ja, über Leben und Tod entscheidend sein können. Das ist das Gesicht, das Asien der Zukunft zuwendet – sein wahrer Vorsprung in der technischen Welt. Ein Umstand, der für das Japan von heute nur deshalb schon deutlicher sichtbar ist, weil es auch früher schon technisiert wurde. Der Vorsprung wird aber heute bereits in China und morgen erst recht wohl in Indien aufgeholt. Jeder kann es, wie wir auf Ceylon schon sahen, auf offener Straße verfolgen.

Dabei geht es vor allem um eine sehr viel größere Tiefe und Breite dessen, was der Mensch selbst noch ist. Erst allmählich gewinnen wir damit auch einen Blick auf das, was verloren ging.

Alles nämlich, was im Kegel des kleinen Suchlichts unseres individuellen und augenblicklichen Bewußtseins erscheint, ist ja auch nur der winzige Ausschnitt einer weit größeren, ja, unabsehbaren Welt, die von uns zwar nicht mehr ganz so scharf kontrolliert wird, aber doch auch und sogar weit stärker bewußt ist. Wir sind uns ja auch selbstverständlich des Landes, der Stadt, des Hauses bewußt, in denen wir eben sind – auch wenn wir im Augenblick ganz auf die Flamme des gerade entzündeten Streichholzes konzentriert sind. Auch individuell ist also der weitaus größte Teil unseres Bewußtseins als Gewohnheit, ruhende Erinnerung und abrufbereite Erfahrung in uns gespeichert, woraus wir dann immer ein bloßes Stichwort ausheben oder dem wir auch eins hinzufügen können. Und dieser quasi-ontogenetische Thesaurus unseres Bewußtseins ist dann seinerseits wieder mit schwimmenden Grenzen, in breitgestreiften Schichten, in eine Art von Phyl-Anamnese, ein schon viel fester gewordenes Volumen der Erinnerung des Verbandes gebettet, in dem wir leben. Bewußt oder unbewußt, heilig gehalten oder gering geschätzt, befolgen wir es als Sitte und Brauch, selbst wenn diese auch im Zerfall nur mehr als Mode und »In« gelten. Ohne sie wären wir eben gelähmt wie der berühmte Tausendfuß, der die Bewegung eines jeden seiner Beine erst zum Gegenstand eines eigenen Willens- und Bewußtseinsaktes machen möchte. Auch dann, wenn wir heute in unendlichen Versuchs- und Reformreihen das zu ersetzen uns anheischig machen, was die Millionen und Milliarden Versuche der Vor- und Umwelt schon lange vorher in uns gesammelt haben, und was dann in den tiefsten, quasi-paläontologischen Schichten zu Instinkt und Reaktion versteinert ist. Was als falsche, vor allem unsagbar naive Fortschrittshoffnung manchem eine unendliche Welt zu eröffnen scheint, das verstümmelt sie dann in Wahrheit zu einem gespenstischen und geblendeten Rest.

Dabei läßt sich von Indien wahrscheinlich sagen, daß dieser Brand des Vergessens in der unendlichen Überlieferung seiner Welt zwar auch noch unendliche Nahrung zu finden vermöchte, daß diese Überlieferung aber von ihm noch gar nicht wirklich bedroht ist. Die Industrialisierung und Mechanisierung unter der josephinischen Dynastie der Nehrus, selbst ihr nationales und soziales Ressentiment, werden noch von einer Welle des geistigen Lebens getragen, das auch heute noch Indien vom größten Teil aller übrigen Welt unterscheidet. Und wie ein Symbol dafür wirkt die Sicherheit und Selbstverständlichkeit, mit der Indien doch zum Teil auch in der Stadt und im Alltag seine überlieferte, klassische Tracht beibehält, ohne sie zu folklorisieren, wie das andernorts meist geschieht.

Die hochromantische Indienstraße

Unser hochkomfortables Quartier in Bangalur nutzten wir denn auch nach Kräften zu unserer Erholung. Dort trennten wir uns auch von unserem brahmanischen Begleiter. Für die über 400 Kilometer Straße nach Madurai, die uns denn doch als eine kleine Expedition vorschwebte, blieben wir am nächsten Morgen in unseren zwei Taxen mit deren Fahrern allein, die nur recht wenig englisch sprachen. Wir ahnten freilich auch noch nicht, daß uns dieser Weg zu der glanzvollsten Fahrt in das Innere Indiens, zu der engsten Berührung mit seinem Leben und Volk, werden sollte. Das rührte uns allerdings dann bereits an, als wir die Stadt verlassen hatten. Welch ein Arkadien! Die hochromantische Straße nach Krischnagiri-Salem war auf unendliche Strecken von riesigen, alten und knorrigen Banya-Bäumen gesäumt, die der blühenden Landschaft schon selbst einen Zug Lorrain gaben, phantastisch hingewehte Laubgebilde, zwischen denen Felsen, Ruinen, bukolische Felder vorüberzogen.

Und dann schon ein wenig theatralischer, wie es die Romantik ja liebt, auf der Straße selbst idyllische Gruppen und Züge, hochgehörntes, helles Vieh, behaglich nickend und schreitend, charaktervoll-gezähmte Büffel, panisch-erregte Böcklein. Hinter den hochräderigen Karren in malerischer Komposition die Menschen – kriegerisch, dunkel und schön, in seinem weitfallenden, weißen Leinenhemd, vorneweg meist der junge Mann, der das Gespann führt; patriarchalisch in seiner rustikalen Toga der Alte, der die Familie geleitet; unberührbar in ihrer Würde die junge Mutter in ihrem doppelfarbigen Sari, das Jüngste am Arm, die übrigen

Kinder um sich; die ältesten Mädchen, die selbstverständlich wie ihren Haarschmuck noch an sich tragen, was im Westen nur Spott erregt, nämlich Jungfräulichkeit. So ziehen sie zu ihrer Feldarbeit. Reste einer Ur-Gesellschaft, die mich ein wenig an das erinnert, was ich von diesen Gebirgen hier, den Ost- und West-Ghats, an den Küsten bereits erfuhr, daß nämlich diese relativ niedrigen Höhen und Klippen die Reste eines Urgebirgs seien, das höher und älter als der Himalaja war und nur dieses seines Alters wegen so weitgehend abgetragen ist.

Etwas davon streift uns auch mit der Rührung und Ehrfurcht, die wir bei solchem Anblick empfinden. Der große Abstand läßt den Typus, das Unveränderliche, das Urbild an der Menschengemeinschaft durchschimmern, das eben den romantischen Paradies-Sehern in der Vergangenheit und den revolutionären Paradies-Machern in der Zukunft als Vision vorschwebt. Visionen, die keinem Umsturz und keiner Wiederherstellung erreichbar sind, weil sie zu vollkommen sind, um verwirklicht zu werden. Genug, daß sie mit dem Bild einer solchen Vollkommenheit die Geschichte durch Anziehungskraft bewegen – wie der Mond die Flut. Und vielleicht ist es auch kein Zufall, daß bei uns im Westen daheim die Propheten der romantischen wie der revolutionären Welt, der Restauration wie des Umsturzes, im selben zweiten Viertel des letzten Jahrhunderts auftraten. Über uns aber kam erst die Flut, die damals in Gang gesetzt worden war.

Nur daß gegenüber der großen dramatischen Wahrheit des Paradieses und der Austreibung aus ihm am Mittelmeer das große Rad der vier fallenden Zeitalter, von dem wir oben schon sprachen, hier in Indien ein wenig näher und realistischer wirkt. Und wir Kinder des eisernen Zeitalters treffen denn auch auf dem Weg nach Salem noch auf Spuren des ehernen oder gar silbernen Zeitalters, das wir gern mit der Gestalt des Patriarchen verbinden, dem es zwar auch an Mühen und Plagen und Strafgerichten nicht fehlte, der aber seine Lebensweisheit wie seine Sternenkunde betrieb, indem er dabei vor allem aufs Überdauernde, Sich-Wiederholende, blickte.

Unsere Stops verliefen dann wie die Stationen des alten, verlorenen, hier noch bewahrten Lebens. Erst bei dem Wasserzug, an dem ein Rinderpaar immer wieder voran- und zurückschritt, um

einen Ledereimer am Seil über eine Rolle in den etwa fünfzehn Meter tiefen Brunnenschacht zu senken, dort unten mit Wasser zu füllen, ihn dann zu heben und vor der Rolle an einer Schwelle in eine breite Wasserrinne zu kippen, die das Naß in ein Grabensystem führte, das sich über die Felder verteilt.
Und wie schön diese Felder grünen! Wie gut man hier auch den Zusammenhang zwischen der Plage, dem Mechanismus und seiner Wirkung auf die sprossende Saat überblicken kann! Auch auf die blühende Familie, die davon lebt. Und ein wenig von diesen mehr patriarchalischen Reformen schwebte wohl Gandhi auch mit seinem Spinnrad noch vor. Wir treffen ein Stündchen später auch noch etwas davon bei einem Seildreher, der seine Werkstatt vor dem Haus eingerichtet hat. Und zwar mit einer Kurbel, an der ein Junge drei Ringe in rasche Drehung versetzt. Die Frauen setzen daran ihren Hanfknäuel an, den sie rückwärtsschreitend zwischen den Fingern zu einem vollkommen gleichmäßigen und reißfesten Tau drehen. Die antike Mysteriengestalt, in der der Mensch sich selbst erkannte, wenn er mit seinem Leben zugleich sein Leben verliert und sein Lebenswerk hervorbringt, indem er seiner wahren Zukunft, dem Tod, den Rücken zukehrt – hier steht sie wie vor Jahrtausenden, noch lebendig und gegenwärtig vor uns. Ein wenig ehernes Zeitalter. Desgleichen daneben die Webe-Einrichtung vor dem Haus, die wir bei Maisur schon sahen und auf der die Fünfmeter-Bahn der kostbaren Saris entsteht.
In einem anderen Dorf der nackte Töpfer, der die Scheibe vor seinem Haus treibt und in Schweiß gebadet seine zerbrechlichen Werke bildet. – Erst später finden wir dieses Werken auch noch im Aufbau, als wir im Feld eine Menschengruppe stets wieder einzeln beladen aus der Erde auftauchen und in ihr wieder verschwinden sehen. Erst als wir uns nähern, erkennen wir, daß hier ein Brunnenschacht, wie wir ihn vorhin schon in Funktion sahen, erst im Bau ist. Auf seinem Grund, der noch breiter und tiefer ist, als der andere war, und sich auch schon mit Wasser gefüllt hat, arbeiten die jungen Männer. Die turmhohe, schwankende Stableiter steigen jedoch junge Frauen mit ihren Körben voll Erde auf ihrem Haupt herauf und dann mit leeren Körben wieder hinab. Die wahren Vorzüge, nämlich die beinahe unbeschränkte Bewegungsfreiheit, die sogar bei der größten Plage noch gleich-

mäßig fallende Schönheit des Sari ist an den schlanken Körpern der Mädchen am besten zu sehen.
Sie alle arbeiten für eine Dorfgenossenschaft, die ihnen für den ganzen Tag Arbeit nur eine Rupie, das ist eine halbe Mark, zahlt. Aber das tiefbefriedigte Entsetzen, das bei einer solchen Mitteilung dann den westlichen Gast ergreift, geht zum Teil auch ins Leere. Nicht allein, daß die Landesprodukte für Landeskinder fast unvorstellbar billig sind – unsere Arbeitswelt mit ihrem Lebensstandard zur einen, ihrem Unbehagen und Aufbegehren zur anderen Seite, zeigt sich auch gegenüber dem frohen und gesunden Menschentum hier nicht so überzeugend und überwältigend überlegen, wie man es von dem fünfzigfachen Arbeitseinkommen erwarten könnte.
Selbstverständlich ist das alles auch nur für Teile gültig. Die großen Stahl-, Kraft- und Autowerke üben natürlich in Indien auch ihre Faszination aus, wie sie es überall tun. Und erzeugen auch ihre Gesellschaft. Doch bekommt man das wirkliche Land erst in den Blick, wenn man auch hier nicht allzu einfach Pars pro toto, den Teil fürs Ganze nimmt, weil man sich heute schon futurologisch sicher fühlt, daß seine fünf Prozent morgen das Ganze seien. In Wirklichkeit ist das Land nicht allein geo- und demographisch, sondern auch sozial und historisch fast unabsehbar. »Ein großes Land«, wie es Whitmann für die USA und Tolstoi für Rußland empfanden, ein Land, das man nicht erobern kann, was eben in seinen vielen Eroberungen immer wieder bewiesen wurde. Eben ein Universalreich, »eine ganze Welt« mit ihren Völkern und Sprachen und Kulturen und Zeiten und eigenen Ländern. Damit aber auch eine globale Mittel- und Vermittlermacht zwischen dem Mittelmeer des Ahl al kitab, der Juden, Christen und Muslim, die ihre Bibel gemeinsam haben und dem großen Osten Chinas, Japans und Indochinas, die mit Indien Buddha gemeinsam haben. Trotz aller Wahlsiege Indira Gandhis noch nicht zu zählen, zu messen und zu errechnen, sondern im besten Falle zu ahnen, ist die Frage, ob denn dieses zerbrechliche und zerfließende, fast chaotische Land mit dem Abgrund seiner Vergangenheit nicht doch gewisse Züge an sich hat, die uns auf die große Massengesellschaft hinweisen, in denen das Humanum noch möglich ist. Und dahin gehören dann wohl auch jene sozialen Tugenden, die

nicht bloß auf die Kugel im Lager und den Kiesel im Bach, die pure Umgänglichkeit, hinauslaufen, wie sie Dahrendorf vorschwebten, sondern auf das Ahimsa und die Satyagraha, die Gewaltlosigkeit und das Nicht-verletzen – modisch gesprochen, auf die Bewältigung der aggressiven Instinkte, die nicht nur der bloßen Angst vor dem Schmerz, der Reibung, der Spannung entspringt, sondern noch dem Kontakt und der Gemeinsamkeit jener Principia individuationis, dem Zusammenhalt jener Individualatome, von denen Schopenhauer einst sprach. Ihnen allen ist eben doch hier die dreitausendjährige Lehre des Tat twam asi! – Das bist auch du! im anderen einen Schritt näher als uns. Auch gehört das, was wir im Straßenverkehr schon zu bemerken glaubten, hierher. Die meditativen Reserven derselben dreitausend Jahre bringen so auch in die technische Welt eine gewisse Verkürzung der Reaktionsgeschwindigkeit ein, die gerade in ihr so entscheidend ist und für die wir das Bild des pfannenschwingenden Zenmeisters anführten. Vielleicht sind sogar die Grenzen zur Telepathie hier nicht allzu ferne.

Dann aber muß man zu diesen Tugenden wohl auch die der Geduld mit sich selbst in der Demokratie des Halbmilliardenreichs rechnen; zu seinem Zusammenhalt, für den sich Indien nun eben doch mit den Siebzigerjahren entschieden zu haben scheint. Gewiß gab es immer schon Anzeichen dafür, daß es auch ganz anders kommen und gänzlich umschlagen könnte. Doch soll ja auch kein Tangential-Trend als Zukunftsforschung verfolgt, sondern ein Logos spermatikos, ein Keim-Ansatz, unterschieden werden, der von den Risiken des Schicksals, des Widerspruchs und der Freiheit, nie ganz zu trennen ist.

Schließlich muß auch die Fülle des geistig-geistlichen Lebens in allen Schichten, auf die wir schon so oft stießen, kein bloßes »Noch«, keine bloß noch nicht aufgezehrte Reserve und Tradition sein. Sie kann gerade in ihrer fast unbegrenzt scheinenden Plastizität und Bildbarkeit auch ein Medium sein, das sich mit dem bißchen Fortschritts- und Wissenschaftsglauben der technischen Welt nur vorläufig »noch« verbindet.

Das rührt mich an, als wir im sonst so trostlosem Salem auf eine Prozession treffen. Fahnen, Trommeln und Zymbeln, Opfergaben und Blumengebinde, prächtig geputzte heilige Rinder, Kinder,

Jungfrauen, Jünglinge, Priester in ihrem Ornat und geschmückte Diener, die mit einer Bahre auf ihren Schultern das Kultbild des Gottes tragen. Das folgende feiernde Volk in weißen Gewändern und hellen Saris – ganz anders erhöht und miteinbezogen als etwa in den katholischen Prozessionen der westlichen Welt – wo sie's noch gibt. Verschwinden dort etwa, mit den neuerdings oft bereits abgesagten Veranstaltungen solcher Art auch die letzten Reste des kultischen Ausgriffs ins weltliche Leben? Der geistlichen Weihe und Besitzergreifung des Säkulums? In die Welt gehen, das heißt dort jetzt etwas ganz anderes, nämlich nicht mehr die Welt vergeistlichen, sondern sich selbst verweltlichen. Da scheint ein ganzer Kontinent zu versinken. Der Anblick hier erinnert jedoch noch daran, was alles dazu gehört: Wallfahrten und Prozessionen, geweihte Orte und Bilder, Reliquien und Devotionalien, heilige Feuer und Wasser, Taufbad und Weihbrunnen, Einäscherungen und Räucherungen, Askese, Fasten, Enthaltungen, auch die Betäubung durch Rauch, Glanz und Lärm, die ganze Fülle von Bedeutungen, Sinnbildern und Erinnerungen, wohl Erinnerungen an ein Atlantis, das uns verband, das hier und dort, im Osten und Westen, auch noch aus der gemeinsamen Tiefe emporschimmert.

Freilich sollte uns auch das nächste Dorf schon an etwas gemahnen, was uns im Westen so gut wie ganz entschwunden ist. Dort nämlich hielten wir bei einer Gruppe von Menschen, in deren Mitte zwei schöne und schlanke, ein wenig zigeunerhaft wirkende Männer tanzten, bei unserer Ankunft schon ganz in Trance, durch unsere Dazwischenkunft aber erst recht erregt. Und ihre Ekstase teilte sich mit dem Trommel- und Zymbellärm auch der Umgebung mit. Von ihr erfuhren wir, daß sie soeben aus dem Totenhaus kämen, wo sie den Verstorbenen mit ihrer Kunst geehrt hatten. Derlei vergegenwärtigen wir uns eigentlich nur mehr historisch-indirekt, durch Reflexion. Etwa an Bildern in den etruskischen Gräbern, auf denen es an Musikanten, Tänzern und Liebenden ja auch nicht fehlt. Ein letzter Abglanz davon liegt vielleicht noch auf dem, was in den Alpen und anderen keltischen Rückzugsgebieten als »Schöne Leiche« gefeiert wird, bei der der Tote mit geistlichem und martialischem Gepränge, im Trauermarsch, zu Grabe geleitet wird, von dem jedoch nach dem Ende der geistlichen und Familien-Akte die Musik mit Tanzweisen dann zum Kondukt, zum Totenmahl zieht, bei dem es nicht nur mit Essen und Trinken hoch her geht.

Der Super-Vatikan

So wurde ich auch hier durch ländliche Eindrücke auf das vorbereitet, was mir in der Stadt dann bevorstand. Jetzt nämlich in Madurai. In der alten, menschenüberfüllten und heute ein wenig verbraucht wirkenden Stadt trafen wir zunächst ja wider aller Erwartung das komfortabelste Hotel, das uns in den Exkursionen des nächsten Tages nicht wenig Rückhalt gab. Es trägt auch schon selbst den Namen der Pandya-Dynastie, der die Stadt ihre Größe, ihren Ruhm und Reichtum verdankt, und die mit dem augusteischen Rom schon lebhaften Handel trieb, an den die zahlreichen römischen Münzenfunde erinnern.
Nun empfand ich es ja an Goethes »Italienischer Reise« immer schon als eine heimliche Grenze, daß der Frankfurter Lutheraner auf seiner Suche nach der Antike die einzige wirklich lebendig gebliebene und noch unmittelbar überlieferte Antike, die Reste jenes Kontinuums, das mit dem großen indischen Zusammenhang durch drei Jahrtausende auch ein wenig vergleichbar wäre, nämlich den römisch-katholisch-papistischen Ritus und Kultus und Zeremonienaufwand, so distanziert und kühl, ja beinahe blind und gereizt betrachtet. Das ist die rechte Erinnerung, um mir nun auch meiner eigenen Grenzen vor dem Schloß und dem riesigen Tempel bewußt zu werden.
Die Sight-Seeingtour durch die Stadt, der große Garten und Teich, an dem in den Nächten des Ostervollmonds die großen Tempelfeste begangen werden, ließen mich auch schon ein wenig kühl, obgleich mir doch sehr wohl bewußt war, daß wir uns hier auf hochmythischem Boden bewegten, den Schiwa immer wieder betreten hatte, um Minakschi, seine fischäugige und dreibrüstige Gemahlin, die Verkörperung der großen Pawati, zu besuchen, die aus dem Teich der goldenen Wasserlilie gestiegen, vom König an

Kindesstatt angenommen, als Mann erzogen und zum Nachfolger auserkoren worden war, die dann auch alle Nachbarfürsten unterwarf und sogar den Gott Indra besiegte, bis sie sich auch gegen Schiwa selbst wandte, aber im Kampf mit ihm dann am Abfall der dritten Brust merkte, daß sie in ihm auf ihren Herrn und Gemahl gestoßen war.

Und in Minakschi fühlte sich Madurai noch immer verkörpert, mit Schiwa vermählt, das Athen einer indischen Pallas Athene, die ihre Jungfrauenschaft nur dem Allerhöchsten preisgegeben hatte. Doch sie verbirgt sich in der modernen Großstadt von heute noch viel mehr als die Zeustochter in der levantinischen Hauptstadt. Wo könnte man sie auch etwa noch in dem leeren Palast des Tirumalai Nayaka finden, der zwar langsam verfällt, aber profan wie ein unbenutztes Magazin ist, weit von der Würde und Offenheit einer Ruine. Oder aber auch vor dem Tempel. Gemeinsam sind beiden nur Dimensionen, die nun freilich alles, was wir bisher schon in Indien an Unvergleichlichem sahen, noch weit übertrafen; erst recht alles das, was man in der weiten Christenheit von der Hagia Sophia nach Osten zum Kreml und nach Westen zum Vatikan und den großen spanischen Stätten finden kann. Hier wird man durch pure Größe überwältigt, die den Atem verschlägt.

Und dieser Eindruck wurde ja am Palast noch dadurch verschärft, daß er keineswegs ein reines Zeugnis indischer Monumental-Baukunst ist, sondern eines der Raub- und Beute-Architektur, mit der die siegreichen Turkvölker alles das überzogen, was sie im Lauf ihrer weltweiten kriegerischen Exkursionen erobert hatten. Und eben dazu gehörte zur Zeit des Baus wohl die Vorstellung, daß man mit ihm auch den Bau Berninis und Michelangelos am Vatikan so übertreffen müsse, daß sie versänken. König Tirumalai, der von 1623–1645 regierte, stand in jener Zeit nämlich nicht nur unter dem Eindruck der Kunde vom fernen, neuen Renaissance-Papsttum, sondern auch unter dem direkten Einfluß des großen italienischen Jesuiten Roberto de Nobili, dessen missionarisches Wirken angeblich indirekt zu der Ermordung des Königs geführt hatte, weil dieser von den Brahmanen verdächtigt wurde, ein heimlicher Motor der Christianisierung zu sein.

Das war wohl auch eine Entsprechung zu dem jesuitischen Ein-

fluß am chinesischen Kaiserhof, der nicht ganz so dramatisch im Lande, sondern dogmatisch am Vatikan und dessen höherem westlichem Provinzialismus scheiterte. Gemeinsam an beiden Vorgängen war nur die Affinität des alteuropäischen Archen-Katholizismus zum bereits herrschenden Glauben. Der auferstandene Christus rex und Sol invictus hatte den Crucifixus fast überstrahlt und das Kreuz war von der ganzen, vielfach gemeinsamen Welt der archaischen Symbole und Schätze fast bedeckt worden. Das erleichterte wohl den Kontakt, doch auch das Mißverständnis, daß die neue Lehre als »Strom in den Ozean« münden könnte, wie sich das Mrs. Narayan in Madras auch heute noch vorstellt. Jedenfalls wirkte die Botschaft nicht als der unausweichliche Anstoß, sein Leben zu ändern. Die ganz große Grenzerfahrung, der radikale Widerspruch, der Skandal des Kreuzes, kurz, alle Dinge, in denen das Christentum weiter als Asien ging, wurden dann auf den späteren Koggen und Kanonenbooten der europäischen Seemächte nicht überzeugender dargestellt, als es die eigene Tradition auch vermochte. Dafür stellt sich das Steckengebliebene und Gescheiterte um so deutlicher in der missionarischen Architektur dar.
Aber zurück zum Palast des Tirumalai Nayak! Die ungeheuren Säulen in Hof und Halle sind wohl noch gut um die Hälfte größer und stärker, sonst aber ganz getreu die der vatikanischen Kolonnaden. Nur daß es ihnen an Raum, Harmonie und Abstand gebricht. Ja, die Stadt, die vielleicht aus ihrer großen Vergangenheit noch strengere Maßstäbe mitbrachte, merkte am Ende vielleicht auch selbst, daß es vor diesem allzu massiven Aufwand keinen besonderen Grund zum Respektabstand gab und rückte dem riesigen Bauwerk mit ihren eigenen minderen Bauten und Ständen und Kiosken hautnahe auf den Leib. Im Inneren ist eine freitragend riesige Halle dem wohl vergleichbar, was Hitler in Nürnberg mit seiner unvollendet gebliebenen Kongreßhalle vorgeschwebt war. Und gerade wie sie ist auch diese Halle nun eine Art von historischer Abstell-Verlegenheit für die späteren Generationen, gerade zu dem außerstande, was ihr so sehr am Herzen lag, nämlich wenigstens als Ruine von Dauer zu sein. Wie Ratten verfolgen einen denn auch nun untereinander streitende Führer, die sich gegenseitig die Rede und mit ihr das Entgelt streitig machen, dann aber auch noch den Befreiungsversuch des Be-

suchers als nationale Beleidigung hinstellen. Ob mir das wohl noch in späteren Träumen nachgehen wird?
Einerseits schon ein wenig ermüdet, andererseits aber auch vom Szenenwechsel erleichtert, sind wir gleich darauf im nicht minder riesigen Minakschianniam-Tempel, der nur um wenige Straßenecken herum liegt und auch mit dem Palast durch einen unterirdischen Gang verbunden sein soll. Auch er übertrifft wieder alles, was wir bisher schon an überdimensionalen Sakralbauten sahen. Nur waren wir darauf schon einigermaßen vorbereitet. Auch war er voll, ja, fast überfüllt von Menschen, wie das indische Tempel nun eben sind. Schon ein wenig betäubt und abgestumpft hören wir auch, daß der Schiwa-Tempel allein, der in dem ungeheuren Geviert nur ein Element unter vielen ist, 260 Meter lang und 230 Meter breit ist.
Beklemmend wird mir aber erst zumute, als ich mit einer Reisegefährtin, die ihren Mann schon oben vermutet, mich an das Besteigen des einen der neun gewaltigen Tortürme oder Gopuras mache, in dem man mit immer enger und enger werdenden Treppen von einem Dutzend der Stockwerke zum anderen klimmt, mit jedem durch immer großartigere Blicke aus den breiten Fenstertoren auf das große Sakralkarree und das braune Land dahinter belohnt wird. Weiter oben erinnert das Klettern im steilen Treppenschlauch auf allen Vieren schon an den Schacht, in dem man im Innern der Cheopspyramide zum Zentral-Lumen hochklimmt. Ohne große Kraft und Begierde, aber doch mit einem Rest Phantasie, den die frischere Luft hier heroben belebt, bedenke ich dann vom höchsten Punkt aus beim Anblick der riesigen Anlagen, welche Schätze, Werte und Denkmäler in dieser Arche der Andacht hier wohl versammelt sein mögen. Der Mensch bringt immer noch mehr hervor, als er aufnehmen kann. Für sich selbst ist er an solchen Stellen immer mehr Produzent als er Konsument ist.
Nur die Dichte und Würde und Strenge der Darbietung wird sich in unserer Generation wohl sehr verändert haben, seit eben, wie wir in Maisur erfuhren, den Schudras an solchen Stätten Einlaß gewährt worden ist. Wer diese Massen heute freilich mit westlichen vergleicht, kann ihre Dezenz nicht hoch genug rühmen. Höchstens bedrängt uns das körperliche Gewühl. Doch eine kleine

Besinnung belehrt uns darüber, daß ja der Abstand zu diesen Massen für die Brahmanen spirituell und für die Kschatryas wohl auch politisch der Verzicht darauf war, sie unmittelbar zu bewegen. Dafür die Probe darauf, ob der eigene Magnetismus für eine solche Bewegung reichte. Erst muß sich der Magnet den Eisenfeilspänen nähern, bevor sie sich in ihren Kreisen zu ihm in rechte Distanz begeben. Doch gehört es auch zu den faszinierenden Ungewißheiten des Indien von heute, daß sich so schwer unterscheiden läßt, was hier die noch so viel größeren Reste der alten Ordnung sind – und was bereits die Bereitstellung für eine neue ist; für die neue Gesellschaft, den Umschwung des großen Jahres, für den wir ja auch schon Anzeichen fanden.

Der Anblick der Rundung

Vor dem Antritt dieser Indien-Reise und in ihren ersten Tagen bedrängte mich nur der Gedanke, wie ich denn in der kurzen Frist genug aufnehmen könnte. Und nun, da ich an die Grenze der Reise gelange, sehne ich sie herbei. Ein wenig fühle ich mich wie ein Raubtier, das eine größere Beute geschlagen hat, als es so leicht noch über den Zaun bringt. Dabei habe ich keinen anderen Wunsch, als mich über sie herzumachen, ohne noch weiteres zuzuladen. Die ersten Mattstellen und Ermüdungen warnen. So tröstete ich mich auch widerwillig darüber, daß uns ohne indisches Mitverschulden durch die Organisationsfehler oder Einsparungstricks unserer schweizerisch-deutschen Manager der auf dem Programm verzeichnete Besuch in Kerala ausfiel, auf den ich nicht ohne Grund die größten Hoffnungen gesetzt hatte.
Das war auch die beherrschende Stimmung, als wir nach Tiritschurapalli fuhren. Die Fahrt dahin über das nun schon vertraute, bräunliche, jetzt vom Abschied verklärte und ein wenig in Moll getauchte Land erfrischte uns noch. Die Stadt war aber schon heiß und voll, nur von portugiesischen Burgresten auf der Höhe romantisch überstrahlt. Und erst von dort kamen wir über den Conwery-Fluß in die Tempelstadt Sirirangam, die auf einer gro-

ßen Insel liegt. Die mächtigen Komplexe sind hier noch häufiger und einander näher als anderswo. Wieder einer der Superlative Indiens. Wie ein kleines Atlantis ist die Tempelstadt selbst von sieben Mauergevierten umgeben. In ihnen auch eine Halle mit tausend Statuen-Säulen.

Wir wußten aber auch schon seit Kantschipuram, daß sich an diesen Tempelstätten noch etwas mehr allgemeines Leben abspielt, als es mit seinen Tempelhändlern wohl auch im Tempel von Jerusalem einst den berühmten Anstoß erregte. Vielleicht lag es auch an der Zeit des späten Nachmittags, daß in einigen Höfen bereits ein gewisser Bazar-Charakter herrschte. Zwischen den äußeren Mauern gab es auch Unterkünfte für Priester, Pilger und Schüler. Auch schienen mir hier die Frauen und Kinder noch zahlreicher als in den anderen Tempeln.

In den Säulenhallen und Arkaden fielen mir aber auch zahlreichere Saddhus und Sannyasis auf als anderswo, die sich vom Umtrieb kaum stören ließen, es sei denn, daß sie die Hand nach der Gabe ausstreckten. Die meisten westlichen Besucher hören und glauben und wiederholen natürlich gerne, daß der größere Teil von ihnen nur einfach verkommenes Volk sei, das sich den heiligen Anschein zunutze mache. Und der säkulare Nehru-Staat registriert sie denn auch nur einfach als Asoziale. Das war bereits die Behandlung, die der aufgeklärte Kaiser Joseph II. in Österreich einst den betrachtenden Orden zuteil werden ließ. Und wahrscheinlich wird es dabei auch in Indien so ähnlich wie in den christlichen und mohammedanischen Orden sein: Je Höheres sie verfolgen, ein um so größerer Teil von ihnen wird es auch nicht erreichen, ja, scheitert daran und skandalisiert so den eigenen Anspruch. Das ändert aber nichts daran, daß die wahre Funktion eines solchen Ordens und jenes Teils von ihm, der sein Ziel erreicht oder sich ihm doch annähert, sehr wohl diese höhere Ordnung zu tragen vermag. Damit zugleich auch die irdische Ordnung, die für ihn selbst nicht mehr gilt. Denn für den Sannyasi gilt keine Kaste mehr, keine Vorschrift und keine Autorität. Er führt ja auch keinen Namen mehr. Und der Name Sannyasi meint einfach den, der »alles von sich geworfen hat«. Er berührt weder Feuer noch Metall, spricht mit keiner Frau, ruht nur auf nackter Erde, geht jeden Weg zu Fuß. Solche Freiheit, solchen Widerspruch, anerkennt eben auch die

Gesellschaft, die mit ihren Kasten sonst als die unerbittlichste gilt. Nach oben hin ist auch sie perforiert. Und eben deshalb ist wohl ihr Lumen auch nur innerhalb ihrer Wölbung zu sehen. Unser Nicht-sehen-können wird mit dem Slogan von den heiligen Kühen und der absurden Weltflucht wohl auch nur deswegen so aggressiv, weil man an ihnen die Anerkennung von geistigen Realitäten beobachtet, für die man selbst kein Organ hat.
Dann ist es noch eine Leistung, wenn ein Mann wie C. F. von Weizsäcker in seinen »Indiengesprächen« die eigene Freiheit und den eigenen offenen Horizont beweist, indem er gesteht, er könne die soziale Rolle solcher Heiligen nicht beschreiben, ohne hinzuzufügen, daß er ihnen das Prädikat der Heiligkeit gerne und ohne Vorbehalt einräume, auch wenn er die indischen Normen nicht mitzuvollziehen vermöge; doch schien ihm eindrucksvoll, wie sich in Indien auch Wissenschaftler und Geschäftsleute bei den Sannyasis Rat holten. Und wenn der Europäer auch mehr auf Selbstentscheidung dressiert scheine, dann werde hier in Indien doch auch nur die fundamentale Weisheit gelehrt, daß die einzige wahre Entscheidung des Menschen Selbstentscheidung sei. Der Heilige, Yogi und Guru können den Schritt nur erleichtern.
Ein Mann wie v. Weizsäcker, in dem sich das vielberufene technisch-naturwissenschaftliche Zeitalter ja wohl reiner und auch ein wenig differenzierter als sonst so schnell wo verkörpert, nimmt hier mit einem Akt des philosophischen Staunens aus der großen Entfernung des Westens von Indien noch etwas wahr, was in seiner eigenen Welt fast unzugänglich geworden scheint. Daß sich Freiheit im höheren Sinn nämlich erst in solcher Selbstentscheidung verwirklicht, die nicht im nächsten Augenblick auch bereits wieder umgestoßen werden kann, sondern ernstlich, verbindlich und dauerhaft ist. Das ist auch, um es nochmals zu sagen, die wörtliche Urbedeutung von dem, was die lateinische Welt religio nennt, die ein religere, ein Verbindlich-Erküren meint, und mit seinem re- das eligere, das Erküren, noch einmal fester macht. Das meint ja, ungehört und ungelesen wie alles Wesentliche in unseren Tagen, wohl auch Gabriel Marcel in seinem »Journal metaphysique«, wenn er die Freiheit als das Vermögen bestimmt, versprechen zu können: La liberté, c'est le pouvoir de promettre. Aber wo wäre solche geistige Freiheit unter Behavioristen auch zu verstehen?

Ist es da ein Zufall, wenn ein Naturwissenschaftler nun in Indien auf sie stößt? Am Ende käme dann einer auf den Gedanken, daß das, was sich in unseren Massendemokratien so Freiheit nennt, schon allein deswegen niemals wirkliche, niemals verwirklichte Freiheit sein kann, weil sie eben stets nur die Möglichkeit darstellt, etwas zu tun; nie aber seine Verwirklichung. Die Freiheit gleicht nämlich darin dem Sprengstoff, daß sie sich mit dem Versprechen erst durch Selbstzerstörung verwirklicht. Ob ein Stoff Sprengstoff ist, bleibt so lang bloße Möglichkeit, als auch die Sprengung bloße Möglichkeit ist. Er verwirklicht sich eben als Sprengstoff erst im Augenblick seiner Sprengung, die ihn als solchen allerdings auch im selben Augenblick schon vernichtet.

Und dieses radikale Beispiel trifft zumindest in dem Augenblick zu, als der Mensch selbst radikal genug ist, aufs ganze geht und den Begriff des Unendlichen faßt. Ganz bringt er sich ja stets nur ins Spiel, indem er die Freiheit als das Vermögen zu versprechen, auch ganz aufs Spiel setzt und seinen Schwur, seinen Eid, seine Treue, auf immer und »bis in den Tod« leistet. Gewiß geht er eben damit auch das höchste Risiko seines Schiffbruchs ein, setzt sich dem Widerspruch zwischen der Endlichkeit seiner Natur und der Unendlichkeit seiner Idee als einem unwiderstehlichen Denkzwang bei jedem Weiterdenken aus. Dafür darf man sicher in unseren Tagen zu allerletzt auf Verständnis hoffen. Aber auch wenn man nach Indien fahren muß, um unverhofft davon betroffen zu werden, so muß man doch auch nicht vergessen, daß alles, was auch im Westen »pistis« und »fides« und »la foi« und »Treu und Glauben« heißt, nichts anderes meint als eben dieses Vermögen, seine Freiheit im Versprechen zu gebrauchen und im Halten zu verwirklichen.

So stand ich denn auch mit einem Bein bereits wieder im heimatlich-brodelnden-bröckelnden Westen, als ich der heißen Stadt und dem unbehaglichen Zimmer in den schönen Garten unseres Hotels entflohen war, dessen Bäume und Nachbargebäude von Dutzenden großer und prächtiger Bussarde besetzt waren, die als Symbole des räuberisch-aggressiven, nie ganz zu befriedenden, nie ganz zu ordnenden Lebens auch eine große indische Runde umkreisten, die offenbar an geistigen oder geistlichen, vielleicht auch politischen Themen war – ein wenig englisch, ein wenig indisch, ein wenig Club und ein wenig Ashram. Diese Art von ostwestlichem Ausgleich war mir schon wohlbekannt, bevor ich nach Indien kam. Aber das Training der Unverbindlichkeit, eben der Ausgleich, war ungefähr das Gegenteil dessen, was mir selbst an diesem letzten Abend in Indien als eine neue Spannung, ein neuer Bogen, ein neues Gewölbe vorschwebte. – Und darin bestärkten mich nach dem Aufbruch der Runde und dem Einbruch der Nacht dann die leuchtenden indischen Sterne. »Ein wenig bin ich auf der Welt doch schon zu Hause.«

Und noch bevor die Reisegefährten zurückkehrten, blieb mir ein kleines Stündchen der Meditation. Der Himmel, der noch für Kant und Gellert und Schiller so strahlend-offen und in seiner metaphysischen Chiffre-Schrift auch so lesbar war, scheint uns nun für den ersten Aufblick ja wie verschlossen. Die kleinen Sprünge zu unserem Trabanten, die nur wenig erweiterten Testraketen zu den Planeten, die beinahe unabsehbar gewordenen optischen und ätherischen Informationen aus den Milchstraßen legen am Ende den fast unvermeidlich erscheinenden Schluß auf eine würgende Öde dieser physischen Unendlichkeit nahe. Sie ist keineswegs mehr der »Himmel« das »caelum«, der »uranos« oder auch »tjän«, das hieße alles ja, mehr und viel mehr als wir selbst sind. Davor sind wir umgekehrt selbst sehr viel mehr mit unserem differenzierten Bewußtsein und Leben. Wir erscheinen sogar als ein gar seltener Glücksfall gegenüber all dem, was wir zu überblicken vermögen. Und die kannegießernde Theologie der Profanität wurde von einem Abgrund der naturwissenschaftlich-beweisbaren Objektivität verschlungen. Sie wußte nicht mehr und konnte nicht wissen, was denn der Himmel sei, in dem noch »unser Vater« wohnen könnte. Der Himmel auch »der uns rief, indem er sich um uns schwang und uns seine ewigen Schönheiten wies«, wie es Dante verstand. Kein Donnerwort des Ewigen drang für uns noch aus dieser Leere.

Und dennoch liegt in dieser Vernichtung der metaphysischen Ur-Chiffre auch die große Herausforderung für uns selbst. Sie bezeichnet den Umschlag am Punkt der vollkommenen Negation, der hier im Innersten wie im Äußersten vor sich geht. Freilich wird er hier wie überall nicht im bewahrend-verlangsamend-bremsenden Konservatismus, sondern im gläubigen Radikalismus erreicht, der den Durchgang gerade anstrebt, um einen neuen Aufschwung zu nehmen. Von ihm bekommen wir Christen wohl nur eine Ahnung, wenn wir die Anrufung im Gebet des Herrn auch in unseren Tagen und gerade in ihnen wieder ganz wörtlich-direkt zu verstehen vermögen: »Der du *bist* im Himmel«. Die Ur-Aussage des Himmels als die einsichtig-leibhaftig und am unmittelbarsten erscheinende Wirklichkeit des Unendlichen hat dieser Himmel nämlich heute wie je. Nur daß unsere eigene geistige Kraft meist nicht mehr ausreicht, um das, was wir objektiv so ungeheuer erweitert finden, auch geistig und denkend so zu durchlaufen, daß wir an seinen Grenzen wieder das alte Grenzerlebnis des Unendlichen als die große Antinomie zu erfahren vermöchten, die auch den meßbaren, objektivierbaren Astronomen-Himmel wieder zum Himmel als einer Schwelle des Ganz-Anderen macht. Hier muß man wissen, wohin denn die Dialektik führt. Über den Schleifschritt einer bloß skeptischen Negation zu jenen hegelianischen Synthesen mit ihrer logischen und historischen Selbstbefriedigung, die kein Salto in eine neue geistige Höhe und Freiheit bringt – oder jedoch eine ernstliche und radikale Negation als Antinomie, hinter der wir nicht bloß hinter einer durchstoßenen Pergamentwand den Kopf wieder in die alte Menschenluft stecken, sondern hinter der Wissenschaft eben zu Ende ist – und Geist beginnt. Geist, der verbindet, bedeutet und macht, daß uns an der Wahrheit als solcher überhaupt liegt. Wir lieben nicht und wir glauben nicht, ja, wir leben nicht, solange wir uns nur »schließend« selber begründen wollen, statt uns, »öffnend« und hingebend, in einen Anderen Grund zu finden. Dazu gehört das Risiko jeder Kommunikation zu einem menschlichen oder göttlichen Anderen, was ja Lieben und Glauben auch einander so nahe bringt. Nichts kann uns angesichts der Unendlichkeit unsere innerste Selbsterfahrung ersparen, daß wir selbst ja auch stets nur ein Einzelnes oder ein Einziges lieben und glauben können, doch sehen, daß andere Anders ebenso einzig lieben und glauben. Wer will denn ernstlich mitreden, der diesen zum Mitreden erst recht legitimierenden Grundwiderspruch nicht erfuhr?

Umso nüchterner dann am nächsten Morgen die Abreise, die verläßliche Vorsorge unseres indischen Betreuers bis zur Sperre des kleinen Flugplatzes, dann aber auch der mörderische Überfall der unions-indischen Bürokratie, die uns für den kleinen Rückflug nach Ceylon fast bettlaken-große Fragebögen in tamilischer, singhalesischer und lateinischer Schrift vorlegte, sie aber ausgefüllt bei der Ankunft ungelesen verwarf und durch neue, kleinere ersetzte. Zu meinem Verdruß, ja, zu meiner Empörung erfahre ich auch, daß wir vor dem Rückflug nach Europa hier noch sinnlos den Tag abzusitzen haben, der uns zum Besuch von Kerala fehlte. Wir trösteten uns nur leidlich an dem heißen Strand von Negombo, dessen Hotel etwas von einem studentischen Ferienheim hat. Abends wird denn auch am Strand unter freiem Himmel ein Schwein am Spieß gebraten.

Und so wird auch diese Nacht kürzer. Nach den letzten Verzögerungen des Charterflugzeugs erheben wir uns am späten Vormittag schließlich dann doch zum großen Rückflug. Wieder das mächtige, braune, wasserdurchzogene Land, Mother India, tief unter uns. Bei aller ungeheuren Erwartung, die uns hierher führt – diese Mutter hat uns mit der Fülle der Gaben doch noch beschämt. Und sie haucht uns, als wir die Küste erreichen und übers Meer kreuzen, nur noch den Wunsch ein, sie wiederzusehen. Benares, Delhi, den Norden, Kaschmir und Nepal. Bei all dem wußte ich noch nicht, daß mir das schönste Sinnbild der Reise noch bis zum Schluß aufgespart blieb.

Zum Unterschied von dem Non-stop-Flug nach Ceylon landeten wir nämlich auf dem Rückflug nun in Karatschi. Und der erste, einzige Blick in die Krieger- und Räuberwelt, die ihre Eroberungszüge so lange bis in die Südspitze Indiens ausgedehnt hatte, war gerade so, wie er sein mußte. Nur, daß die stolzen Herren der Wüste in unseren Tagen von den Kamelen auf die Flugzeuge umgestiegen sind. Sie bleiben aber auch so unter sich. Bei einem lebhaften Luftverkehr waren wir doch auf dem Platz die einzige nicht-pakistanische Maschine. Die großen Dimensionen des verwüsteten und versandeten Landes, in dem aus der Luft die neue Hauptstadt selbst wie ein großes Zeltlager wirkte, können von ihren Machthabern solcher Art offenbar noch ganz anders ergriffen werden. Zwischen den hohen und kriegerischen Gestalten im wallenden, rauhen Burnus mit über den Nacken fallenden Tüchern schreiten die Frauen im langen, dichten, schwarzen Schleier wie unter einem über den Kopf gezogenen Nonnenhabit. Was sich

in westlicher Eleganz dazwischenbewegt, befindet sich ganz offenkundig in dienender Funktion.
Als wir uns aber endlich wieder erhoben, durchquerten wir erst in zwei- oder dreitausend Meter Höhe einen Wolkenkeil, hinter dem in unserem Rücken auch der sonnenbeglänzte Schild des arabischen Golfs allmählich zurücktrat, nach einiger Zeit aber vor uns auch wieder auftauchte. Der Keil sank tiefer, und hinter ihm traf sich dann das eine Stück Meereshorizont mit dem anderen – zu einem Bogen. Zum ersten Mal sah ich mit eigenen Augen, was für die Klipp-Schüler zwar als abstraktes Wissen bereits banal, als direkter Anblick aber sogar für Flieger nicht allzu häufig und nur den Astronauten vertraut ist – daß die Erde rund ist. Und ein schöneres Sinnbild dieser Reise als ein solcher Blick auf die andere Seite, die Wölbung, die Osten und Westen verbindet, konnte mir wohl zum Abschied nicht werden. Nach Westen gewandt, darf man wieder lateinisch sprechen. Omen accipio! – Ich nehme das Vorzeichen an!
Sicher, ich werde wohl keinen Tag mehr leben, an dem ich diesen Osten vergessen könnte. Doch er soll mir auch zu keiner Ausflucht im unbehaglichen Westen werden, an dessen tiefste Tiefen er mich ja auch erst gemahnte. Im Grunde erinnern wir uns ja immer nur unser selbst. Und eine beinahe unendliche Wüste, größer als die Sahara, wie sie sich nun vom Indus bis an den Jordan, an den Sakary, erstreckt und die mir auch auf diesem Flug erst recht zu Bewußtsein kam, ist nicht allein der Weg, der uns mit Indien und Indien mit uns verbindet – sondern auch der zu uns selbst.

AUCH INDIEN BLICKT NACH OSTEN

China im Wasserglas

Beim Abflug in Frankfurt wußte ich noch nicht, daß ich auf meinem Wege wieder die Spuren meiner letzten Indienreise kreuzen würde. Dann aber leuchtete nach dem mitternächtlichen Start doch das Morgenrot über den verschneiten persischen Gipfeln; die Felswüsten am arabischen Golf; und wieder der Blick von oben auf den Rokoko-Himmel mit seinen winzigen Flaumwolken unten über dem Golf von Mannar. Dann die Palmenküste von Ceylon. Was ich in den letzten Jahren erst recht schätzen lernte, das ist Vertrautheit in großer Distanz:
Es sei auch wie es sei!
Auf dieser Erde bin ich schon zu Haus.
Und von Colombo weiter über die Insel, den Golf von Bengalen, in den so viel Blut floß, seit ich das letzte Mal an seinen Küsten saß. Bangkok versinkt auf dem Weg vom Flughafen in das Hotel beinahe in Lichtreklame und Feuchtigkeit. Am nächsten Morgen verhärten sich dann aber die Konturen, als wir hinter Kambodscha über den Mekong nach Vietnam gelangen.
Hinaus auf die China-See! Und erst nach längerem Flug entdecken wir an den ersten Felsklippen des Festlandes ohne rechtes Erstaunen doch das Seltsamste von dem allen: die größte Webervogel-Kolonie wohl unseres ganzen Sonnenverbandes, die größte Termitenstadt jedenfalls unserer Erde, das unvergleichliche Werk des einzigen irdischen Säugetiers, das sich überhaupt ernstlich auf Städte- und Staatenbau einließ und – das Gebirge bedeckend – hier sein korallisches Nistwerk absoluter und charakteristischer hinstellte als sonst irgendwo auf der Welt. Das ist Hongkong.
Im Grunde war meine Reise hierher ja auch nur als eine Annäherung, als eine Art Trittstein und Zwischenlandung gedacht:

Hoffentlich bald schon ins wirkliche Dschung Guo, ins Reich der Mitte selbst. Und dennoch sieht es mich schon beim ersten Anblick, der über unser Vermögen des Staunens und Ahnens ja oft schon alles entscheidet, ein wenig anders an. Nicht, als ob ich mich in dieser Woche auch nur im entferntesten unter die Hunderte, ja, wohl Tausende von Agenten und Korrespondenten hier mischen wollte, die auf ihren Beobachtungsständen sitzen und ihre Fernrohre aufs große Drüben richten. Sie wünschen ja doch immer nur, herauszubekommen, wie die große Maschine des herrschenden Ismus gerade läuft. – Da schwebt mir doch als herodotischer Schutzpatron lieber der Mann im Monde vor, der das irdische Schauspiel noch immer unverwandt weiterverfolgt, auch wenn dessen Akteure schon nach ihm selbst zielen.

Doch geht das alles ja gar nicht eigentlich Hongkong an, das weder altes noch kommunistisches China ist, aber gerade deshalb vielleicht den besten Begriff von dem gibt, was die Chinesen als Weltvolk des nächsten Jahrtausends in jedem Falle sein werden; so wie ja auch Ägypter und Syrer nach ihrer Islamisierung auch noch immer Ägypter und Syrer blieben.

So unchinesisch und new-yorkisch, ganz und gar westlicher Anfang unseres Jahrhunderts, auch Hongkong von heute mit seinen Wolkentürmen und Straßenschluchten, Menschenmassen und Autoschlangen, wirken mag, so sehr geht das Englische in der noch immer englischen Kronkolonie doch schon beinahe unter. Der Ozean kann freilich nicht ertrinken. Er ist chinesisch und nichts sonst. Selbst auf der Botschaft von Thailand, wo ich ein Visum zu holen habe, ist der breite Schalter zur Mitte mit der einfachen großen Aufschrift »Chinese« bezeichnet. Nur in der Ecke hängt noch ein kleines Schild mit der bescheidenen Aufschrift »Others«. Das ist heute wie all die dreitausend Jahre. Und was am Frankfurter nur eine ausgefallene Anekdote des alten Reichsstadt-Bewußtseins ist, wenn es von ihm heißt, es wolle ihm nicht in den Kopf hinein, wie könnte ein Mensch nicht aus Frankfurt sein – das ist für die Chinesen so allgegenwärtig und selbstverständlich wie Luft.

Und es bestimmt wohl auch die exponierte Lage der Stadt, deren völkerrechliche Basis, der englisch-chinesische Pachtvertrag, im nächsten Jahrzehnt schon ausläuft. Nun hört man ja bei der im

Westen oft verbreiteten Euphorie, nach der auch Taiwan nach dem Tode Tschiang-kaischeks seine Autonomie im chinesischen Reichsverband erhalten soll, daß wohl in Chinas eigenem Handels- und finanziellen Interesse auch der Hongkong-Vertrag verlängert werden soll. Aber Handfestes läßt sich darüber nicht ausmachen. Doch kann man von erfahrenen Bürgern der Stadt wohl hören, daß die Hälfte der 98 Prozent Chinesen in Hongkong mit einem baldigen Anschluß ans Mutterland sympathisieren. Zur Zeit verrät sich allerdings nirgendwo Unruhe. Selbst die Studenten unterhalten kaum noch eine revolutionäre Nachtwache.

Doch läßt es die Stadt nicht an Lebenskraft fehlen, die sich in fieberhaftem Betrieb und Bauwillen äußert, Berge versetzt und durchtunnelt, neue Siedlungen für Hunderttausende baut, den Grund des Hafens ein zweites Mal für eine neue Autostraße durchbohrt. Auch sollen große Anlagen schon im Gange sein, um Meer- zu Trinkwasser aufzubereiten, was die Stadt freilich auch noch nicht in den Stand setzen würde, einer Belagerung zu widerstehen. Dazu fehlt es den Engländern an Verteidigungskraft.

Jenseits des Stadtrandes finden sich freilich auch hier wie anderswo Slums, aus Brettern und Blech an die Hänge gelehnt. Doch selbst wenn man die Feuers- und Seuchengefahr an ihnen nicht leugnen kann, war für ihre Bewohner der eigene Nestbau und die Schicksalsgemeinschaft der Nachbarn nach der Flucht wohl noch leichter erträglich als das Eingestampft-werden in die zwanzigstöckigen Zementsilos, die dem einzelnen kaum drei Quadratmeter Raum und Hunderten nur eine einzige Toilette bieten. Auch diese Blöcke werden jetzt aber von noch viel größeren, geräumigeren und auch freundlicheren ersetzt.

Auf der Suche nach dem künftigen Menschentyp, nach dem Weltvolk des nächsten Jahrtausends, findet man hier in dem menschenüberquellenden Viermillionenstrudel dieser östlich-westlichen, international-chinesischen, zwischen Kommunismus und Nichtkommunismus schwebenden Stadt vielleicht etwas darüber zu erraten.

Ihr hervorstechendes Merkmal ist dabei wohl ihr Arbeitscharakter. Das aktive und schnellroutierende Gemeinwesen, das auch ohne Parteien doch auf die Massenzustimmung seiner Bürger angewiesen ist, hat ein Verhältnis zur Politik wie zur Börse: ein waches Ohr für das, was sich tut und anbahnt. Das bedeutet einerseits eine fortgeschrittene Entideologisierung, andererseits aber auch unvorhersehbare, vielleicht katastrophale, vielleicht auch lebensrettende Umschläge. Der relativ hohe Lebensstandard in der durch Flüchtlings- und Zuwanderermassen belasteten Stadt wäre ohne diese präzise organisierte und hochdifferenzierte Arbeit und ihre Beweglichkeit kaum zu halten. Unausweichlich dabei, daß ihr der Handelserfolg auch einen Anteil an jenem Odium einbringt, das auch Phönizier, Juden, Syrer, später dann das »perfide Albion« und die USA ernteten. – Doch die Wahrheit ist ja auch: Noch ein halbes Jahrhundert, das hier in Hongkong – und drüben in Kanton und Peking und Tokio – ebenso weiter gearbeitet wird, wie dort heute gearbeitet wird, und das umgekehrt auch im Westen weitergearbeitet wird, wie dort heute gearbeitet wird – und dieser Westen ist vom Weltmarkt gefegt.

Was immer an Hongkong auch kosmopolitisch erscheint, sollte mit seinen malaischen, indischen, indonesischen, japanischen, natürlich auch englischen Minderheiten ja nicht überschätzt werden. Darüber betrügt man sich nämlich nur deshalb so leicht, weil zwar die Inderinnen in ihren Saris, die Japanerinnen in ihren Kimonos, selbst Schwarze in ihren Grand Bou-bous, von den Chinesen jedoch nur die verschlagenen Ur-Stämme der Hakkas mit ihren schwarzen Hosen und radgroßen, schwarzbordierten Strohhüten einherkommen, während die anderen in mehr oder minder unauffälliger, teils eleganter, teils armseliger, allermeist mittlerer, aber jedenfalls recht uniformer Kleidung erscheinen. Was den westlichen, politischen Feuilletonisten im kommunistischen China drüben als blaue Ameisen erschien, das könnte ihnen ja hier dann als graue Ameise erscheinen.

Man muß nicht von den Errungenschaften der Technik, der Architektur, des Luxus, der Mode, sprechen, die Hongkong zur Weltstadt – und zwar zu einer sehr eleganten, machen: charakteristisch für seine Einwohner ist viel eher die abgeschirmte Konzentration, mit der sie im großen Betrieb durch ihre Funktion, durch rasche und komplizierte Abläufe des Geschäfts, des Verkehrs, der Arbeit, ja, auch des Vergnügens gebannt sind, die einen großen Teil ihrer Kräfte erfordern. Das könnte man freilich auch von New York oder London und von Berlin sagen – es legt für den deutschen Besucher ja auch vor allem den Vergleich mit Berlin nahe, weil Hongkong mit der Verlängerung oder Auslegung des Vertrags, auf dem das Leben der Stadt beruht, auch an die Stadt an der Spree mit deren Abkommen erinnert. Hongkongs maritime Lage, die das Risiko mit sich bringt, ins Meer geworfen zu werden, bringt zum Unterschied von der Lage Berlins aber auch die Chance des ungehinderten und ungeminderten Weltkontakts mit sich. Und wenn die Anwendung eines so technischen Ausdrucks auf die Verfassung eines menschlichen Gemeinwesens erlaubt ist, dann wirkt die Stadt jedenfalls als noch ganz unermüdetes Material. Mag sein, daß manchem die nachindustrielle Gesellschaft Skandinaviens mit ihrer Anziehungskraft auf Deutschland, England und Kanada heute modern erscheint; aber dann wird das wohl eine Mode sein, die die nahe Jahrtausendschwelle nicht überlebt. Und die Welt – samt Hongkong – wird darüber hinweggehen.

Nicht anders als mit dem Verhältnis zur Arbeit steht es mit dem zur Familie, die in jener nachindustriellen Aussterbegesellschaft auch bereits als überholt und traditionell, will sagen, als Angriffsziel der Emanzipation gilt. Aber so wenig dies das China Maos in seinem Ringen mit Konfuzius in allen Kulturrevolutionen erreicht, so wenig bewirkt es die merkantile Massengesellschaft Hongkongs in deren kosmopolitischem Kirchen- und Sektenleben. Die Familie bleibt der unbestrittenste Gegenstand praktischer Pietas, nicht in Frage gestellter Frömmigkeit. Das große Reich und die kleine Handelskolonie tragen unter sich dem auch Rechnung, indem sie die Erlaubnis für die wechselseitige Grenzüberschreitung zu den Familienfesten am reichlichsten ausgeben – vor allem zum buddhistischen Neujahrsfest, das ja wie unser Weihnachtsfest als besonderes Familienfest gilt.

Doch auch in der Weltstadt Hongkong lebt die Familie nicht allein in der Zelle unseres Eltern-Kinder-Verbands, sondern im größeren Rahmen der drei und vier Generationen. Und wo sie dann durch den Wohnort am täglichen Zusammenhalt behindert wird, hält sie in Besuchen und Festen um so enger zusammen. Eine in Hongkong geborene, sehr lebendige und kultivierte Gesprächspartnerin malaiischen Ursprungs erzählt mir, wie diese große Familie in ihrem Rahmen auch die verschiedenen Bekenntnisse noch umfasse, ja, die Neigung entwickle, die Feste der Andersgläubigen mitzufeiern: buddhistische, christliche, islamische; Neujahr, Weihnachten, Ramadan. Das ist das neue und östliche Alexandrien, Ephesus, Byzanz – Städte, in denen die Juden den Fall Jerusalems und die Christen den von Konstantinopel überlebten.

Trotz der britischen Gründung gedieh hier unter den christlichen Kirchen vor allem die katholische. Ihre Gläubigen werden auf runde 40 Prozent der Einwohner veranschlagt; ein Anteil, der mit einer runden Hälfte nur noch von den Buddhisten übertroffen wird.

Etwas schwerer als das unerschütterte Arbeits- und Familienethos scheint mir allerdings nun der dritte, beherrschende und für Asien bezeichnendste Zug zu belegen. Natürlich kann man darauf hinweisen, daß hier schon optisch das, was dem Westen als Streß so zu schaffen macht, trotz aller Steigerung des Betriebs kaum hervortritt. Auch sind seine medizinischen Wirkungen in Herz- und Kreislaufbeschwerden, Magengeschwüren und Erschöpfungszuständen seltener. Doch auch daran mag das Verhältnis zu Arbeit und Familie noch mitwirken. Das erste, in dem es eben den grausamsten und unauflösbarsten Klassenkampf zwischen den wahren Herren entschärft, die ihre Arbeit in Freiheit als Pflicht und Dienst, und den ewigen Knechten, die sie gezwungen und nur für ihre Notdurft leisten. Doch kommt dazu wohl auch hier wie in Indien und der ganzen buddhistischen Welt, daß die lange Übung der Sammlung, der Meditation, Reserven schuf, auf die auch das technische Zeitalter nun zurückgreifen kann; ja, die in ihm und seinem Verkehr auch Reaktionsgeschwindigkeiten ermöglichen, die sich noch als der große Vorsprung des Ostens erweisen werden. Auch könnte es sein, daß im berühmten chinesischen Pragmatismus noch etwas vom Tao steckt, das hier in Hongkong ja eine alte Tradition hat. Und selbst wenn die übliche Übersetzung des Tao mit dem deutschen »Sinn« oft mißverständlich genug ist, so hat sie in einer Welt, deren Hauptanfechtung das Absurde ist, doch auch ihre besondere Aktualität. Sie entkleidet vor allem die Technik ihrer prometheischen, kainitischen, vatermörderischen Züge, die dem Westen zu schaffen machen.

Ein wenig erheitert mich aber auch dort und da die Naivität, die sich das alte Volk bewahrt hat. Neben der großen asiatischen

Tanzkunst auf Ceylon, in Indien, in Thailand, geistlich entrückt oder kultisch-streng oder höfisch-verspielt, wirkt das, was wir in Monkton zu einem chinesischen Abendessen zu sehen bekommen, in seinen rituellen Kämpfen und Aufzügen als die reine Folklore; jeder Tänzer ein kleiner Erzengel, das Böse bekämpfend, ein wenig an unsere Sommer-Winter-Duelle gemahnend; in Liebe und Streit doch stets noch dem Tjän gehorchend; sicher auch ständig im Yin-Yang-Verhältnis verbunden.

Zum Reiz der Stadt gehört freilich auch ihre Lage zwischen den Bergen und auf den Klippen. Das verleiht ihr oft eine beinahe saronische Heiterkeit. Doch auch etwas Übersichtliches, etwas von einer Ausstellung – eben China im Wasserglas. Man hat die große Essenz, die Kernspaltung, einer neuen Weltkultur noch im Laboratorium. Und während sich unten die Menschenmassen in ihrem Gedränge fast am Fortkommen hindern, gehe ich oben auf dem Victoria-Peak, den man so leicht mit dem Seilzug erreicht, stundenlang einsam den Parkweg durch die südliche Bergheide. Am stärksten erlebe ich ja diesen Vorspiel- und Abglanz-Charakter am nächsten Tag dann erst auf dem letzten Hügel vor der großen Ebene bei Lok Ma Tschau, von dem aus sich der Blick auf das unendliche Reich der Mitte eröffnet. Dort sammeln sich auch in Pilgerfahrten die Menschen, um von der Kuppe aus, die mit Maulbeerbäumen bestanden und mit Gartenanlagen besetzt ist, das große China wie im Schaufenster zu bestaunen. Hier treten die Hakkas unter den Einwohnern stärker hervor. Sie sind von der Geschichte vielleicht noch zu weit entfernt, um zwischen den beiden Seiten der Grenze schon große Unterschiede zu machen. So bieten sie altchinesische Äolsharfen und Mao-Bibeln nebeneinander feil.

Und eben bin ich so in meine Gedanken versunken, als mich in dieser Loge des Welttheaters ein behaglicher und gepflegter Reisegefährte mit der Frage anspricht, ob ich denn nicht aus Gmunden sei. Das ist ein Welfenprinz, der vom alten Exilsitz seines Geschlechts her meine Familie und meinen Aufsatz über die kleine Stadt in einem der letzten Merian-Hefte kennt. – Mußte das hier geschehen, um auf dem Höhepunkt dieser Reise das Aufbruchsmotiv wieder aufzunehmen: »Auf dieser Erde bin ich schon zuhaus«? Das alte Europa hat dabei ja auch wahrhaftig seine

Historie nicht geschont, um mich so von dem Sog des großen östlichen Strömens zurückzuziehen. In den Jagdrevieren des Almtals, erfahre ich, habe das Haus Hannover einen mächtigen Wildpark angelegt, der bereits steigenden Zuspruch findet. Da bin ich denn auch mit einem ironischen Sprung um beinahe ein Drittel der Erde wahrhaftig wieder daheim.

Aber ich darf mich auch nicht auf die Gmundner Bucht, die sentimentale Kindheitserinnerung, beschränken lassen. Wie nah ist ihr doch von hier aus der Blick auf Bergen von den Höhen über der Fjord-Mündung. Oder die Straße zu den Seen von Killarney in Irland. Oder das Bild Salonikis, wenn man die Treppe des Hangs erstiegen hat, an dem es liegt. Oder der Horizont Gibraltars von seinem Gebel aus. Im Grund ja auch drüben jenseits des Mittelmeers Sidi Bou Said über Tunis, der Libanon über Beirut, der Ölberg über Jerusalem.

Natürlich sind wir von klein auf daran gewöhnt, dazwischen überall beinahe unübersteigliche Gräben zu sehen: in Deutschland zwischen Preußen und Österreich, in Europa zwischen Deutschland und Frankreich, am Mittelmeer zwischen Europa und dem Maghreb. Und doch gibt es immer wieder auch Augenblicke wie eben den im kleinen Koranmuseum von Rabat oder auch den an der Kreuzfahrerfestung des Königs Richard Löwenherz bei Limassol auf Zypern, in denen es einem wie Schuppen von den Augen fällt und plötzlich das zusammenhängende Geflecht vom Euphrat bis zur Ultima Thule und vom finnischen Turku bis zum Dakar des schwarzen Islam sichtbar wird. Nie deutlicher und selbstverständlicher als eben aus der großen Entfernung vom Lok Ma Tschau. Dann ist wie mit Händen zu greifen, daß dieser große Zusammenhang erst ins Bewußtsein treten muß, um uns auch ein noch viel größeres Verhältnis zu den indischen und chinesischen Kreisen Asiens zu geben; eines nämlich, das sich nicht mehr mit den Kolonialerfahrungen von gestern oder den Selbstfluchtversuchen von heute zufrieden gibt. Das ist am Ende ja auch die höhere Absicht eines jeden Gespinstes, wie wir es hier anzuzetteln versuchen. Und das auch morgen noch halten soll, wie heiß die Kämpfe am Mittelmeer heute noch sind. Diese Kämpfe haben ja wohl auch selbst ihren Anteil an einem solchen Gewebe, wie ihn andere, doch ähnliche Kämpfe in Europa gehabt haben. Und darin fühlt man sich

um so mehr bestärkt, je deutlicher man die Gräben, Kämpfe und Widersprüche auch in den anderen Weltkreisen sieht.
Eben damit weht einen auch die Ahnung, die Denkform des Universal-Humanismus an, die mir nach der großen Mittelmeer-Runde beim ersten Betreten Indiens aufging. Dann zeigt sich freilich auch erst, daß ein solcher Universalbegriff, eine solche Idee, ohne die Grenzerfahrung des Widerspruchs gar nicht zu fassen ist. Im Reiche Kungtses, in dem Aschokas oder in dem Alexanders.

Größer als Rom und größer als Hellas

Zur Einübung unverhoffter Aspekte gibt es ja dann immer wieder den Rückweg. Etwa den von Hongkong nach Bangkok. Indochina ist ja auch gleichsam die Rückseite Indiens. Wir alle im Westen sehen Indien fast unausweichlich von seiner Alexanderseite her, vom Westen her als Osten. Doch vielleicht hat dieses Indien umgekehrt von Alexander bis zur Ostindischen Compagnie auch nur deswegen immer darauf gewartet, von Europa entdeckt zu werden, weil es seinerseits ja doch in einen ganz anderen, eigenen Osten, eine eigene östliche Ferne und einen eigenen östlichen Horizont blickt. Im weiteren Sinne könnte man nämlich sehr wohl sagen, daß – unbeschadet der großen Reiche, die Indien in Indonesien gründete – an Indiens Ostgrenze auch schon China beginnt. Kein besseres Wort konnte für das kontinentale Südostasien ja auch gefunden werden, als eben Indochina: China, weil es vom Anfang seiner Geschichte her schon sprachlich-stammhaft chinesisch-verwandt war; Indo-, weil es im Laufe seiner Geschichte dann so tief und unwiderruflich indisch wurde.
Die entscheidende Einsicht liegt also darin, daß das meiste von dem, was wir Indochina oder ein wenig allgemeiner und blasser Südostasien nennen, zunächst einmal doch Fleisch vom Fleische Chinas im weiteren Sinne ist. Auch der naive Reisende sieht es schon an der Erscheinung des Menschen, den flachen Rundungen statt des nasenbestimmten Kamms des Gesichts, das Indien mit dem Westen gemein hat.

Und warum sollen nicht auch einmal die Schulmeister recht haben? Dann nämlich, wenn sie Chinesen, Japaner, Mongolen und nahezu alle Bewohner Indochinas unter dem mongolischen Titel als einem Pars-pro-toto-Namen zusammenfaßten. Und daß es nun einmal der mongolische Name ist, ließe sich ja vor allem damit erklären, daß die Mongolen im späteren Lauf der Geschichte nahezu alle Winkel Eurasiens erreichten, zu dem auch unser eigenes Europa zählt, da sie nicht nur in Peking, am Mekong, in Südindien, am Bosporus und am Bottnischen Meerbusen, sondern vor dem schon vor Rom und an der Loire standen und allerorten eigentlich nur durch das Meer aufgehalten wurden, auf dem sie nicht weiterreiten konnten.
Am chinesischen Charakter Südostasiens haben aber die eigentlichen Mongolen unter Kublai Khan später erst ein wenig nachgeholfen. Vorher schon haben die inneren Konflikte der chinesischen Reichsbildung nämlich ganze Völkerschaften nach Süden gedrängt. Jene Tais, die im sechsten Jahrhundert im Gebiet von Yünnan das Reich Nan Dschau gründeten, dann den Reichschinesen tributpflichtig, schließlich aber trotzdem von den Mongolen vertrieben wurden, scheinen nicht nur mit unseren heutigen Thais, sondern auch mit deren Nachbarn etwas zu tun zu haben. Jedenfalls überschichteten sie dann die älteren und eingesessenen Mons und Lawas und vielfach auch Khmers. Je mehr sie sich aber vermischten, um so eifersüchtiger und feindseliger verfolgten sie sich dann auch untereinander – wie in einem kleineren Europa im ständig gespannten Gleichgewicht, mit Eroberungen und Zerstörungen, ins Land gerufenen Fremden: in den Jahrhunderten um 1000 die Khmers mit reichsgründender Übermacht; fünf Jahrhunderte später die Thais, die damals, da Indien längst in seine Fürstentümer zerfallen war, ein zwar habsburgisch-schwankendes, doch in Südasien führendes Kaiserreich Siam gründeten und – ihrem Namen getreu, der »die Freien« bedeutet – auch nach dem Zerfall als einzige ihre politische Freiheit in der Zeit des westlichen Kolonialismus erhielten.
Burmesen, Laoten, Thais, Kambodschaner und Vietnamesen sprechen jedenfalls heute ihre chinesisch-verwandten Tonalsprachen, die neben Selbst- und Mitlauten auch die Tonhöhe zu einem eigenen Bedeutungsträger machen. So daß das, was wir ein und das

selbe Wort nennen würden, ganz verschiedene Bedeutungen haben kann, wenn es in verschiedenen Tonhöhen und mit wechselnden Auf- oder Abbewegungen dieses Tons gesprochen wird.

Doch Erscheinung, Herkunft und Sprachen, die ganz Indochina so eng an China selbst binden, konnten doch nicht verhindern, daß sich der indische Einfluß in breiten Strömen und alles beherrschend in diesem Raum ergoß. Das war auch bereits eine frühe weltgeschichtliche Kraftprobe zwischen China und Indien in Asien. Man mag nämlich die beiden großen Gruppen des Hinayana-Buddhismus und Mahayana-Buddhismus, der Lehren vom kleinen und großen Fahrzeug, an ihren Erlösungsbotschaften für den einzelnen Menschen oder die ganze Welt, oder auch an vielen anderen Zügen unterscheiden, völker- und kulturgeschichtlich ist wohl der ausschlaggebende Unterschied, daß die Lehre des Inders Siddharta Gautama das eine Mal von Chinesen und Japanern auf ihre ganz eigene Art aufgenommen und abgewandelt wurde, während sie auf dem kleineren Fahrzeug des Hinayana-Buddhismus mit ihrer ganzen indischen, hinduistischen, vedischen Fracht und Pracht und Herrlichkeit übernommen wird.

Sanskrit und Pali wurden für die hinterindische Welt etwa das, was Latein und Griechisch für uns wurden. Alle höheren Bildungsgegenstände wurden daraus benannt. Dem buddhistischen Mönchstum, das hier noch eine mächtige Stellung innehat und in das auch jeder weltliche Gläubige, der auf sich hält und es ernst nimmt, für eine Frist seines Lebens eintritt, ist auch heute noch Pali und Sanskrit die selbstverständliche Bildungs- und Traditionssprache.

Thailand rechnet es sich auch zur Ehre an, daß es den rechten Glauben des Erleuchteten, als er sich in Indien selbst wieder in seinen Ursprungsgewässern aufgelöst hatte, von dem echten singhalesischen Überlieferungsträger Ceylon, das sich heute Sri Lanka nennt, bezog. Doch während im Christentum einst die alten Gottheiten doch allerlei Kostümwechsel auf sich zu nehmen hatten, um zu Heiligen zu werden, sind die buddhistischen Tempel, Kultspiele, Tänze und Lieder hier doch noch voll von den Göttern, Königen, Helden, Büßern, Dämonen der Veden. Jederman kennt die Gestalten der Mahabharata und auch der Analphabet erkennt sie bei ihrem Auftritt schon mit dem ersten Blick an ihren Attributen.

Freilich sollte man seine Maßstäbe auch nicht allein an Thailands heutiger Hauptstadt Bangkok nehmen. Sie ist es ja auch noch kaum volle 200 Jahre. Ihre Tempel und Paläste sind zwar bis heute ein Beispiel des unerschütterten Bündnisses zwischen Thron und Altar, doch je jünger sie sind, um so mehr sind sie auch das Beispiel einer Art von franzisko-josephinischer Gravität, in der Aufwand und Staatsräson das ersetzen müssen, was an geistiger Substanz schon fehlt. Das wirkt noch ein wenig rührend im Wat Phra Keo, dem Tempel mit seinen smaragdenen, will sagen, Jade-Buddha, dem der König selbst zu Beginn einer jeden der drei Jahreszeiten des Landes den rechten wollenen, härenen und seidenen Umhang umlegt. Auch ist die Anlage eine Arche von Symbolen, Gestalten, Bots, Wiharns, Chedis, Stupas; hinter den frommen indischen Urgebirgen der Verehrung aber im Zentrum doch allerorten das eigentlich siamesische Hochgiebeldach mit seinen Stufen- und Schlangenfirsten als Zeichen der eigenen Herkunft, wohl auch der Vetternschaft mit den Pagoden Chinas und Japans.
Man wagt kaum zu sagen, daß der 46 Meter lange ruhende Buddha mit seinem abblätternden Gold im Wat Po in der engen Halle, die kaum einen Überblick bietet, wahrhaft monströs wirkt. Alles rund um ihn ist doch so tausendfach bedeutungsvoll: ein Barock freilich, das in seiner eigenen Fülle und Überfülle beinahe zu ersticken droht. – Bedrückender und bedenklicher ist dann in unmittelbarer Nähe des Hofs der Sitz des geistlichen Oberhaupts Thailands, der Wat Treimir, in dem der Glücksfund der letzten zwanzig Jahren ruht, nämlich der 700 Jahre alte und $5^1/_2$ Tonnen schwere Buddha aus purem Gold, der bis dahin nur als Zementgebilde bekannt war, in das man ihn einst vor den plündernden Feinden gegossen hatte, und in dem man ihn dann vergessen hatte, bis man erst bei einem Unfall auf dem Transport seinen wahren Kern wiederentdeckte. Doch er wird heute nicht sehr viel besser als in Zement, nämlich in einem westlich-klassizistisch-prächtigen, geistlichen Prunkgehäuse gefangen gehalten, dessen geistige Glaubwürdigkeit nicht sehr viel größer ist als die des Sacré-Coeur auf dem Pariser Mont-Martre, des neuen Teils von San Paolo fuori le mura in Rom, kurz, jenes Fin de Siècle, das eben nicht nur das Ende des letzten Jahrhundert, sondern beinahe auch das alles spirituellen Lebens war.

Nach solchen Anstrengungen war der folgende Tag dann erfrischend. Nicht allein, weil es die Bootsfahrt auf dem Menam in die alte Mon-Siedlung Phra Pa Daeng war, den großen Strom zwischen Regenwäldern hindurch, Hafen- und Industrieanlagen mit den uralten Pfahlbauten wechselnd. Mit dem vielen Fliegen sind uns die Stromfahrten selten geworden. Kaum ist eine einmal ein wenig exotischer, gleich fühlen wir uns wie in den Armen des Amazonas. Dagegen wurde es gleich ganz traulich, als wir in Rikschas dann in das Dorf und vor allem zu seinem Tempel fuhren. Die Führerin wußte von ihm zwar nichts anderes hervorzuheben, als daß er eben im Wasser stand. Für mich aber wurde er fast eine Offenbarung. Wahrhaftig, der atmet und lebt ja doch noch! Rundum Totenstupas, Torbögen, Arkaden. Beinahe suchte ich nur noch das heimatlich-vertraute Pfarrerstöckl. Fast wie in Salzburg etwa ein Köstendorf oder ein Mattsee, wo noch ein ländlicher Dechant sitzt und Hirte seines Dorfes ist.
Doch wenn man über Idyllen hinaus wirklich was Geistlich-Ernsteres und Größeres im Sinn hat, dann muß man ja auch – zum Unterschied von Indien selbst – beinahe im gesamten Bereich des Hinayana-Buddhismus immer unter die Erde, tief in den Dschungel, zu den Ruinen, gehen. Nach Anuradhapura und Polonnaruwa auf Ceylon drüben, nach Angkor im nahen Kambodscha und nach Ayuthya eben in Thailand hier.
Es war 400 Jahre lang Hauptstadt des Reichs und zwar eben während dessen Blütezeit. Dann fiel es 1767 in die Hände der Burmesen, die die Zweimillionen-Stadt beinah dem Erdboden gleichmachten. Auf ihr Ziegelwerk entblößt, sich schon neigend, dem Sturze nahe, stehen nur noch die größten Türme. Daneben Hügel von Schutt und Mauerwerk, aus denen Trümmer von Statuen und Bildwerken blicken. Dazwischen aber auch flache Felder und weite Wiesen, frühlingsgrüne Bambushaine über dem ewig jungen und stets neubefruchteten Schwemmboden. Die eigentliche Hauptstadt des großen Reiches liegt also unter der Erde. Das trifft schon den allgemeinen historischen Sinn, und gar den des Archäologen: So schnell also kann es gehen! Nur eben 200 Jahre, daß hier eine Stadt, die größer war als das Paris in den Jahren vor der französischen Revolution, von der Erde gefegt wurde – dabei ist das alles für den Europäer fast hinterm Horizont.

Das eigentliche Palast- und Tempel-Revier muß aber wohl auch zur Zeit, da es noch bestand, labyrinthisch gewirkt haben. Jetzt, da es nur mehr aus Resten, großen und kleinen restaurierten Ruinen, durch Einbildungskraft zu ergänzen ist, zerfließt es beinahe ins Grenzenlose. Hier können die Autoren, welche die Vorstellung vom zerstörten Vatikan oder Paris fasziniert, ihre Phantasie beflügeln. Am mächtigsten wirken die riesigen Mauern, Türme und Bögen in ihrer zweiten Unberührtheit unter dem jungen Bambus-Grün. Sie sind wahrhaftig ruinenfähig. So ähnlich mochten die Klassisch-Begeisterten auf ihrer Suche nach versunkener Größe einst über das Kapitol schweifen, auf dem die Schafe weideten. Das stärkste Gewürz der Geschichte ist ja stets die Vergegenwärtigung ihrer Vergänglichkeit. So wurde ja die Archäologie auch schon die wahre Wissenschaft vom Schmerz genannt.

Doch liegt der Hinayana-Buddhismus heute auch selbst gleichsam unter der Erde wie unser Ayuthya – unfähig, sich auch nur selber zu artikulieren gegenüber dem verblendeten Vorwurf, er sei – gleichsam egoistisch – auf sich selber beschränkt, wenn er alle Kräfte auf die eigene Vollendung und Heiligung wendet, während sein längerer Arm in China und Japan, der Mahayana-Buddhismus, sein Selbstbewußtsein gerade aus seiner Wirkung und Sorge für Reich und Gesellschaft zieht.

Dabei war das selbst Chinas großem Ordner und Stifter Kungtse vor Buddhas Ankunft schon nicht genug. Wohl eben deswegen, weil er wahrhaftig groß war. »Der Meister – so übersetzt Richard Wilhelm den Anfang des 2. Buchs der Lun Yü – sprach: Wer Kraft seines Wesens herrscht, gleicht dem Nordstern. Er verweilt an seinem Ort und alle Sterne kreisen um ihn.« Und sein älterer, strengerer, vielleicht auch noch tieferer Zeitgenosse Laotse im 17. Abschnitt des ersten Teiles des Tao Te king: »Herrscht ein ganz Großer, weiß das Volk kaum, daß er da ist. Mindere werden geliebt, und gelobt, noch Mindere werden gefürchtet, noch Mindere werden verachtet.«

Hier scheint es ja im Geistigen beinahe umgekehrt wie im Natürlichen zuzugehen. Die Physik erklärte die Wirklichkeit durch die Jahrtausende mit Druck und Stoß, Masse und Trägheit, und tat alles andere als Absonderlichkeit und Noch-Ungeklärtes ab, ehe sie den Magnetismus, die Elektrizität, dann erst spät als die eine

und eigentliche Kraft und Substanz erkannte. Der Mensch als geistige Realität aber war in der großen Systole, der ersten uns sichtbaren Schwellenzeit, seiner wahren Natur, seinem eigentlichen Sein, seinem geistigen Magnetismus, noch so viel näher. Er muß sie nun in der Diastole, in der Zeit der mechanischen, disziplinaren und in unserem Sinne politischen Herrschaft durch Furcht und Begehrlichkeit gleichsam erst aus dem Mangel, der Absonderlichkeit, erschließen – aus der Vergessenheit heben.
Das macht ja auch den Vergleich Maos mit Kungtse schief, den zu zerstören sich Mao selbst alle Mühe gab. Er beruhte wohl vor allem auf der praktisch-politisch-organisatorischen Leistung Maos, deren stürmische Schwankungen in dem einen Vierteljahrhundert man bereits mit der Jahrtausende-Wirkung Kungtses verglich. Dazu dann, wie Jünger und Mehnert meinen, das A-metaphysische, Disziplinare, Praktische und auf den Staat gerichtete.
Dagegen sprach allerdings schon vor den Ansätzen der zweiten Kulturrevolution in China, daß sich der Kommunismus ja im Verband einer weltweit wirksamen Lehre verbreitete, die dann in China nur ihr eigenes Gewicht bekam. Eben das hätte aber der chinesische Marxismus-Leninismus mit dem Buddhismus gemeinsam. Im äußersten Gegensatz zu ihm steht aber, daß sich der Buddhismus ganz und gar der Überwindung, der Marxismus der Veränderung und Gestaltung unserer irdischen Welt widmet. Eben das hätte er freilich wirklich mit Kungtse gemeinsam. Nur daß dieser ihm in der Zielrichtung direkt entgegengesetzt ist. Während die Revolution nämlich die Welt verändert, indem sie auf ein imaginäres, geglaubtes Ziel in der Zukunft zustrebt, erhält sie Kungtse, indem er sie immer wieder am unverrückbaren Leitbild der vier heiligen Könige in der Vergangenheit korrigiert. Damit ist seine Botschaft aber auch immer wieder aus dem chinesischen Innersten gleichsam herauskristallisiert und beschränkte sich auf die chinesische Welt; stets geneigt, sie zur Welt schlechthin zu machen, in der das Nicht-Chinesische bloß den Rand einnimmt. Doch befähigte ihn das auch, das Leitbild des Weltreichs überhaupt zu errichten und darin selbst das Römische noch zu übertreffen. Auch unterscheidet er sich von der Lehre und Herrschaft Maos eben dadurch, daß er zum alles beherrschenden Ethos und Pathos seines Gemeinwesens eben die Ehrfurcht machte, wie

Mao den Aufstand, die Revolution, den beständigen Umsturz an ihre Stelle setzt.
Ist aber nun die Macht, die Mao zum Siege geführt hat, vor allem Revolution und zwar Weltrevolution, dann ist sie wohl am ehesten mit dem Islam vergleichbar. Sich mit äußerer oder innerer Gewalt und Eroberung ohne Ansehen der Völker, Kulturen und Rassen von einem ost-westlichen Mittelpunkt aus bis tief in den Pazifik und an den Atlantik ausbreitend, ja, in Einzelgebieten über die ganze Welt zerstreut, bewies der monotheistische Sturm von damals freilich auch schon, was der atheistische heute mit seinen Spaltungen und Konflikten seinerseits ankündigte, daß nämlich doch auch solche Explosionen nicht ausreichen, die *eine* Welt schon in *ein* Reich zu fassen. Immer noch gilt die Parole Goethes, es sei gesorgt dafür, daß die Bäume nicht in den Himmel wachsen – wie sehr das auch jeder Grashalm vor hat.
Hier tritt jedoch die mehrfache Wiederholung der Revolution an die Stelle jener Einmaligkeit, an die man sonst oft eine neue Zeitrechnung anknüpfte. Diese wiederholte oder gar permanente Revolution muß aber gar nicht immer ihr Non-plus-ultra sein, wie es deren Verkündern oft vorschwebt. Es gibt auch ein sehr realistisches Gefühl der Aussichtslosigkeit, mit einer einzigen großen Wende das zu erreichen, was man an Ungeheuerem mit dem Menschen vorhat. Die Anarchie, deren man einerseits unausweichlich zum Abbau des Bestehenden bedarf, würde für den, der sich dabei nicht selbst dem vollen Nihilismus anheimgibt, sonst auch die eigene Basis angreifen. Also pausiert man wie bei den Röntgenbestrahlungen in unseren Tagen. Und das nicht zufällig gerade im Super-Reich, Super-Rom China, dessen Bestände noch immer fast unerschöpflich und kaum zu bewältigen scheinen, verschiebt das Weitere damit auf spätere Schübe und glaubt dabei wohl auch, sie würden wirklich die bloße Fortsetzung dessen sein, was man schon selber vorhat, aber auf einen Streich nicht zu erreichen vermag. Moskau löst die Frage ja quasi onomatologisch, durch bloße Namensgebung, indem es den Aufbau der starrsten und härtesten neuen Ordnung zur einen Seite und deren Ausdehnung durch Eroberung auf der anderen einfach Revolution nannte. Dagegen glaubt Mao Tsetung wohl den künftigen Wandel im voraus zu taufen, indem er ihn auch im voraus zur Fortsetzung seiner eige-

nen Absicht ernennt und so am Ende dem Schicksal zu entgehen hofft, über den Sedimenten des Shinto, des Tao, des Tjän und Buddhas in seinem Reiche nur eine weitere Schichte solcher Art darzustellen und eines Tages wie eine andere von einer neuen überdeckt zu werden. So scheint eben im traditionsreichsten Reich der Welt Revolution erst möglich zu werden, die ja immer nur so lange leben kann, als sie sich für das Ende der Geschichte hält. Und sie glaubt sich darin sogar durch ihren vatermörderischen Kampf gegen Kungtse zu bestärken – gleichsam die Schiffe im eigenen Rücken verbrennend.

Wie sehr ist er sich dabei aber wohl bewußt, auch auf diesem Weg doch noch die ältere und mächtigste Tradition des Dschung guo, der Mitte der Welt, fortzusetzen, die eben kein bloßer Nationalismus ist? Er hat sie schon mit der Straffung der Reichsdisziplin, der Heimholung Tibets in seinen alten Großverband, der Mobilisierung des Auslandschinesentums und vor allem mit seinem Anspruch auf die riesigen Räume im Norden Asiens angesprochen, deren heute geltende ungleiche Verträge eines Tages eben revidiert werden sollen.

Doch geht es dabei wohl wirklich nicht nur um bloße Wiederherstellung im Sinne Kungtses. Es ist auch technische Mobilisierung dabei, Bewältigung und Replik auf die großen Herausforderungen, wie sie Rußland und Japan auf ihre ja ganz verschiedene Weise schon gaben, wie sie jedoch für den Ur-Orbis China noch etwas mehr darstellt. Die Spanier, welche mit ihren Feuerbüchsen einst die alten heiligen Reiche des neuen Indiens im Westen betraten, mußten dort unausweichlich als Götter oder als Teufel erscheinen. Und sie zerstörten so nicht allein mit der Übermacht ihrer Waffen, was sie eroberten, sondern auch dadurch, daß diese Einbrüche von den Eroberten nicht bewältigt, in ihre Welt nicht eingefügt werden konnten. Das war ja auch für keines der anderen Reiche in Asien leicht, und für jedes der Anstoß ernster innerer Krisen, Unruhen, Wandlungen. Aber für China ist es die Frage auf Leben und Tod, bereits durch den bloßen Umstand, daß irgendetwas Ernstliches außerhalb seiner Grenzen passiert sein könnte – die übrige Welt also nicht bloßer Rand wäre. Es kann die Probe nur überstehen, wenn es den – gleichsam mechanischen – Anstoß von außen in einem noch stärkeren und magnetischen Bewältigungsanstoß von innen her auffängt. Und wie oft auch der Kommunismus in allen Formen und Stufen der Verunreinigung heute ein Beispiel magnetischer politischer Wirklichkeit ist, so sehr ist dafür in unseren gegenwärtigen Jahren doch die chinesische und über Chinas Grenzen hinausstrahlende Kulturrevolution das allerstärkste. Philía kai neīkos, Freundschaft und Konflikt des Empedokles, sind eben wie Magnetismus und elektrische Ladung zwar vielfach zu berechnen und leiten, aber nicht einfach zu erklären. Hier ist man an der Grenze selbst. Und die Hilflosigkeit vor dem »Irrationalen« der Infiltration ist eben deren Erfahrung.

Chinas Universalismus überstand freilich einmal schon und unter ganz anderen Umständen den Durchbruchsversuch westlicher Unbedingtheit im Christentum, das ja zu seinem Ruhm wie zu seiner Demütigung im entscheidenden 17. Jahrhundert als China beherrschende Macht daran scheiterte, daß es sich in seinem Entweder-Oder weigerte, seine Macht mit anderen Mächten zu teilen. So hätte es nämlich mit seinem Radikalismus damals bereits auch China eine Grenzerfahrung darüber eingebracht, daß an der wirklichen Grenze auch kein Einbeziehen den Widerspruch mehr verhüllt. Die Antinomie als Schlußprüfung in den Einweihungsfragen des »Gnothi-sauton« – des »Erkenne dich selbst!«. Und die Grenzen des Denkens schlagen sich dann auch in denen der Reiche nieder. Solche Erfahrungen scheinen dem Maoismus freilich heute noch fern. Nach Maos letzter Ankündigung einer Folge von zahlreichen Revolutionen, die seinen Menschen in Stufen hervorbringen sollen, entscheidet er wohl auch in einer Folge von Wechselschlägen der Unduldsamkeit und der Anpassung, wie er sie bisher schon sehen ließ, über die eigene Macht und Zukunft oder sein Ende und Überrollt-werden. Wie in Rußland stellt dabei die Technik nicht so sehr ein Moment als vielmehr eine Probe des Geistes dar, der ihre Erschütterungen eben bewältigen muß. Je mehr man die großen Phänomene jedoch einzuschätzen sucht, um so mehr wird man sich überzeugen, daß es wohl diese und jene Züge gibt, die ins Verhältnis zu setzen der Orientierung dienen kann; daß es jedoch keinen wahren Vergleich gibt, der ja auch die Geschichte ihrer Offenheit, ihres Situationscharakters, berauben würde. Sorge und Zuversicht gründen gleichmäßig in der Fülle der Möglichkeiten, die der freiere Überblick bietet, nicht in der Reduktion auf ein einziges, vorweggenommenes Beispiel.

Dergleichen läßt sich wohl auch vor der großen indonesischen Wasserscheide aus hier leichter als anderswo überblicken. Wenn China als Reichsbildung nämlich ein Mehr-als-Rom ist, dann ist Indien erst recht ein Mehr-als-Hellas. Ein einziges Mal, und zwar an den Ursprüngen des Buddhismus machte es mit Aschoka – und das quasi auch nur als eine Art von Replik auf Alexander – den Versuch einer eigenen Reichsbildung im vollen Umfang seiner Identität. Doch nach den späteren eigenen Binnen-Reichen überließ es schließlich auch deren Gründung den fremden Eroberern. Das tat seiner geistigen Strahlungskraft, auch der Ausbreitung Buddhas, jedoch keinen Abbruch. Erst in der kritischen Begegnung mit dem Westen überließ es dann diesem die Bildung eines gemeinsamen Rahmens als britisches Kaiserreich und übernahm ihn schließlich zum größeren Teil wenigstens mit der Union von heute.

Daß uns nun freilich das »Indien ist mehr als Hellas« oft noch so anstößig scheint und sogar anstößiger als das »China ist mehr als Rom« und daß es – die Wahrheit zu sagen – auch der dies schreibt, noch als eine Art von Herausforderung empfindet, das hat wohl nicht allein darin seinen Grund, daß sich einerseits der so viel mehr indisch als chinesisch beeinflußte Hinayana-Buddhismus selbst heute in einer schwachen Verfassung befindet, und daß man andererseits bei jeder Begegnung mit dem größeren Asien solange keine Aussicht auf wirkliche Befruchtung hat, als man sie nur als Kompensation des eigenen westlichen, spirituellen Vakuums sucht; vor allem liegt die Schwierigkeit vielmehr darin, daß uns in diesem Vakuum eben die oberflächlichen Kategorien der Übung, der Disziplin und der Hoffnung des Einzelnen, in einem Größeren aufzugehen, das jedem anderen auch offensteht und zugute kommt, um so viel leichter zugänglich sind als etwa die Erfahrungen einer Heiligkeit, welche die Individuation hinter sich gelassen hat und daher an ihre Einweihung nicht noch die Sorge zu knüpfen braucht, wie sie ihr eigenes Heil durch Mission denn auch anderen mitzuteilen vermöchte, weil das ja gleichsam ipso facto, ipso spiritu, erfolgt. Das ahnte auf seine Art doch vielleicht noch der verwirrend widersprüchliche und unerschöpfliche junge Ernst Jünger, wenn er einst schrieb, wir alle lebten vielleicht von den Gebeten uns bekannter tibetanischer Mönche – denen damals wohl auch die ganze westliche Welt noch so gut wie unbekannt war. Dergleichen muß man aber nur ansprechen, um eine Vorstellung darüber zu gewinnen, welche Rangunterschiede geistiger Einsichten und Erfahrungen nicht allein zwischen dem Großen und Kleinen Fahrzeug, dem Hina- und Mahayana-Buddhismus, sondern auch zwischen dem Osten und Westen liegen; vergleichbar eben mit dem schon früher bezeichneten Unterschied zwischen der reinen Lehre der Veden, die eine unübersteigliche Grenze zwischen den weltüberwindenden Brahmanen und den weltbeherrschenden Kschatryja setzten – und Platon, der so ahnungslos und folgenreich forderte, daß die Weisen Könige und die Könige Weise werden müßten. Die geistige Fülle und Überfülle übersteigt nur im Laufe der Zeit die Bewältigungskraft der Gemeinden, wird in ihnen dann starr, mechanisch und abergläubisch und treibt zur Reinigung – mit ihr zur Abspaltung: in der christlichen Ostkirche erst mit dem Bilderstreit, dessen Ikonoklasten den großen Abfall zum Islam schon vorbereiteten, der seinerseits wohl nur deren größere Explosion war; so in der Westkirche mit der Reformation zur »reinen Lehr'«, die dort, wo sich die magnetischen geistlichen Kraftfelder Luthers und des Pietismus erschöpften, dann zur weiteren Abstraktion der Aufklärung und über sie zu einem Marxismus führte, der sich zwar wissenschaftlich und materialistisch präsentierte, an geistiger und magnetischer Potenz, will sagen, an Glaubenskraft und Einsatzbereitschaft, im Laufe seiner Entwicklung aber dann alles andere übertraf. Ob sich hier etwa auch in einer großen Verschränkung seine weltgeschichtlich-phänomenologische Affinität zum Islam erklärt?

INHALT

Auch Indien blickt nach Osten